浙江省普通本科高校"十四五"重点立项建设教材

社会政策十讲

王小章　编著

ZHEJIANG UNIVERSITY PRESS
浙江大学出版社
·杭州·

图书在版编目（CIP）数据

社会政策十讲 / 王小章编著. -- 杭州 ： 浙江大学
出版社，2024.10
ISBN 978-7-308-24668-2

Ⅰ.①社… Ⅱ.①王… Ⅲ.①社会政策－中国－教材
Ⅳ. ①D601

中国国家版本馆CIP数据核字(2024)第038009号

社会政策十讲

王小章　编著

责任编辑	柯华杰	
文字编辑	赵　钰	
责任校对	高士吟	
封面设计	续设计	
出版发行	浙江大学出版社	
	（杭州市天目山路148号　邮政编码310007）	
	（网址：http://www.zjupress.com）	
排　　版	杭州林智广告有限公司	
印　　刷	杭州捷派印务有限公司	
开　　本	787mm×1092mm　1/16	
印　　张	12.5	
字　　数	224千	
版 印 次	2024年10月第1版　2024年10月第1次印刷	
书　　号	ISBN 978-7-308-24668-2	
定　　价	48.00元	

前 言

PREFACE

社会政策是为了缓解或解决社会问题，满足公民正当需要，保障公民权利，维护社会公平，促进社会健康发展，而由国家（政府）作为主要主体制定的，首先以社会弱势群体为对象，进而扩展到全体公民的公共福利方面的各项政策的总称。作为国家（政府）介入人民福利的一种基本手段，社会政策是现代社会的产物，从根本上讲，它的产生是由于在社会的现代转型中，随着原先由亲缘性的、地方性的小共同体（如宗族、村落）对个体提供的社会保护的失效，从而需要国家（政府）来承接这种保护。当然，随着社会现代化进程不断地向纵深推进，社会政策也在不断地发生变革。

在当代中国，20世纪70年代末开启的改革开放政策推动了计划经济体制向社会主义市场经济体制的转型，原先在计划体制下建立起来的社会保护体系随着农村人民公社制度和城市单位制的解体而失效，这在客观上提出了建立与市场型社会相适应的社会政策体系的要求。不过，在相当长的时期里，由于在实际工作和实践中对于经济增长效率的追求实际上远远优先于对公平的关注，社会发展一直滞后于经济增长，相应地，以公平为价值取向、代表着国家（政府）对公民的保护的社会政策体系亦未能充分地随着经济体制的市场化转型而同步地转型和完善。随着社会主要矛盾由"人民日益增长的物质文化需要同落后的社会生产之间的矛盾"转变为"人民日益增长的美好生活需要和不平衡不充分的发展之间的矛盾"，社会发展与经济增长之间的不平衡问题尤显突出。

中国共产党第二十次全国代表大会报告指出："中国式现代化是全体人民共同富裕的现代化。共同富裕是中国特色社会主义的本质要求，也是一个长期的历史过程。我们坚持把实现人民对美好生活的向往作为现代化建设的出发点和落脚点，着力维护和促进社会公平正义，着力促进全体人民共同富裕，坚决防止两极分化。"又指出："必须坚持在发展中保障和改善民生，鼓励共同奋斗创造美好生活，不断实现人民对美好生活的向往。"作为实现共同富裕的重要杠杆和手段，以社会公平为价值取向、以提升民生福祉为核心关怀的社会政策在实现中国式现代化的进程中有着举足轻重、无可替代的重要地位和作用。建立和完善适应中国式现代化之要求，并且作为中国式现代化之重要构成环节的现代社会政策体系，遂成为党和政府的一项重大任务和学界的一项重大课题，相应地，学习现代社会政策的基本知识、掌握分析和实践社会政策的基本技能，也成为社会学、社会工作、公共管理等专业学子不可轻忽的基本功课。

社会政策是一门非常复杂的学科或者说领域，既包括社会保障政策、人口政策、公共医疗卫生政策、公共教育政策、公共住房政策、社会服务政策、劳动就业政策、居民收入分配和消费政策、社会治安政策、针对专门人群的社会政策体系（如针对老年人、儿童、妇女、残疾人、移民等群体的专门化社会政策），以及环保政策等具体政策领域，也涉及各种不同的，甚至相互冲突的政策取向。本教材从"新文科"建设的要求出发，立足于培养学生分析问题、解决问题的能力，在编写中撇开了对于各种具体社会政策的逐一介绍，而力图通过对现代社会政策基本知识和相关重要问题的叙述分析，启发和培养学生的"社会政策思维"。为此，本教材安排了十讲内容，大体可以分为三部分。第一部分（第一至第四讲）是对社会政策基本知识的讲解，包括社会工作的含义、功能、分析社会政策的基本维度、社会政策与社会学和社会工作的关系、社会政策发展演变的简要历程及其动力，以及社会政策从制定到评估的基本过程等；第二部分（第五至第八讲）是对社会政策与现代社会运行发展诸基本领域之关系的分析介绍，包括社会政策与政治、经济、社会，以及作为现代社会一项基础性安排的公民身份制度的关系；第三部分（第九至第十讲）是从超越民族国家的视野对现代社会政策的观察分析，包括社会政策的跨国比较，以及全球风险社会的来临对社会政策运行和发展的影响。本教材不想把社会政策表述为一门具有明确边界的学科，而希望强调它始终面向新趋势、新问题的开放性。

如果把"社会政策思维"的养成比作一条待航的船，那么，教材的作用就是登船的跳板，一旦起锚出航，跳板就可以撤走。

最后，感谢责任编辑编柯华杰、文字编辑赵钰为本书出版付出的辛劳，感谢所有在本书撰写和出版过程中给予过帮助的朋友。

王小章

2023 年 12 月

目　录

CONTENTS

导论

    不同于简单的自给自足的传统社会，现代社会中必须动用正式的国家权力才能完成的有关人民福利的事情越来越多，社会政策则是国家介入人民福利的一种基本手段。随着社会政策作为现代社会的产物的出现形成，对社会政策的专门研究作为一个学术领域甚至作为一门学科也相应地发展起来了。在本讲中，首先将澄清社会政策这个概念的基本含义，再分析社会政策的基本功能，进而简要说明观察、分析社会政策的几个维度，最后解释社会政策、社会学与社会工作的关系。

第一节　政策与社会政策

一、政策

"政策"是现代政治、经济、社会、文化生活中随时会碰到的概念。但什么是"政策"？跟其他我们平时不假思索地使用的词汇一样，当我们暂时脱离日常语境而试图明确这个概念的内涵时，就发现其含义并非那么清晰明了、显而易见。人们使用"政策"一词的方式多种多样。

英国学者科尔巴奇认为，人们对政策这一观念有着广泛的诉求，从而导致他们在一系列不同的社会背景中动用这个概念。不过，科尔巴奇又指出，政策这一观念通常依赖于三个对社会秩序的核心假设，即工具性、等级性和一致性。

工具性：一般意义上的组织，以及特殊意义上的公共组织都被理解为一种具有特定目的的设置，组织的存在就是为了达成其特定的目的，一个成功的组织就是能够实现自身目的的组织，而政策则是达成目的的手段或工具。

等级性：组织化行为始于拥有权威的领导者的决策，政策就是关于某一特定领域之内将要做什么的权威性的决定，政策过程关系着一个系统的行动进程能否获得认可，这种认可是通过一种公共权威自上而下地完成的。

一致性：行动的所有片段都必须彼此契合，形成组织整体即一个自成一体的系统的一部分；在这种背景下，政策必须与这个系统的管理协调相关联，与这三个核心假设紧密相连。

"政策"这一概念术语包含着三个核心要素，或者说"政策"的特性体现为三个核心方面，即秩序、权威和专门知识。

（1）政策首先与秩序有关。政策意味着系统性和一致性，政策支配的行为不能是任意的，它受制于普遍的规则。因此，政策可以被认为在行为者身上设置了限制，同时则也使他们免于作出选择。在此，一个主要的困难在于不同政策主题之间的异质性问题。比如，交通部门关于修建城市高速公路的政策会不会与保护当地动物种群的居住环境的政策发生冲突，供水部门扩展供应网络的政策会不会与维持城市地理分布的计划相互抵牾等。

（2）其次，政策与权威密切相关，或者说依赖于权威。权威为政策提供合法性，政策问题既流向权威角色也出自权威角色，政策利用诸如部长、普通管理者、行政委员会的权威，通过以等级原则联结起来的组织自上而下地贯彻。

（3）最后，政策与专门知识紧密相关。政策不是在真空中存在，而是与一些公认的实践领域相关，这就意味着其与知识相关联，即政策的制定、执行必然关联着认识、解决这些实践领域之问题的专门知识。

秩序、权威和专业知识是政策的核心特征，但是，这三者在具体特定的政策中并不一定是彼此协调的。[1]

在强调政策的秩序性、权威性和专业性的同时，科尔巴奇也谈到了政策的主体。他认为，尽管政策的制定和实施会不可避免地牵涉到政府之外的其他组织或参与者，而且在不那么严格的使用中，政策一词也会被政府以外的组织使用，如"公司的政策"之类，但是，在严格意义上，政策的制定和实施主体还是政府。[2] 在这一点上，我国社会政策研究者杨伟民的观点有所不同。在其编著的《社会政策导论》中，杨伟民在收集一系列学者关于政策的说法的基础上，认为："政策是正式的社会组织，包括政府也包括其他各种类型的组织，为了有计划地处理某些事务、解决某些问题、做出某些改变等，有意识、有目的地设计的行动目标、原则和方案。"显然，按照这一定义，政策的主体除了政府还包括其他各类组织。杨伟民还提到了具体理解政策时需要注意的六点。第一，即政策的主体，包括团体、组织、政府机构。第二，制定政策是为了解决某一问题和处理某项事务，即为了促成某些改变。第三，政策既是为了促成期望的改变而采取的有意识、有目的的行动所依据的计划、方案或规划，也是一个在这种计划、方案或规划下展开的较长的活动过程。第四，政策的具体表达方式可以是法律、法令、章程、规定、规划、方案、计划等。第五，政策的表达和政策的执行都需要一定的实践经验、科学知识、社会理论、哲学思想、价值观念的指导。第六，在政策原则、目标的确立过程以及计划、方案的形成过程中，包含着相互冲突的利益和价值的优先权的确定和调整。[3]

我国另一位社会政策研究者关信平则认为，政策具有四个基本特征：第一，政策是规则体系和行动体系的结合；第二，政策是制度化的行动体系（这与第一点实际上区别不大）；第三，政策具有明确的目的性和方向性；第四，政策具有明确的行动内容。在此基础上，关信平给出了他对于政策的定义："政策是政府、政党或其他组织为实现其目标而制定的各种规则和采取的各种行动的总和。"对此，他进一步作了三点说明：第一，政策的主体可以是社会中的各种组织，但政府和政党的政策体系在社会中的影响最大；第二，政策的目标是实现组织的目标，以及围绕组织目标而有序地处理各项日常事务；第三，政策包含了各种规则体系和各种具体行动。[4]

关信平的表述相对简洁，而其说明政策主体时认为"政府和政党的政策体

1　科尔巴奇：《政策》，张毅、韩志明译，长春：吉林人民出版社，2005，第11–14页。
2　科尔巴奇：《政策》，第15–18页。
3　杨伟民：《社会政策导论》（第三版），北京：中国人民大学出版社，2019，第82页。
4　关信平：《社会政策概论》（第三版），北京：高等教育出版社，2014，第3–5页。

系在社会中的影响最大"也比较契合现实，特别是我国的现实情况。不过，总的来说，各位的表述虽然互有差异，但其实质所指实际上大同小异。他们都指出了在理解"政策"这一概念时需要把握的三点：

（1）政策的主体：制定、执行政策的是谁。

（2）政策的内容：政策要解决的问题，要推动的变革，变革的方向和目标（科尔巴奇所说的"工具性"实际上就是指这个问题）。

（3）政策的手段：政策用以实现、达成其目标的方式、措施，作为政策的表达形式的法律、法令、章程、规定、规划、方案、计划或者制度化的行动体系。作为政策制定和执行所依赖的权威体系、专业知识等，就属于这个范畴。

除了上述三点，笔者以为，还有一点也是在理解"政策"这个概念时须注意的，那就是政策的对象，即具体政策所直接针对的特定群体或紧密的利益相关者。实际上，杨伟民提到理解政策时需要注意的其中第六点已经涉及这个方面。

二、社会政策

了解了"政策"这个概念，接下来我们就来看什么是"社会政策"。通常认为，社会政策是公共政策的一个领域，在谈"社会政策"之前，不妨先来简单说一下"公共政策"。

什么是"公共政策"？许多学者都给出大同小异的说法。伍德罗·威尔逊认为，公共政策是由政治家，即具有立法权者制定而由行政人员执行的法律和法规。戴维·伊斯顿认为，公共政策是政府对整个社会的价值作权威性的分配。托马斯·R.戴伊认为，公共政策就是政府选择要做的或者不要做的事情。罗伯特·艾斯通认为，公共政策就是政府机关和它周围环境之间的关系，用公式表达即为 $P=f(G, E)$，P指公共政策，G指政府系统，E指生存环境。司图亚特·S.内格尔认为，公共政策就是政府为解决各种各样的问题所作出的决定。通过这些对于"公共政策"的大同小异的解释、界定，可以看出，如果我们把前面所说的"政策"的主体简单地理解为"政府"或"公共权力机构"，那么，"公共政策"与"政策"的含义实际上并没有太大的区别。

公共政策，就是政府或者公共权力机构经由政治过程所选择和制定的为解决公共问题、达成公共目标、以实现公共利益的行动方案和行动准则。公共政策按其所致力于解决的公共问题之所属领域的不同，可以分为不同的类型，如国防政策、外交政策、经济政策、民族政策、社会政策、环境政策（也有人将环境政策看作社会政策的一个方面）等。**社会政策是公共政策的一个重要领域。**

　　社会政策是现代社会的产物，社会结构和价值观的现代转型共同为现代社会政策的诞生提供了动力（详见第三讲）。社会政策这个概念最初是在19世纪末由一些德国学者首先提出的，面对现代资本主义发展所带来的贫困人口、分配不公，以及由此导致的劳资冲突，这些学者希望通过国家立法与政策手段的干预，来解决收入分配不公和贫困问题，缓解劳资矛盾。不过，在后来的发展中，社会政策的含义随着经济社会本身的变化而几经变化。有学者经过梳理分析后认为，对社会政策含义的理解大致经历了三个视角的阶段，即早期的政治经济学视角的阶段、中期社会行政视角的阶段和后期综合视角的阶段。[1]最早为社会政策给出明确定义的德国学者阿道夫·瓦格纳就是政治经济学视角的代表，他主张通过国家干预来调节财产所得和劳动所得之间的分配不均问题，以缓解当时德国的劳资矛盾，促进社会平等。因此，他将社会政策界定为：运用立法和行政的手段，以争取公平为目的，清除分配过程中的各种弊害的国家政策。

　　第二次世界大战以后，随着福利国家的推行，从社会行政的视角来理解社会政策逐渐流行，社会政策被看作政府通过行政行为有效地提供社会服务或收入保证，以满足公民关于社会保险、社会救济、住房、教育等福利的需要，并形成直接福利效果的政策。这种观点一方面受到了费边主义者的影响，另一方面也受到了著名社会学家、公民身份研究的开启者马歇尔的影响。费边主义者认为，作为社会服务与社会福利物质承担者的国家与政府，应通过使用社会政策工具来干预和解决各种社会问题并提供社会服务以满足公民的需要，从而为公民提供市场无法满足的支持与保护。马歇尔则在其《社会政策》一书中把社会政策定义为政府行动的政策，即政府通过向公民提供服务或收入，而对他们的社会政策福利产生直接的影响，社会保险、公共(国家)救助、健康和福利服务，以及住房政策构成了社会政策的核心内容。不过，马歇尔对社会政策的这一理解受到了英国另一位著名社会政策学者蒂特马斯的批评。

　　蒂特马斯主张，为了满足公民个人需求或为了服务广泛社会利益的集体干预大致可分为三大类：社会福利(social welfare)、财政福利(fiscal welfare)和职业福利(occupational welfare)。社会福利即社会服务；财政福利指具有明确社会目标的特别减税和退税措施；职业福利指与就业或缴费记录有关的由企业提供的各种内部福利。在蒂特马斯看来，社会福利只是社会政策的次要内容，而财政福利和职业福利才是社会政策的主要内容，因此将社会政策仅仅理解为政府对公民的福利产生直接影响的社会服务是远远不够的。蒂特马斯拓展了社会行政的研

1　李思然：《瑞典社会政策视域的性别平等政策研究》，北京：中国社会科学出版社，2022，第39-44页。

究视角，改变了只研究社会福利的狭窄范畴。而美国学者对社会政策含义的理解更为宽泛，他们把社会政策理解为"社会的"政策，而不只是"社会福利的"政策。如美国学者D.G.吉尔认为，社会政策不是单一的，而是组合的，是社会政策体系；社会政策体系是生活方式的指导原则，它的发展动力来自人类基本的需求。社会政策体系通过一系列制度过程及相关作用进行运作，并形成一些与生活方式相联系的结果。

20世纪70年代以后，关于社会政策的理解进入了综合视角的阶段。在这个阶段，对社会政策含义的理解发生了两个转变，一个是社会政策由资源分配向社会关系（地位及权力）分配的转变，另一个是社会政策由社会层面向经济层面的转变。前者意味着，社会政策由社会行政时期的主要通过政府干预进行资源分配以解决贫穷问题，转向关注政治和意识形态领域：作为资本主义社会核心价值的政治民主解决不了在市场经济初次分配的不公平问题，因而需要政府以社会平等为目标构建社会政策对社会关系（地位与权力）进行再分配的机制。后者则意味着，对社会政策的审视跳出原有的社会层面，开始着眼于用社会政策与经济政策的关系来理解社会政策的内涵。政府、社会组织、学者对以前认为社会政策对经济发展来说只有消极作用的观点提出不同的看法。他们认为社会政策既有再分配功能，也有社会投资功能。社会政策是对社会资本和人力资本的投资，因而社会政策也是生产力要素之一(对劳动力的投资)。社会政策与经济政策不再被认为是相互对立的，而被视作是可以相互融合的。

如此，在不同的阶段，对于社会政策之含义的理解多有变化，甚至在同一个阶段、同一种视角下，理解也不尽相同。不过，如果仔细琢磨辨识，还是能够看到一些大体一致的方面。这些方面包括以下内容。

（1）关于社会政策的主体。笔者认为，这里要区分社会政策的主体和服务或福利供给的主体。服务或福利供给的主体可以是多元的，而且越到后来，在现实实践和人们的认知上越倾向于多元；但社会政策的主体，虽然不能绝对否定其他主体（如国际组织）的存在，但最主要、最基本的始终是政府（国家），而且，福利供给的多元化本身也是离不开政府（国家）之特定取向的社会政策的刺激和推动的。

（2）关于社会政策的价值目标。各项具体社会政策的特定目标自然各有不同，但社会政策之总的价值目标始终是明确的，那就是在国家目标之下，缓解或解决已经出现的社会问题，满足公民正当需要，保障公民权利，维护社会公平，促进社会健康发展。

（3）关于社会政策的手段。社会政策的手段始终离不开两个方面："一方面指社会性行动，即国家与政府要动员、鼓励社会成员广泛参与的社会行动；另一方面是指社会政策的主体责任是通过国家与政府的一系列政策、法规、准则、条例等干预手段实现的。"[1]

（4）关于社会政策的对象。随着社会的发展，社会政策的对象有一个从社会政策起源发端之初的以弱势群体为对象到今天的以全体公民为对象的变化过程。不过，即使在今天，弱势群体依然是社会政策的最核心、最重要的对象。

根据上述四点，我们不妨将社会政策界定为：社会政策是指为了缓解或解决已经出现的社会问题，满足公民正当需要，保障公民权利，维护社会公平，促进社会健康发展，而由政府（国家）作为主要主体制定的，首先以社会弱势群体为对象，进而扩展到全体公民的公共福利方面的各项政策的总称。社会政策的主要内容或基本领域，包括社会保障政策、公共医疗卫生政策、公共教育政策、公共住房政策、社会服务政策、劳动就业政策、居民收入分配和消费政策、社会治安政策、针对专门人群的社会政策体系（如针对老年人、儿童、妇女、残疾人、移民等群体的专门化社会政策）等。而环保政策虽然直接针对的是人和自然环境之间的关系、但实际上是对不同阶层、不同群体的人与人之间利益关系的调节，是对公民平等的环境权利的维护而言，它也可以归入社会政策的范畴。[2]

第二节　社会政策的功能

社会政策的功能可以从两个层面来分析。第一个层面是针对某项特定的具体社会政策，来分析它实施后取得的效果和发生的影响。在这种分析中，与政策制定时的目的相对照自然是必需的，但必须注意，目的是主观范畴，功能是客观事实的范畴，不能将功能等同于目的的达成程度，功能还应该包括影响和副作用，或者说，还应该包括政策制定时未预料的后果。社会政策功能分析的第二个层面是将社会政策看作现代社会运行的一种设置，从总体上来看是它在现代社会的维系、运行和发展中的作用。本节谈社会政策的功能主要着眼于第二个层面。

日本学者武川正吾区分了福利国家（社会政策）[3]的"当为概念"和"存在概念"，前者意味着从一种规范性的立场出发，把福利国家（社会政策）看作应该

1　李思然：《瑞典社会政策视域的性别平等政策研究》，第45页。
2　王小章：《走出环境危机的政治和文化前提》，《浙江社会科学》2008年第7期。
3　如有学者指出的那样，今天在实际所指上，福利国家与社会政策基本上是同义词。（金斯伯格：《福利分化：比较社会政策批判导论》，姚俊、张丽译，杭州：浙江大学出版社，2010，第1页。）

追求、需要实现的国家目标，后者意味着把福利国家（社会政策）理解为一种事实现象。从前者出发分析福利国家（社会政策）作用或功能，主要就是考察福利国家（社会政策）与国家的政治意识形态的关系，以及与社会中政治权力分布的关系。不过武川正吾主要着眼于福利国家（社会政策）的存在概念来分析它的功能作用。

武川正吾认为，作为存在概念的福利国家（社会政策），它为实现自身目的而进行的活动可以分为两类，一类是"社会性给付"（social benefits），一类是"社会性规制"（social regulations）。社会性给付意味着在一个社会的内部，对包括收入在内的各种资源进行再分配。再分配一般被认为具有减少贫困、缩小社会不平等的功能。因此，从社会性给付的再分配效果的大小可以评价一个国家的福利国家化程度，例如，可以考察基尼系数因社会性给付而降低了多少。不过，武川正吾也指出，通过社会性给付支出进行的再分配不一定都能缓和社会不平等，有时反而会扩大社会不平等。福利国家的受益人不一定是工人阶级而可能是中产阶级。因此，在分析福利国家（社会政策）之社会性给付的功能时，一定要考察社会阶层间的不平等因社会性给付而缓和了多少或扩大了多少，要分析福利国家（社会政策）的社会性给付行动对社会的阶级或阶层结构带来了什么影响。

与给付不同，规制意味着根据一定规则对某种行为加以禁止或限制，所谓社会性规制则是以保障和提高公民生活水准和质量为直接目的的规制。在以往关于福利国家（社会政策）的研究中，社会性规制这一面较少受到关注，但实际上，对这一面的关注是必要的。因为第一，社会性规制在社会政策体系中具有很长的历史，工厂法是社会政策的源流之一，到今天，以工厂法为首的有关劳动标准的社会性规制在世界上大多数国家都已被制度化，研究现代福利国家（社会政策）不能不考虑这些规制。第二，尽管自 20 世纪 70 年代中期以后随着新右派意识形态的得势，放松规制一时成为趋势，但是把所有规制都看作压制个人自由是不正确的。正如一些社群主义者所说，对于自由社会来说，决不能简单地把规制等同于威胁。第三，社会性规制所需要的财政支出较少，与社会性给付相比，可以用相同的成本获得较大的效果。第四，要想把握一个福利国家（社会政策）体系的全貌，必须搞清楚规制性手段和给付性手段的政策搭配，比如社会性规制与机会平等这一政策目标之间、社会性给付与结果平等这一政策目标之间的亲和性。如同社会性给付通过社会性支出把福利国家（社会政策）所追求的价值目标具体化，社会性规制通过各种规制活动将福利国家（社会政策）追求的价值目标具体化。社会性规制跟社会性给付一样，会对阶级和阶层结构、资本制（劳动力的商品化）、父权制（性别关系）等社会结构产生重要影响。

值得一提的是，武川正吾特别分析了福利国家（社会政策）对于资本制特别是劳动力商品化和对于父权制即性别不平等的作用和影响。无论是社会性给付还是社会性规制，都会对劳动力的商品化产生影响。在初期，社会性给付通过一定程度地消除劳动者及其家庭的后顾之忧而推动了劳动者脱离原来生活于其中的传统村社而走向劳动力市场，而像工厂法这样的保全劳动力的社会政策（社会性规制）则通过防止资本对劳动力的无限榨取而维护了劳动力的再生产，进而同样促进了劳动力的商品化；到了资本制成熟且高度发达之后，特别是随着马歇尔所说的公民的社会权利（social rights）的确立与发展，社会政策又起到了劳动力去商品化的作用。比如疾病津贴、事业津贴等社会性给付，在一定程度上切断了劳动与收入之间的关系，暂时地停止了不劳动无报酬的原则；而一些社会性规制措施也不再仅仅是为了维护劳动力再生产，而是着眼于维护劳动者的平等权利和人格尊严。

福利国家（社会政策）也对性别不平等产生影响。在资本制下，薪资劳动和（无薪的）家务劳动是互为前提的。家务劳动不能离开薪资劳动而单独存在，而如果没有家务劳动，仅靠工资也不可能满足所有的生活所需，特别是劳动力的再生产也不可能顺利进行，就此而言，保证劳动力商品化的不仅仅是公共领域的社会政策，还有私人领域的家务劳动。而父权制是调节薪资劳动和家务劳动之间关系的机制。在父权制下，第一，薪资劳动凌驾于家务劳动之上；第二，人们根据性别被分配到这两种劳动中去。福利国家（社会政策）本身正是在这种父权制之下成立的，它是以丈夫从事薪资劳动、妻子从事家务劳动的"标准家庭"为前提而设计的。因此福利国家（社会政策）优待"标准家庭"，促使其再生产，从而在事实上强化性别不平等。不过，事实虽然如此，从理论上讲，福利国家（社会政策）也可以发挥去性别化的作用。社会政策可以对性别不平等的劳动力市场放任不管，也可以实行社会性规制促进两性就业机会平等；税制和社会保障、社会福利的运作可以以家庭为单位，也可以以个人为单位；对于由家庭承担的照护，可以放任不管，也可以采用与照护相关的社会性给付。实际上，在20世纪后半期，大多数国家的"标准家庭"都处于逐渐解体中，家庭形式越来越多样化，加上意识形态的变化，比如女性主义的兴起，福利国家（社会政策）的去性别不平等效应逐渐显示。[1]

1　武川正吾：《福利国家的社会学：全球化、个体化与社会政策》，李莲花、李永晶、朱珉译，北京：商务印书馆，2011，第7-33页。

武川正吾从社会性给付和社会性规制两个方面对于福利国家（社会政策）所产生的社会效应的分析，究其根本，所探讨的实际是现代社会政策对于现代资本主义的作用与影响。对此，另一位英国的社会政策研究者哈特利·迪安认为，存在着两种叙事。一种叙事认为，社会政策"成就"了资本主义。资本主义的发展及其结果（无论好坏）始终是社会政策所关注的核心内容。管制穷人的法规早在中世纪晚期就已出现，但最初，制定这种法规的目的是以惩治流浪乞讨的方式来防止人们离开土地，也是维护传统封建秩序。1601 年的伊丽莎白济贫法就是如此。但是，到 19 世纪，事情开始发生变化。第一，《济贫法》更新了，地方性计划开始受中央的控制，同时使用了更为严格的审查手段来区分值得救济和不值得救济的穷人，只有前者能进入济贫院获得救济，而济贫院的条件则维持在相当恶劣的水准上，绝不能高于最贫穷的自食其力者的条件，以此确保"自由劳动力市场的运作"。第二，为了处理日益拥挤和不断扩张的大城市中普遍存在的恶劣卫生环境，开始制定公共卫生政策和法律，这对于保障产业中产阶级的健康和最大化工业生产效率是必要的。第三，通过制定工厂法，为资本主义雇主的竞争提供一个公平的环境。第四，制定基础教育的立法，使工人阶级适应新的经济和资本主义宪法秩序的要求。这就是社会政策"成就"资本主义的叙事。另一种叙事与此不同，认为社会政策"驯服"了资本主义。社会政策的发展补偿了资本主义在其他方面对工人带来的不利影响，社会保护、医疗卫生、国家教育、公共住房和一系列公共和市政服务等计划的全面发展，在不改变市场体系的情况下让工人阶级从资本主义中获得实惠与好处，使资本主义不仅提高了富人的生活水准，也普遍地提高了穷人的生活水准，从而"驯服"野蛮的资本主义而使其走向文明。[1] 这两种叙事看似截然不同，但只要稍稍琢磨一下，就可发现，其实并不矛盾：前者通过顺从资本而成就资本主义，后者通过适当节制资本而维护资本主义，只不过在资本主义本身发展的不同时期，顺从和节制略有侧重而已。

另一位社会政策（福利国家）的研究者、德国学者克劳斯·奥菲在讨论"社会政策制度的社会功能"时，同样聚焦于社会政策（福利国家）与市场资本主义或者说自由市场社会之间的关系。他指出，福利国家（社会政策）是资本主义国家的主要和平原则："这一原则主要由以下两个方面组成，首先，风险是市场社会的典型特征，公民将遭受风险之苦并由此产生特定需要，而国家则负有为他们提供援助和支持（不管是用钱还是用物）的明确义务，并且这种援助是

1　迪安：《社会政策十讲》（第二版），岳经纶、庄文嘉、温卓毅译，上海：格致出版社、上海人民出版社，2015，第 21—32 页。

作为公民的合法权利而提供的。其次，福利国家建立在正式承认工会作用的基础上，包括集体谈判和公共政策制定等方面的作用。福利国家这些结构性要素被认为具有限制和减少阶级冲突、平衡不对称的劳资权力，并因而超越毁灭性阶级斗争和阶级矛盾…的作用"，而且，"根据凯恩斯主义经济政策，福利国家远不是强加于经济系统上的一个沉重负担，而是内在的经济、政治稳定器，通过它，可以重新唤起经济发展的动力，并防止经济急剧衰退。"[1] 也就是说，社会政策（福利国家政策）是资本主义市场社会自我维系的必要一环。奥菲对于社会政策与资本主义劳动市场之维系的分析进一步说明了这一点。奥菲区别了"消极的无产阶级化"（即社会成员被剥夺生产手段和生存条件，成为一无所有的"自由"劳动者）和"积极无产阶级化"（即一无所有的"自由"劳动者成为资本主义市场中的雇佣工人）。他认为，从前者到后者并不是自然而必然的，作为这个过程的前提条件，必须解决三个结构性问题。第一，把劳动力纳入劳动市场供应方的问题：那些被剥夺得一无所有的潜在工人，一定要首先准备把自己的劳动能力当作商品在市场上出卖，一定要有成为雇佣工人的动机，这需要国家以相应的政策措施将其他替代性的生存模式加以排斥，从而使这些一无所有的潜在工人"根据教育、传统和习惯，把资本主义的生产模式看作不证自明的和自然的法则"。第二，把不能"纳入"雇佣劳动关系的风险和生活领域进行制度化的问题：由于特殊的生活状况，并非所有社会成员都能成为雇佣工人。因此，必须有一系列特殊的制度性设施，在它们的保护下，劳动力不必以出售自身换取工资的方式被使用。这既是一种"保护"，也是一种"控制"，即控制社会成员在劳动市场外的生存形式，从而不让劳动力在雇佣劳动生活和劳动市场外的生存形式之间做出判断和抉择，"如果劳动力想要转变成雇佣劳动者，国家必须组织和支持劳动力市场外的生存形式"。第三，对劳动市场的供求关系进行数量调控的问题：为了保证劳动力的再生产，必须在劳动市场之外建立起"蓄水池"。在这个蓄水池中，劳动力可以永久性地或暂时性地得到照顾，由于照管劳动力的传统模式已经失效，建立和照看这个蓄水池就进入了国家正式制度和政策的范畴。所有这三个结构性问题的解决，都有赖于现代社会政策的参与。由此，奥菲指出："社会政策是把劳动力纳入雇佣劳动关系的国家战略。雇佣劳动关系只有利用这一战略的效力才能达到其当代的范围，才能维持其'正常'的状态。"[2] 而考虑到这个雇佣劳动关系的"正常"对于现代（资本主义）市场社会的关键性，则社会政策也就是构成现代市场社会自我维系的关键功能环节。

1　奥菲：《福利国家的矛盾》，郭忠华等译，长春：吉林人民出版社 2006 年版，第 1-2 页。
2　奥菲：《福利国家的矛盾》，第 100-108 页。

综上所述，在从总体上分析现代社会政策（福利国家）的功能时，分析者们主要都是聚焦于社会政策作为现代社会的一项制度设置对于资本主义社会或者说市场社会之形成和维系的功用。当然，这种功用不是一成不变的，而是随着市场社会本身的发展变迁而不断地调整变化的，也即社会政策（福利国家政策）对于现代市场社会之形成、发展或自我维系之要求的回应是一个动态的过程。

除了分析社会政策对于资本主义社会或者说市场社会的作用，不少分析者也关注了另一个问题：社会政策之于社会团结、社会整合的作用。英国学者诺尔曼·金斯伯格指出，越来越多的社会学研究把社会政策从理论上概括为如何在工业社会谋求解决社会整合和社会秩序问题。比如在危机到来时，国家通过改革社会政策来实现社会团结，俾斯麦在 19 世纪 80 年代的改革、瑞典在 20 世纪 30 年代的社会民主主义改革、贝弗里奇报告以及约翰逊在 20 世纪 60 年代推出的"伟大社会"施政纲领都属于此类社会政策改革。甚至在日益缺乏社会团结的 20 世纪 90 年代，像英国国家健康服务这样的社会政策内容依然能够激起人们的民族自豪感。[1] 有人把社会政策的内容看作公民的社会权利的代表，从此角度分析社会政策的社会团结功能。如布雷恩·特纳认为，由社会政策所表达的公民的社会权利，通过对资本主义社会中的某些稀缺资源的再分配，减少了阶级之间的革命性冲突，营造了一种共同的社会团结形态。[2] 当然也有人，特别是从批判的视角出发的一些分析者，认为社会政策的社会学后果是对社会分化、特定阶层、男权化和种族化的社会关系的维持和合法化。[3]

还有学者认为，社会政策是促进社会团结还是削弱社会团结，取决于社会政策本身的性质。如德国社会学家沃尔夫冈·查普夫认为，当社会政策包含对非特权者的强烈责任感时，它会促进社会团结；而当社会政策服务于诸如中产阶级等不会自然而然地关心少数人的命运的群体时，它就会产生对社会团结不利的影响。[4]

前面提到的日本学者武川正吾同样也关注到了社会政策与社会团结的关系。他认为，社会政策与社会团结实际上是互为前提又互相促进的。社会政策的再分配，意味着"资源从相对丰富的主体转向需要某种资源的主体。这种资源转移之所以被认为是正当的乃是因为，提供资源的主体与接受资源的主体均是同

1　金斯伯格：《福利分化：比较社会政策批判导论》，第 11 页。
2　布朗等：《福利的措辞：不确定、选择和志愿结社》，王小章、范晓光译，杭州：浙江大学出版社，2010，第 40 页。
3　金斯伯格：《福利分化：比较社会政策批判导论》，第 11 页。
4　查普夫：《现代化与社会转型》，陆宏成、陈黎译，北京：社会科学文献出版社，1998，第 52 页。

一个共同体的正式成员。而同一共同体的成员之间必须相互援助。如果我们将团结定义为基于共同的利害关系或理念的共同行为，那么，再分配的各种制度的前提就是团结这一价值。"而另一方面，团结则"在再分配的各项制度中得到实现。"[1] 武川正吾的观点有点别具一格。不过，他所说的情形实际上是一种社会政策与社会团结之关系的理想态。因为，资源转移之所以被认为是正当的，并不一定是因为提供资源的主体与接受资源的主体是同一个共同体的正式成员，而是因为，当提供资源者（纳税人）在提供资源时，是处在类似罗尔斯所说的"无知之幕"背后，因而不知道将来实际地使用这种资源的会是谁，也可能正是自己，因为谁都有可能遇到单凭自己之力解决不了的困境，谁都有可能需要别人为自己提供资源。因此，对每一个人来说，按照一定的规范提供资源（纳税）实际上相当于为自己未来的安全缴纳了一笔保险金。

第三节　分析社会政策的四个维度

一、应该不应该：社会政策的价值依托

社会政策是政府（国家）主持的社会行动，和任何自觉的社会行动一样，它的背后必然需要、也必然有着特定的价值观的支持。在中世纪，贫困被看成是一种"神圣状态"，穷人被看成是"上帝（受难）的肢体和他本人的代表"，是"上帝的嗣子"，"上帝的至爱"。受贫困崇拜思想的影响，中世纪出现了一批自愿贫困者——托钵僧和职业乞丐。罗马天主教还宣称施舍可以洗清人的罪，因此，贫困是不可能也不应清除的，因为它为成千上万的人提供了施舍的对象——穷人。这种状况在 15 世纪、16 世纪发生了变化。当人们用世俗的眼光重新审视贫困时，它没有了以往神圣的光环。意大利人文主义者认为贫困有损人的尊严，英国的人文主义者进一步将贫困与社会动乱联系起来。[2] 与此同时，宗教改革在实际上导致了人们对于世俗生活的肯定与重视。启蒙运动进一步明确提出了自由、平等、博爱的口号。总之，近代以来的人道主义价值观一反中世纪的宗教神学价值观，肯定世俗幸福、普遍的人性尊严、个人自由，以及与此联系的平等人权。与此同时，现代社会或者说市场资本主义也使"效率"成为一种不言而喻的价值目标。可以说，平等、权利、社会公正、自由、效率，是支配、左右社会政策的一些最基本的现代价值观。因此，分析一项某种社会政

1　武川正吾：《福利国家的社会学：全球化、个体化与社会政策》，第 59-60 页。
2　向荣：《历史的延续与变迁》，北京：商务印书馆，2021，第 97-98 页。

策体系或某项特定的社会政策应不应该制定、应不应该实施，就要看看它与这些价值观是一种什么样的关系。

但是同时还须看到，第一，对于这些价值，不同的人的理解是有差异的。比如"平等"，如果从社会政策的角度一般地讲，意味着社会政策的制定和推行应促使不同的社会群体将被作为具有同等重要性的群体来看待和对待，但这里的分歧在于：平等范畴的边界在哪里？平等是指"结果平等"还是"机会平等"？再如"社会公正"，一般地讲，社会公正关乎谁应该得到什么，但是，对于这个问题的回答同样存在诺齐克的个人主义理论和罗尔斯的社会性理论的分歧。[1] 第二，这些支配着、左右着社会政策实践的价值之间，并不总是协调一致的，而是常常存在紧张冲突的。比如，早在19世纪上半叶，托克维尔就敏锐地分析指出了平等与自由之间的深刻紧张；而许多经济学家则注意到，在平等和效率之间，同样存在着巨大的紧张。

很大程度上，正是对于支撑着社会政策的这些价值的不同理解，以及在这些彼此存在紧张的价值之间的取舍或侧重，形成了不同的意识形态，进而影响了不同的社会政策（福利国家）体系的形成，推动了"福利的分化"（详见本书第九讲）。而价值观在历史中的变化则影响了社会政策体系在历史中的变革。

二、紧迫不紧迫：社会政策的优先排序

社会政策是帮助满足社会成员的正当需求的，而一种需求的正当与不正当则关乎特定社会条件下的社会一般价值观，因此社会政策可以说是致力于特定社会价值观的实现，也可以说是致力于解决社会问题。这两种说法并不矛盾，因为，所谓社会问题，在比较抽象的意义上讲，就是作为"社会应然状态"的价值与作为"社会实然状态"的现实之间的紧张与矛盾。而所谓（特定社会政策的）紧迫不紧迫，实际上也就是社会政策所要致力于解决的问题之严重性、紧急性的排序。由于社会政策资源是有限的，同时，在同一个时期，社会中存在的问题不是单一的，而是多种多样的，当有限的资源要用于不同的问题的解决时，对问题的紧迫不紧迫的排序判断就显得非常重要。

问题之紧迫不紧迫的判定有客观的或者说科学的一面，这是社会政策之首先体现出其专业性的地方。专业的社会政策专家以及其他相关的研究者可以通过系统的研究来揭示一个特定的问题，如果不立即着手解决的话，它会不会马

1　泰勒－古比：《平等、权利和社会公正》，载阿尔科克等：《解析社会政策》（第五版），北京：北京大学出版社，2020，第27-32页。

上爆发（爆雷），如果真的爆发（爆雷）的话，会产生什么样的直接后果，还有什么样的后续影响，这些后果和影响的严重程度如何，等等，以此来判定这个问题的紧迫程度。

不过，客观性或科学性只是一个方面，社会问题之紧迫性的认定的另一面是社会性。这是因为，社会中存在的那些不同的社会问题所困扰的是不同的人群，至少，任何一个特定的社会问题对于不同的人群的困扰程度是不同的，相应地，针对不同社会问题的具体社会政策，也就具有不同的受益人群。比如，反贫困政策自然首先使贫困者直接受益；提高外来外务工者的福利待遇则让农民工直接受惠。而如上所述，社会政策资源是有限的，谁都想让这有限的资源首先用来提高自己的福利。不仅如此，一些社会政策本身还在使一部分人收益的同时，必然地使另一部分人受损，比如提高工人最低工资就必然使资方增加成本支出，这就必然使双方围绕这一社会政策的要不要出台和施行而形成博弈冲突。假如取消高干病房，虽然可能使普通患者一定程度地受惠，但直接受损的自然是高干群体。"大多数政策问题都不是独立产生的。制造一项争端，夸大它，引起人们对它的注意，并且对政府施加压力来为它做一些事，这些都是重要的政治策略。有影响力的个人、普通市民、联合利益集团、智囊团、政策计划组织、政治候选人和公职人员都会使用确定议事日程的策略，通常情况下，他们通过尝试获得大众想法的方式来使这些问题成为观众关注的问题。"[1] 由此，社会政策便与政治过程紧密联系在一起（详见本书第五讲）。

三、可行不可行：社会政策的条件约束

社会政策的可行不可行涉及的是政策施行过程中的动力、助力、阻力。这与前面讲到的"应该不应该"无疑是相关的：如果一项社会政策被普遍认为违背基本的共同价值观，它的施行自然也就得不到必要的支持；而从价值观的时代变化的角度看，则正如美国政治学者约瑟夫·奥弗顿所说，政策的可行性，取决于特定时期主流人群在政治上可以接受的范围，而不是政治家的个人偏好。政治家只能在这个范围内做出选择，"奥弗顿之窗"可以让一些政策更有希望、更容易获得认可，或者至少可以想象，比如随着文化从社群主义向个人主义摆动，重新分配税赋这类基于"我们同舟共济"假设的政策就会变得不可想象，而放松监管这类相反的政策就变得合理而可行。政策的可行不可行与对于政策所针对的、试图加以解决的社会问题的诊断无疑也是相关的：如果对于问题的症结、

---

1 迪尼托：《社会福利：政治与公共政策》，杨伟民译，北京：中国人民大学出版社，2016，第16页。

成因的诊断本身是不科学的、错误的，由此而形成的政策手段自然也就难以对症下药。当然，除此之外，政策的可行不可行不可避免地受到下面这些因素的约束。

首先，是经济因素。社会政策的施行需要资源，需要花钱，没有钱，任何政策都如无源之水、无本之木，都是停留在抽屉里的文本。制约社会政策可行不可行之经济因素的第一个层面是国家的经济发展水平。有研究者曾经比较了1966年时64个国家的社会保障开支占GNP的比重，得出结论，经济发展水平，也就是人均GNP，从长远来看是对社会保障结果进行预测的决定性因素。[1] 罔顾经济发展实际水平而制定推行"宏伟"的社会政策，就像实行"吃饭不要钱"的大食堂一样，不会有真实的可行性，即使实行一时，也终究没有可持续性。经济发展水平只显示一个国家经济的总体状况，制约社会政策可行不可行之经济因素的第二个层面是政策资金的获取方式，而这又与国家的税收体制、财政体制密切相关。

其次，是政治因素。政治因素或者说权力博弈不仅关系着特定的社会问题能不能进入社会政策制定者的视野，而且也紧密关系着特定的政策能不能得到有效的执行和落实。假如某项特定社会政策的受惠者，因而也是这项政策的支持者（或者其代表）被排除在政治过程之外，从而无法有效地影响、监督、控制该项政策的执行，相反，那些该项政策的受损者，因而也是该项政策的抵触反对者却能对这项政策的执行施加有效影响，那么，可想而知，这项政策就很难获得切实的、不折不扣的执行。在一些非民主的国家中，许多原本旨在惠民的政策之所以长期不能落地，之所以沦为"文本上政策"，一个重要的原因就在于此。

再次，是社会结构因素。社会结构包括阶级（阶层）结构、人口结构（性别结构、年龄结构等）、城乡结构等，也包括社会结构形态的个体化、陌生化、全球化等。这些因素都会对特定社会政策之可行与否产生约束作用。比如属于人口结构的老龄化对于许多老龄社会政策都产生着深刻的影响。再比如，经济的全球化对于民族国家的劳动保护政策也产生深刻的制约作用（详见本书第十讲）。

除此之外，文化心理也是一个应该注意的约束因素。比如，贫困的文化论解释认为，贫困是一种在一个能使自身永久存在的循环中代代相传的"生活方式"。对于处于这种"生活方式"之中的人群而言，贫困不仅仅是低收入，还包

1　金斯伯格：《福利分化：比较社会政策批判导论》，第20页。

括歧视、疏离、冷漠的态度，以及缺乏激励与自尊，这些文化心理使得这些穷人很难抓住适合他们的向上流动的机会。当然，对于这种贫困的文化论解释是有争议的，但是，如果我们撇开造成这种贫困的文化心理之社会历史的根源不谈，仅着眼于当下的事实而言，则它还是反映了某些群体的事实。当面对陷于如此这般的文化心理的贫困人群时，某些社会政策就会受到阻碍，特别是单纯增加穷人的收入并不能对他们的视野状况、缺少激励和受教育机会、家庭生活不稳定、犯罪或其他问题产生有效影响。

四、如意不如意：社会政策的实施结果

一项社会政策实施以后，必然会产生相应的实际结果。在考察分析社会政策实施后产生的实际结果时，至少须注意三个方面。

对照政策制定时的初衷，看在政策的目标方向上有没有实现，或在多大程度上实现了预期的效果。比如，全面放开二孩这一人口政策，有没有带来预期中的生育率增长？提高最低工资是不是真正提高了雇佣工人的收入水平？劳动合同的全面推行是不是真正提高了对劳动者权益的有效保护？等等。之所以说"目标方向"而不是简单地说"目标"，是因为政策的实施既会对政策目标人群产生直接的影响，也会产生其他可预期的延伸的影响，比如，给老年公民发放福利生活津贴，自然会直接对老年公民的收入、生活水准和质量产生影响，同时也会进一步影响代际关系、子女生活等；劳动合同除了会影响对劳动者正当权益的保护，也会进一步影响劳动力市场、企业运营等。但这些效应，基本上都是在政策制定的目标方向上，都在可预期的范围之内。

要考察分析政策的非预期后果。政策实施后，通常不仅会在预期的方向上产生结果，也会在非预期的方向上产生结果，这种非预期后果，实际上也就是所谓社会政策的"溢出效应"。之所以会产生这种非预期后果，一个关键的原因在于，人类（在此主要就是政策制定者和实施者）的理性能力相比于影响作用于政策效果之因素的复杂性而言，是有限的，根本无法全面认识、控制所有这些可能的因素的作用。最早注意到人类有目的之行动的非预期后果的，是苏格兰启蒙运动的学者，而最早明确而系统地分析研究这一现象的是美国经验功能主义社会学家罗伯特·默顿；[1] 默顿也将这种非预期后果称为"潜功能"，包括潜在的正功能和潜在的负功能[2]。实际上，在分析考察一项特定社会政策的实施结果时，与预期目的吻合或对应的效果是一般都会注意到的，因此，对于专业的社

1　默顿：《社会研究与社会政策》，林聚任等译，北京：生活·读书·新知三联书店，2001，第309–331页。
2　默顿：《社会理论与社会结构》，唐少杰等译，南京：凤凰出版传媒集团、译林出版社，2008，第142–147页。

会政策研究者来说，真正关键的是对于政策之非预期后果的考察。

要分析明确政策实施之预期后果和非预期后果的直接或间接、显现或潜在的受益人群和受损人群，要明确政策"溢出效应"所波及的范围，在此基础上，分析评估政策之总体上的得失。

第四节　社会政策、社会学与社会工作

无论是作为实践领域还是作为一门学科，社会政策与经济学、政治学，乃至心理学、人类学等都有联系，不过，就联系的紧密程度而言，则无疑要数与社会学、社会工作的联系最为紧密。

如上所述，社会政策是现代社会的产物，社会学同样是。前者是对于社会之现代性问题的政府（国家）行动反应，而后者，则是对现代性问题的知识反应。[1] 当然，社会政策与社会学的联系不仅仅是它们都与现代性相关联，而在于这种关联中所蕴含的两者之间进一步的内在联系。说社会学是现代性问题的知识反应，意味着社会的现代性因素对于社会学研究的影响、型塑作用。这种型塑影响作用至少表现在三个层面。

第一，从传统到现代的巨大变迁为社会学"透视"社会结构和社会运行的奥秘提供了条件：中古基督教世界威严的宗教—政治外衣以及其后在所谓"旧制度"下拥有绝对权力的专制国家使"社会"隐蔽无形而难以为人们看清。因而，只有在基督教世界瓦解之后，只有在法国大革命摧毁了旧制度之后，现代社会学意义上的"社会"才得以进入人们的视野，那是一个"动机和力量的世界，是不能用官方对社会现实的解释来理解的"[2]。值得一提的是，在孔德阐述社会学研究的方法时，就曾指出，"间接实验"乃是社会学研究的重要方法，而所谓间接实验，就是研究考察社会由于动荡或其他严重的干扰而产生的病态性偏差，社会机体受到的干扰，如同人的机体所生的疾病一样，通过病理学的研究可以获得对常态的认识和理解。这实际上也向我们表明，社会急剧变迁的时期，是社会学研究的黄金时期。

第二，现代社会结构和运行的形态及其变迁极大地型塑了社会学的基本概念，诸如"阶级""社会分层""社会流动""社会变迁""现代化""文化多样性""意识形态"乃至"社会"本身等社会学的基本概念，只有在现代社会中才能获得其在社会学教科书中的意义。并且，随着现代社会本身的不断变迁，一

1　王小章：《经典社会理论与现代性》，北京：社会科学文献出版社，2006，第一章。
2　伯格：《与社会学同游——人文主义的视角》，何道宽译，北京：北京大学出版社，2014，第 36 页。

方面，一些新的社会学概念不断出现，如"世界体系""后工业社会""风险社会""消费社会"等；另一方面，原先的概念也不断获得新的意义，如原本主要与民族国家联系在一起的"社会"如今越来越紧密地与"全球"联系在一起。

第三，社会需求是社会学知识发展的重要动力。在现代社会发展的不同阶段，社会，特别是社会中处于支配地位的集团面临着不同的问题和任务，从而对于社会学知识具有不同的需求，这种需求是型塑社会学知识形态的根本性力量。在此不妨重点说一下来自现代国家的需求对于社会学研究的影响。

现代国家希望有效地控制社会变革、希望对社会再生产实行大规模的有效监控，因而亟须精确的知识来作为制定社会政策的基础（由国家发布的各种"课题指南""招标课题"就是这种需求的明确表达）。"民族—国家的行政力量，如果没有信息基础作为反思性自我调节的手段，就无法存在下去。……或许可以这样说，从社会科学在现代的起源始，它就构成了社会再生产的反思性监管的一个方面，这种反思性监管的迅速扩展，已经成为国家的一个内在特征。"[1]自法国大革命以还，西方社会的政治和社会变革的压力变得异常紧迫，这当然也是现代性的一个方面——并被赋予了一种正当性，试图阻止变革无济于事，解决的办法在于对社会变革进行合理的组织。而要对社会变革进行合理的组织，就必须去切实地研究社会，了解支配它的种种规则，这就为包括社会学在内的各门社会科学的生长发展提供了空间和动力来源。而进一步说，要想在一个牢固的基础上组织社会秩序，社会科学就必须越精确越好——这是包括社会学的各门社会科学走向"科学"走向"实证"的社会动力。因此，正如有人指出的那样："（近代）国家企图通过干预措施影响社会的进程和结构，所以需要有关这方面的知识。……其实，从主要探讨规范和哲理的社会研究转变为以事实根据为基础的社会研究，大概是同现代国家的出现相关的最重要的学术现象。"[2]换言之，在宗教权威终结以及社会变革的压力之下，现代国家（政府）如今需要依仗社会科学的知识来为其行动提供正当性基础。

以上第三点，最集中地显示了社会学与社会政策之间的紧密联系。简单地说，那就是，社会学以自己特有的视角、方法对于现代社会之发展动力、结构特征、变迁过程与方向，特别是对于妨碍现代社会正常有序地运行发展的各种问题、障碍的揭示和解释，为试图对现代社会变革施加有效控制和引导。同时从现代基本的价值立场出发有效地满足公民的正当需要，解决各种困扰着社会

---

1 吉登斯：《民族—国家与暴力》，胡宗泽、赵力涛译，北京：生活·读书·新知三联书店，1998，第221–222 页。

2 Evans, Rueschemeyer, Skocpol: *On the road toward a more adequate understanding of the state*. In: *Bringing the state back in*. (Cambridge: Cambridge University Press, 1985), p.357.

与公民个体的社会问题的政府（国家）制定各种社会政策提供了理论的、知识的、数据的依据和支撑。换言之，社会学可以说是现代社会政策最基本和直接的专业基础。

那么，社会工作与社会政策、社会学又是什么关系？在最一般的意义上，社会工作被理解为在其特定价值观——最主要的也就是肯定、维护人的尊严的近代人道主义价值观——支配下的一种助人的专业。社会工作的基本的，也是最主要的对象就是那些生活在社会中面临生活危机的人，社会工作要回应的是人类日常生活中那些没有得到满足的正常需要，或者，社会工作就是要回应人与社会环境之间互动过程中产生的社会问题，它要处理的就是"人在情境中"。在处理个人问题时，社会工作重视造成个人问题的社会原因与个人原因。因此，心理学、社会学对社会工作来说都是非常重要的。不过，第二次世界大战以来，社会工作发展的大部分内容主要受到的是社会学的影响，而不是心理学的影响。[1]

假如社会学给了社会工作专业知识的支持，那么，社会政策则是社会工作作为被现代社会认可的"职业"的最重要的基础。社会工作的起源可以追溯到很久远的过去，即使在现代史上，也可以追溯到现代社会政策诞生之前的许多活动与做法，如德国的汉堡制、爱尔伯福制，英美的慈善组织会社和睦邻组织运动等，但是，作为获得被社会接受，获得政府（国家）认可，有许多正规从业者的专业的社会工作的确立，则与现代社会政策的出现和发展密不可分。这一点，从作为专业的社会工作诞生的时间即可获得佐证：常被看作社会工作专业化开端的玛丽·理查门的《社会诊断》出版于1917年，正是肇始于德国的现代社会政策在欧美其他国家也开始纷纷效仿之时。当然，对于社会工作专业与社会政策之关系的最明确的显示，可能还要数夏洛特·托尔最初出版于1945年的《社会救助学》这本小册子。该书发表之前经美国社会福利局技术训练部修改充实，由联邦安全署发行，供美国各州促进社会工作专业人员训练之用。该书后来数次再版，并被翻译成阿拉伯语、荷兰语、德语、希腊语、希伯来语、意大利语、西班牙语、法语、埃及语、朝鲜语，以及中文等。该书的"引言"表明，该书实际上是为配合"社会安全法"所规定的对于遭遇生活困难者的救助而写的。作者指出，政府鼓励充分满足人民对救济的需求，要求使所有申请救助的人都能受益，社会工作要坚持救助标准，同时也要向申请救助的人宣传按照法律他们所能享有的权利，并且还要给予申请者以具体指导以确定他们是否合乎救助标准。由于申请和接受救助者往往从内心感到沮丧、屈辱和精神上

1　多米内利：《社会工作社会学》，刘梦、焦开山、廖敏利等，北京：中国人民大学出版社，2008，第3~4页。

的负担，因此，社会工作者要注意消除他们的这种压抑心理。社会工作在根据社会安全法救助那些未能自力更生者时，要努力帮助他们恢复自力更生的能力。作者明确指出："社会工作是由人来做，也是为了人的。"而该书的一个基本目的就是："在鼓励人们认真考虑我们的法律条款和社会机构工作方针的重要性的同时，还要使负责实施社会救济的人认识到，这项为人民的工作和工作人员的表现也是很重要的，它可以帮助督导员和工作人员在社会救济的框架内更好地了解人民，以便使他们能根据人的权利、需要和职责来实施社会救济。只要工作人员对人的需要和动机有深刻的了解，他们就能开动脑筋想出办法，去帮助那些个人坚强起来。"[1] 简单地说，就是社会工作作为一个获得国家和社会承认的专业，它的确立、发展和实务活动的开展，很大程度上是因为现代社会政策需要它以专业的知识和技能把自己有效地转化为能够为人民所真正享有的服务。这一点，考诸我国当前在各个社会领域中开展的社会工作实务活动，也是符合的。

最后还需要指出，社会学、社会政策和社会工作的关系不是单向的，在社会学为社会政策、社会工作提供专业知识和理论的支持，社会政策支撑起社会工作之职业基础的同时，社会工作实践所积累的经验、所遭遇的挫败及社会政策的实践反馈（无论成功与失败）也反过来激发社会学的进一步探索和研究，进而推动社会政策的修订或改革。

思考题：

如何理解社会政策的功能？

分析社会政策有哪些维度。

如何理解社会政策与社会学、社会工作的关系？

---

1 托尔：《社会救助学》，郗庆华、王慧荣译，北京：生活·读书·新知三联书店，1992，第7页。

社会政策的发展历程

　　作为主要以国家（政府）的直接或间接的再分配来满足国民那些无力通过市场来满足的一系列物质、社会、精神需求，保障和促进社会公平的国家行动的社会政策或社会福利政策，是现代社会的产物，它与传统社会中的赈灾救济、慈善布施等有着本质的区别。这种本质的区别集中体现在现代社会政策与现代社会结构及价值的关系中，也就是说，现代社会政策是在社会结构的现代转型和一些基本的现代文明价值观的双重驱使和约束下诞生的，也是在社会结构随着现代性的推进而发生的历史变迁和价值在不同国家、民族的分殊中分化演变的。结构约束构成现代社会政策基本的经验依据，而价值观念则构成现代社会政策的规范基础或者说正当性来源。

第一节 社会的现代转型与社会政策的诞生

理解"国家"有两种视角：一是从国家活动的形式、步骤、规范、手段的角度来理解；二是从国家活动的内容、功能的角度来理解。从前者着眼，就有民主与专制的分野，法治与任意权力的不同等；而从后者着眼，则可以观察在特定社会的运行中，国家、社会、市场分别承担了什么职能，发挥了什么作用等。对于作为一种特定的国家行动的社会政策的考察分析，无疑属于后一种视角。

社会政策的起源往往会被追溯到 1601 年英国的《伊丽莎白济贫法》，而当其于 19 世纪 80 年代在德国正式推行时，其直接的目的，就是要解决或缓解资本主义工业化带来的工人贫困问题，以缓和劳资冲突和社会不稳定，由此可见社会政策与贫困问题之间的紧密联系。实际上，直到今天，尽管历经发展变革，社会政策体系已经越来越复杂，所涉问题越来越广泛，但是贫困问题无疑是其所针对的一个最核心的问题。问题是，贫困现象自古存在，为何偏偏在总体上越来越富裕的现代社会反而成了一个需要国家力量介入的"社会问题"？有人可能会说，这是因为富裕中的贫困更让贫困者难以忍受，从而更容易产生国家不能无视的反社会的情绪和行为。这种社会心理学的解释当然不是完全没有道理。但是，它忽视了一个更为关键的因素，那就是在现代资本主义市场形成和作用过程中传统社会结构形态的解体，以及由此带来的应对贫困之手段和力量的变化。

如果回顾一下古代中国的情形，我们可以注意到一个现象：朝廷（政府）通常会负责赈灾，尽管不同的朝代实际负责的程度有所不同，但是，除了在一些特殊时期（比如战乱、瘟疫），一般不太会像管赈灾那样负责扶贫济贫。[1] 为什么？原因实际上很简单：在传统农业社会，人们普遍的生活一般就维持在费孝通先生所说的勉强不饥不寒的低水准上，对于那些实在难以维持这种最低水准，难以生存下去的贫困者，救助的责任主要是由地方性小共同体（如村庄）或亲属共同体（而在聚族而居的传统下，亲缘和地缘往往是紧密相关的）来承担的。比如，"李家庄"有一百多户人家，其中有五六户由于各种原因属于过不下去的极贫户，对这几户的救助往往就由"李家庄"特别是其中相对富裕殷实的"大户"来负责。既然地方性共同体或亲属共同体已经解决了这个济贫扶贫的问题，也就不需要朝廷（政府）再来插手了。当然，这有一个前提，那就是这种地方

---

[1] 这是就视实际情形而言。形式上，早在西周时期的《周礼·司徒篇》就有所谓"以保息六养万民，一曰慈幼，二曰养老，三曰振穷，四曰恤贫，五曰宽疾，六曰安富。"王朝统治者有时也会特别针对鳏寡孤独开展一些救济。但是，在传统社会，这些举措的象征意义（如表达统治者仁孝治国的理念等）要远远大于实际意义。

性共同体或亲属共同体是稳定可持的，而在安土重迁的传统农业社会，这基本上是不成问题的。说"基本上"而不说"绝对"，是因为在某些特殊情形下，比如战乱，比如旱灾、洪水、蝗灾等自然灾害之下，地方性共同体或亲属共同体本身也会面临灭顶之灾，其自救能力会彻底丧失，这时就需要外部力量的有效介入。这也就是为什么朝廷（政府）要负责赈灾的原因。实际上，过去朝廷（政府）的有些救助，表面上看似乎主要是针对社会中的贫弱人口的，但实质也往往是发生特殊灾害情况下的产物。比如，早在东汉末年的公元218年（建安二十三年），曹操就发布过《给贷令》，规定：但凡女子70岁以上、没有丈夫儿子的，12岁以下没有父母兄弟的，以及眼盲、手脚残疾却没有父母妻儿照顾的，都可以由官府提供口粮；12岁以下出身贫寒的幼儿，"随口给贷"。这一"政策"，实际上就是针对当时由于战乱，特别是公元217年（建安二十二年）的大瘟疫所造成的人口锐减，从而导致许多老贫孤弱者失怙失养而出台的。

那么，为什么在现代社会扶贫也成了政府的责任？这要归结于现代市场以及相应技术的作用和扩张下社会结构的转型。如果说上述现象表明，传统的地方性共同体或亲属共同体对于个体具有保护性作用（当然同时也有束缚性作用），那么，现代市场及技术带动的工业化、城市化、流动化所导致的一个突出的社会后果，就是这种传统小共同体的解体衰落，换一种说法，也就是个体从各种传统的社会关系中脱嵌而成为独立的个体。这个解体和脱嵌过程普遍地存在于社会现代化的过程中，虽然由于各国现代化的历史阶段、形态等的不同，这个过程的具体表现形态有所不同。在西方，诸如托克维尔、黑格尔、马克思、滕尼斯、涂尔干、韦伯一直到今天的社群主义者查尔斯·泰勒等社会理论家，都以各自的语言对这个过程做了分析描述[1]，而费孝通先生也早在《损蚀冲洗下的乡土》一文，特别是其中"回不了家的乡村子弟"一节中，给我们呈现了晚清、特别是废科举以后中国社会开始慢慢发生的这一解体和脱嵌的信息。[2]

如上所述，那些传统的小共同体（在中国主要是村落、宗族，在西方则是中世纪那些有着农奴—领主人身依附关系的领地或齐美尔所说的"封建同盟或者法人团体"[3]）对于个体既有束缚性作用又有保护性作用。它们的衰落解体固然给个体带来了人身"自由"，但同时也使他们失去了"保护"。借用鲁迅先生的说法，这里可以说也出现了一个"娜拉走后怎样"的问题，即从传统小共同体中流离出来从而获得了自由同时也失去了保护的个体，如何应对现代市场社会

1　王小章、冯婷：《积极公民身份与社会建设》，北京：社会科学文献出版社，2017，第10-17页。
2　费孝通：《费孝通全集》（第5卷），呼和浩特：内蒙古人民出版社，2009，第57-60页。
3　齐美尔：《金钱、性别、现代生活风格》，刘小枫编，顾仁明译，上海：学林出版社，2000，第1页。

中的各种风险的问题。确实，日益发达、扩张的市场本身在不少方面可以取代传统共同体的互助功能而为人们提供他们所必需的服务。比如，在今天，婚丧嫁娶等都可以从市场中获得必要的服务，已不再依赖于左邻右舍的互助。但是，市场提供的任何服务都是以付费为前提的，而市场本身，虽然以其毋庸置疑的效率创造了巨大的财富，创造了总量上的富裕，但是，它的近乎丛林法则的运行机制同时又时时不断地造就着付不起费的，乃至没法获得基本生存资源的贫困者。对此，黑格尔、马克思等早已做了精彩的分析说明。如果说，在个体被束缚于、从属于稳定的一个个地方性、亲属性小共同体，这些小共同体能有效地给内部的贫困者提供保护的传统社会，贫困只是一个个小共同体的内部问题，那么，在这种小共同体变得松散并日益解体，个体纷纷从各种传统的社会关系中脱嵌而日益成为孤独的人群中的一员，贫困就成为整体社会所面临的"社会问题"。确实，寺院、教会和其他慈善组织能帮助解决一些问题，但是，相对于现代（资本主义）市场社会发展进程中规模越来越大的底层贫困人口和越来越严峻的由贫困引发的其他问题，这种民间慈善从根本上看显得力不从心，杯水车薪。正如有学者在分析近代英国自由主义者如何看待底层时所说的："在三大革命（工业革命、法国大革命和美国革命）之后，英国自由主义与革命之前的一大不同在于，它必须面对'社会问题'：工业革命造成数目庞大的农村人口离开原先的社会网络，流入城镇，形成都市底层的无产阶级，陷入贫困、愚昧、脏乱、疾病、失业以及各种堕落、犯罪的生活状态，已经不是昔日的教会、慈善事业或者济贫法所能因应。"[1] 当民间的力量（无论是日益解体的传统小共同体还是传统民间慈善），甚至像主要立足于对贫困者、流浪者进行管制的"济贫法"这类举措都无法因应已经成为整体社会问题的贫困问题时，就只有动用更为正式和稳定可靠的国家（政府）力量和手段了。对于现代社会政策的诞生来说，这一点非常关键。换言之，从结构的角度看，在很大程度上，现代社会政策是现代（资本主义）市场以及相应技术的作用和扩张所引发的社会结构的转型，导致社会面对贫困（以及其他风险和问题）时自救能力的衰退，从而不得不仰仗国家（政府）力量和手段的产物；或者说，现代社会政策的诞生，表征的是原本由分散的小共同体自行承担的对个体成员的保护职能，在新的结构条件下向政府的转移。这种转移不是一蹴而就的，在失去小共同体的保护和获得国家（政府）的支持之间的空档期——实际上也就是马克思所分析批判的古典资本主义时期——有些人，特别是马克思所说的那些除了自己的劳动力之外一无

1　钱永祥：《自由主义如何看到了"底层"》，《读书》2019年第7期。

所有的无产者，在面临贫困和其他危机和风险（如疾病、失业等）时，就可能出现"除了'自由'一无所有"的情形，这种情形，不仅对当事人自身而且对于整体社会都是一种巨大的威胁。而现代社会政策，正是通过国家（政府）的力量对于这种威胁的预防和抵御。就此而言，现代社会政策的发生和发展，意味着原先比较单纯的权力统治型或治安型国家向社会事业型国家的转变，即"国家的社会化"；当然，着眼于原本由"社会"自身应对的问题转而交由国家来经办，也可说，这是"社会的国家化"。

如上所述，关于现代社会政策的发生与发展，通常会把起源追溯到1601年的《伊丽莎白济贫法》（以下简称《济贫法》），而把19世纪80年代由德国首相俾斯麦推行的，包括《工人医疗保险法》《工伤事故保险法》《伤残和养老金保险法》等在内的一系列旨在保护劳动者的社会政策和社会立法，看作现代社会政策的正式诞生。但实际上，虽然《伊丽莎白济贫法》和俾斯麦的强制劳工保险似乎都意在保护救济社会中的贫弱者，但其真实的精神取向，特别是在它们与现代资本主义社会的关系上是截然不同，甚至根本相反的。《济贫法》强调院内救济，且申请救济者须以个人的尊严、独立和自主权为代价。就像马歇尔说的那样："《济贫法》不是将穷人的权利要求看作公民权利不可分割的一部分，而是把它看作公民权利的一种替代——只有当申请者不再是真正意义上的公民时，他的要求才会得到满足。赤贫的人由于被救济院所收容，所以，他们实际上丧失了人身自由的公民权利；同时，根据相关法律，他们也丧失了可能拥有的任何政治权利。"因此，《济贫法》的"总体目的并不是要建立一种新的社会秩序（即现代资本主义社会秩序——引者），而是要维护现有的秩序（即封建秩序——引者）。"[1]与此相反，俾斯麦所推行的一系列强制性劳动保险法案，恰恰是要维护、稳定已经确立起来的现代资本主义社会秩序，或者说，是要在现有的资本主义社会制度框架之下，通过集合国家、资本家（企业主）和工人的财力，以"国家保护"的形式保障工人在遇到疾病、伤害、老残、死亡等之时，能够获得基本的保险给付，以应对危机。从而一方面在一定程度上对资本加以一定的节制，防止它无限度地盘剥、奴役工人；另一方面则以此遏制工人运动，防止社会主义革命，最终强化和巩固资产阶级国家对于社会的控制。对此，马歇尔也有评论："强制性的社会保险在三个方面是新颖的：它涉及对工业事务的一种新的干预类型；在公民与政府之间形成了一种新的关系形式；在财政和行政方面也产生了新的要求。""这种新的制度要求工业界和政府一起对满足工人的

---

1 马歇尔：《公民身份与社会阶级》，载马歇尔等：《公民身份与社会阶级》，郭忠华、刘训练编，南京：江苏人民出版社，2008，第18-20页。

合理要求予以让步，为的是使政府和工业界在对抗工人的不合理要求时更容易一些。"[1] 德国的社会保险为其他西方国家提供了范例。从 19 世纪末到 20 世纪初，继德国之后，英国、美国、法国、意大利、瑞典、丹麦、挪威、芬兰、荷兰等二十多个国家都推出了各自的社会保险立法。此后，经过大萧条、凯恩斯革命、第二次世界大战等一系列历史大事件，西方各资本主义国家进一步不同程度地改变了国家不干预市场的古典自由主义信念，而加大了国家的社会干预。到 20 世纪 50 年代，尽管不同国家的政治架构、意识形态取向以及相应的社会政策模式各有不同，但基本上都建立起了被称为"从摇篮到坟墓"的福利国家体系，从而形成了对个体的一种全方位的"国家照护"。

第二节　福利国家的危机与社会政策变革

现代国家以社会政策（福利国家）[2] 为手段为个体提供保护，该如何看待这种国家保护对于个体的意义呢？无疑，应该承认和肯定这种保护对于缓解无产者对资本的单向依赖，对于减轻个体在资本主义市场的各种风险面前的脆弱性所具有的正面意义。不过，在肯定这一正面意义的同时，也不能不看到"福利国家"潜伏着的隐患。这种隐患，既是对作为其对象的公民个人的，也是对其自身的。

对于前者，即福利国家的发展对于公民个人的隐患，实际上早在现代社会政策诞生之前，法国思想家托克维尔就表达了对这种隐患的隐忧。如果说，马克思着眼于劳动者（生产者）与劳动条件（生产资料）之关系的阶级分析模式，向我们揭示了在社会的现代转型（资本主义兴起和发展）过程中，个体在失去了与生产资料的直接结合后，由传统上对于小共同体的人身依附转变为对于资本，对于资本家的单向依赖，那么，托克维尔直接着眼于个体与他人关系的"国家权力—个体自由"分析模式则揭示了在社会的现代转型（平等化）过程中，个体从传统上由身份等级表征的对于小共同体的依附转而变为对于国家（政府当局）的依赖。托克维尔分析指出，在封建贵族制时代，人们生活在一个个规模有限但相对独立的、以领主作为象征的静态共同体中，在其中，享有特权的贵族领主对其属民行使统治管辖权，必要时可以合法地使用强制；包括领主在内的整个共同体等级分明，每个人都有其固定不变的位置，都意识到在自己

1　Marshall. *Social Policy in the twentieth century*. 5th. ed. London: Hutchinson & Co,Ltd.,1985: 51.（转引自，杨伟民：《社会政策导论》，第 182 页。）

2　如有学者指出的那样，今天在实际所指上，福利国家与社会政策基本上是同义词。（金斯伯格：《福利分化：比较社会政策批判导论》，第 1 页。）

之上有一个能够庇护他的人，自己之下又有他有义务扶助的人。[1]这种状况显然也就是马克思所说的个体只是"一定的狭隘人群的附属物"的"人的依赖关系"的状况。但是，但这种状态被托克维尔眼中一个最根本的现代社会变革趋势，即身份平等化的趋势打破了。"身份平等的逐渐发展，是事所必至，天意使然。这种发展具有的主要特征是：它是普遍的和持久的，它每时每刻都能摆脱人力的阻挠，所有的事和所有的人都在帮助它前进。"[2]平等化终结了世袭的封建贵族等级制度，造成了社会成员的不断流动，从而也终结了建立在封建等级制度之上的静态、稳定的传统共同体。由此造成的一个后果，就是社会的个体化，甚至原子化：由于没有恒久的阶级，也就没有团体精神，没有世袭的产业，也就没有地方的关系或是外向的目标受到家庭情感的尊崇，于是，由于没有有效可靠的中介，社会成员便陷于一种彼此隔绝的状态之中，并相应地产生以自己为中心的个人主义情感。[3]托克维尔指出，这个从传统秩序和共同体中流离出来的个体在根本上孤立渺小而软弱无力，这种软弱无力促使他们去寻求依靠，并最终将国家，将政府当局当作唯一的"靠山"："在平等时代，人人都没有援助他人的义务，人人也没有要求他人支援的权利，所以每个人都既是独立的又是软弱无援的。……他们的软弱无力有时使他们感到需要他人的支援，但他们却不能指望任何人给予他们援助，因为大家都是软弱的和冷漠的。迫于这种困境，他们自然将视线转向那个在这种普遍感到软弱无力的情况下唯一能够超然屹立的伟大存在。他们的需要，尤其是他们的欲求，不断地把他们引向这个伟大存在；最后，他们终于把这个存在视为补救个人弱点的唯一的和必要的靠山。"[4]而由此所造成的后果，托克维尔认为，自然而然将是，在无数相同而平等的，人人离群索居，对他人命运漠不关心的个人之上，耸立着一个负责保证他们的享乐和照顾他们一生的权力极大的监护性当局。这个当局的权威将是绝对的、无微不至的。就像父权，它愿意为公民造福，但要充当公民幸福的唯一代理人和仲裁人。通过满足公民的各种需要，使他们在各方面依赖于自己，受控于自己，从而丧失了独立的能力，甚至意志。[5]

应该说，在托克维尔的时代，这样一种作为公民幸福唯一代理人和仲裁人的、通过满足公民的各种需要而使后者依赖和受控于自己的"父权"式国家

1　参见王小章：《经典社会理论与现代性》，第63-68页。

2　托克维尔：《论美国的民主》（上卷），董果良译，北京：商务印书馆，1991，第7页。

3　托克维尔《论美国的民主》（下卷），第625-627页；托克维尔：《旧制度与大革命》，冯棠译，北京：商务印书馆，1992，第34页、第134页。

4　托克维尔：《论美国的民主》（下卷），第845页。

5　托克维尔：《论美国的民主》（下卷），第869-879页；托克维尔：《旧制度与大革命》，第35-36页。

（政府当局）还不是现实，只是托克维尔的隐忧。但是，在后来的发展中，特别是在福利国家的发展中，这种隐忧在相当程度上成为了现实。齐格蒙特·鲍曼指出，现代国家自建立之初便面临着管理恐惧的艰巨任务，即要在旧的保护网络被现代革命撕毁（也就是传统社会关系、传统共同体的解体）之后，从零开始编织一张新的保护网，"现代国家矢志发展成为'社会国家'。……'社会国家'的核心任务是'保护'。"[1] 福利国家，可以说正是"社会国家"的典型表现形态。而正如许多学者研究指出的那样："福利国家的历史发展是国家的行政权力网络不可阻挡地扩展侵入公民社会的过程。"[2] 在这个过程中，一方面，国家通过建立起"从摇篮到坟墓"的社会保障和福利体系从而成为"保姆式国家"（Nanny state）[3]，这从一个角度看，固然是国家为个体提供了全方位的保护，但从另一个角度看，则是制造了那些置身于现代社会的各种不确定性或者说风险之中的个体对自身的全方位依赖。另一方面，福利国家的制度安排又强制性地把个体从各种社会关系中抽离出来而进一步个体化了。就像贝克分析指出的那样：福利国家制度的设计大都以"个人"为执行单位，医疗保险、养老保险、失业救济等权益以及相应的工作要求、法律责任、社会道德、教育培训等各个方面，不论是制度设计还是意识形态层次，皆朝着"个人"为基本单位的方向发展，由此，福利国家体制在个体业已从诸如血缘、地缘关系等传统共同体中脱离出来之后，进一步强制性地把个体从阶级阶层结构、性别结构、就业体系等的关系中抽离出来，成为别无依傍的个体。[4] 而当个体成为"别无依傍的个体"，国家也就成了这些个体们"唯一的和必要的靠山"，从而进一步制造、巩固、强化了个体对自身的依赖。

从 20 世纪 70 年代末开始，福利国家体制受到了来自左右两翼及中间派的批评和诟病。左翼的批评主要是将这种福利国家体制看作资本主义招安工人、诱使工人放弃反抗既有秩序的一种手段。[5] 右翼的诟病则主要集中于福利国家的"无效率"，而这种无效率表现在：第一，"福利国家所认可的要求、权利以及工人和工会所拥有的集体权力，等于抑制了工人工作的动力，或者至少不能迫使他们像在完全市场条件下那样努力而有效地工作"[6]；第二，福利国家的扩张依赖于税收，而税负的提高直接抑制了投资，从而抑制了经济的增长；第三，福利

1　鲍曼：《流动的时代：生活于充满不确定性的年代》，谷蕾、武媛媛译，南京：江苏人民出版社，2012，第 72 页。
2　布朗等：《福利的措辞：不确定、选择和志愿结社》，第 93 页。
3　布朗等：《福利的措辞：不确定、选择和志愿结社》，第 19 页。
4　贝克：《风险社会》，何博闻译，南京：译林出版社，2004，第 106-107 页。
5　奥菲：《福利国家的矛盾》，第 8-11 页。
6　奥菲：《福利国家的矛盾》，第 3 页。

开支带来了巨大的财政赤字；第四，福利国家的运行依靠科层制或者说官僚制，这种体制的本质决定了其对于公民的需求和问题是不敏感的，反应是不灵敏的，因而，其运行也一定是低效率、低效益的。而还有一种批评——姑且称其为中间派的批评——则认为福利国家所引发的"应享权利的革命"（即对福利权利不断趋高的要求）导致资本主义国家的合法性危机。[1] 左中右三种对福利国家的批评显然都别有衷曲，看起来各不相同，但实际上，只要稍稍分析一下即可发现，在这种各有衷曲的批评背后，对一个事实的认定却是一致的，那就是保姆式的福利国家制造和强化了个体对于国家的依赖。

经过了 20 世纪 70 年代末以后的批评和反思，西方国家开启了以"撒切尔主义""里根经济学"为代表的对福利国家的新自由主义改革，推动公共事业、福利供给的市场化。但是，这一改革却带来另一个问题，那就是，市场化的福利供给无法确保福利供给的普遍性、公平性，虽然不至于再回到马克思所分析和批判的那种状况，但是，在"用者付费"的原则下，在市场中能力和机遇各不相同的人们在获取福利和服务方面的差距越来越大，特别是那些贫弱者越来越难以获得必要的服务和安全保障。而与此同时，全球风险社会的来临更加剧了社会成员，特别是那些贫弱者在各种风险面前的脆弱性与不安全感。[2] 在这样的背景下，人们越来越感到，在福利供给或者说给公民的安全保护方面，必须同时防止"保姆式的国家"和"不受规制的市场"。正是在这样的语境下，吉登斯开始提出"第三条道路"，倡导"积极的福利"："今天，我们应当倡导一种积极的福利（positive wellfare），公民个人和政府以外的其他机构也应当为这种福利作出贡献，而且，它还将有助于财富的创造。……基本的原则是：在可能的情况下尽量在人力资本上投资，而最好不要直接提供经济资助。为了取代'福利国家'这个概念，我们应当提出'社会投资国家'（social investment state）这个概念，这一概念适用于一个推行积极福利政策的社会。在最近的关于福利问题的文献中，用'福利社会'取代'福利国家'已经成为了一个约定的基调。在第三部门的机构还没有充分发挥作用的地方，它们应当在提供福利服务上发挥更大的作用。自上而下地分配福利资金应当让位于更加地方化的福利体制。从更一般的意义上讲，我们应当认识到，福利供给的重组应当与积极发展公民的社会结合起来。"[3] 也正是在这样的语境下，从 20 世纪 80 年代末开始，介于国家和市场之间的"志愿结社"在福利供给和维护个体的独立方面所能扮演的角色越

1　贝尔：《资本主义文化矛盾》，赵一凡译，北京：生活·读书·新知三联书店，1989，第 290-295 页。
2　冯婷：《社区与社团——国家、市场与个人之间》，杭州：浙江大学出版社，2014，第 29-30 页，
3　吉登斯：《第三条道路：社会民主主义的复兴》，郑戈译，北京：北京大学出版社、生活·读书·新知三联书店，2000，第 121-122 页。

来越引起当局者重视，从而掀起了一场萨拉蒙所称的"结社革命"。

实际上，马克思和托克维尔也都关心有别于国家组织和市场组织的社会组织（如前者对于工人组织的关注，后者对于政治结社的关注），只是，他们更多的关注于这种组织的政治意义。[1] 而 20 世纪 80 年代末以来的所谓"结社革命"，则被人们寄予了更加广泛的期待。在 1988 年的总统竞选中，乔治·布什曾以"千万个光点"这样引人遐想的比喻指称志愿结社及其在应对社会紧迫问题方面的潜力，在他看来，资本主义尽管存在许多弱点，并且还有不少勇敢的反对运动，但始终没有崩溃的一个重要的原因，就是因为有志愿部门的存在。[2] 而在许多学者眼中，志愿结社，或者说以志愿结社为基本要素的"第三部门"，同样成了治愈市场缺陷和国家（政府）弊端的"灵药"："许多人都将其（即志愿部门——引者）看作这样一个潜在的场所，在其中，政治能够得到民主化，积极的公民权能够得到强化，公共领域能够得到重新激活，切合于多元需求的福利计划能够得以制定和实施。"[3] 雷奥斯通过梳理有关研究文献概括总结了非营利组织——它在实际所指上与志愿结社或第三部门基本上是同义词——在许多研究者眼中所具有的积极作用：它们是政治参与的至关重要的决定性因素；它们在提供服务和福利方面比政府更为有效，并且对顾客群体的需求反应更为敏感；它们对于作为有效的民主和强健的经济之基础的社会资本的再生产至关重要；它们能够对国家和市场力量统治的趋势起平衡作用。[4] 而着眼于本文所关注的问题，则可以说，在许多学者看来，志愿部门是兼顾、平衡关系着个体安全的福利保障的公平性和个体之独立性、主动性的关键力量，或者说，它可以帮助促进公民选择（这关系着独立自主）和公共福利（这关系着个体的安全）的结合。

志愿结社可以给个体以支持、保护，使他摆脱原子化孤离个体的无助状态而获得一定的安全，从而一定程度地克服市场的社会排斥效应，同时，志愿结社的志愿性又使它有别于缺乏灵活性的科层制国家组织，以尊重个体的选择权而维护个体的独立和自主。因此，重视发挥志愿结社的作用无疑是应该的。但是，这是否意味着结社真的就是一味治愈市场缺陷和国家（政府）弊端的"灵药"？特别是是否能够为现代社会中的公民个体提供坚实有效的安全与独立的稳固支持呢？至少有三个方面的原因使人们有理由对此提出质疑。

其一，结社本身需要一定的资源和结社者本身具备一定的能力，而这种资源和能力在社会成员中的分布并不均匀，换句话说，并不是每个人都具备这种

---

1 冯婷：《社区与社团——国家、市场与个人之间》，第 8—19 页。
2 布朗等：《福利的措辞：不确定、选择和志愿结社》，第 65 页。
3 布朗等：《福利的措辞：不确定、选择和志愿结社》，第 58 页。
4 布朗等：《福利的措辞：不确定、选择和志愿结社》，第 60 页

资源和能力，因此，按照自然自发的可能性或者趋势，在社会各阶层中，那些拥有比较充分的资源，在社会中处于强势地位的人们更能形成自己的组织，而那些缺乏资源，处于弱势的人们则相对难以形成自己的组织。在西方历史上，资本家之间的结盟要远早于工人阶级组织的诞生。而国内目前，商会组织远多于、也远强于真正由工人（其主体是农民工）或其他弱势群体自己组建的组织。那些更需要获得组织的援助以改变自身的软弱、无知状况的穷人和其他弱势群体，依然较难获得属于自己的组织的帮助。

其二，从理论上讲，尽管各种志愿性结社组织能够为公民提供各种资源和服务，以补救公民个人之贫弱，但是，除非公民个人本身是这种组织中的正式成员，否则他并无向志愿组织"索要"服务的法定权利，因此，对于公民个体而言，来自结社组织的支援和救助并不是稳定可恃的，也就是说，结社可以支持某些个体，但不能确保公民个人的"安全"无虞，并不是每个公民都有权利选择志愿结社为自己提供必需的服务和支持，尤其是对于社会中最边缘化、最疏离隔绝于社会的全体成员。在此，国家作为最后的保障是必须的。

其三，从实际现实看，虽然各种志愿组织在调节分配方面有一定作用，甚至被称为"第三次分配"，但事实上，这些组织在服务的提供上虽然有其自身的优势，但是在再分配方面作用有限。有学者研究了不少国家和地区的非政府组织（NGO），发现它们在再分配方面的作用都不那么显著，不少国家和地区的非政府组织的活动经费都主要来自政府，欧洲的非政府组织也同样，美国似乎是个例外，但也有一半左右的经费来自政府。[1]也就是说，仅从经费而言，志愿部门本身也不是独立的，一个本身并不完全独立的组织或部门，如何可能为公民个体——无论是组织内的还是组织外的——独立提供坚实的保障呢？[2]而从上述两个方面可以看出，国家必须作为公民个体安全与独立的最后防线。

第三节　全球化时代的社会政策

作为一种特定的国家行动，现代社会政策是现代（资本主义）市场以及相应技术的作用和扩张所引发的社会结构的转型，导致社会面对贫困以及其他风险和问题时自救能力的衰退，从而不得不仰仗国家（政府）力量和手段的产物。因此，社会政策的有效性，有赖于两个前提：第一，它所要应对的风险和问题在

1　王绍光：《波兰尼〈大转型〉与中国的大转型》，北京：生活·读书·新知三联书店，2012，第86页。
2　王小章、冯婷：《积极公民身份与是建设》，北京：社会科学文献出版社，2017，第131—132页；布朗等：《福利的措辞：不确定、选择和志愿结社》，第204—205页。

一定程度上的可预见性，唯有如此，国家才能事先做出政策安排；第二，它所要面对和解决的那些问题和风险，必须是在民族国家的力量所及的范围之内，至少是基本上在国家力量所及的范围之内，逾越了这个范围，作为国家行动的社会政策就会无能为力。而这两个前提，恰恰是社会政策在今日这个全球风险社会所面临的最突出的挑战。

自从德国社会学家乌尔里希·贝克于1986年出版《风险社会》后，风险社会理论就成为理解当代社会的一个基本视角。确实，从某种意义上讲，现代社会政策就是为了应对市场社会的风险。另一位风险社会论者、英国社会学家鲍曼就曾认为，随着传统社会中由联系密切的社群和组织所构成的社会保护网被现代革命撕毁，个体迎来了前所未有的自由，但随着自由选择一同到来的是数不胜数的失败的风险，对大多数人来说，除非以国家的名义签发一份保单，让他们在遭遇不幸时可以有所依靠，从而减轻对失败的恐惧，否则自由选择将永远是一个难以捉摸的幻影，因此，"现代国家自建立之初便面临着管理恐惧的艰巨任务。……现代国家矢志发展成为'社会国家'。"[1]不过，需要指出的是，构成现代化早期之"社会国家"的社会政策所要应对的风险，基本上是可预期的，即，对于社会成员个体来说，他在这个市场社会中可能遭遇的风险主要是贝克所说的"第一现代社会"中之"标准生命史"下诸如生、老、病、死以及失业等问题，虽名曰"风险"，但实际在很大程度上是可预期的[2]，因此，作为奥菲所说的对社会成员在劳动市场外的生存形式的控制方式，国家可以事先做好社会政策的因应安排。但是风险社会中的风险已经不是"标准生命史"下那些可预期的危机，而是从根本上讲不可预期的"风险"，如一种突发的新的传染病，一种新的网络病毒，一场突如其来的环境灾难或经济风暴，一次不知如何发生的技术事故或不清楚其社会后果的技术革命……这些风险逾越、脱离了"第一现代社会"中形成的监督和保护制度，这是因为，它们本身即是自反性（reflexivity）作用的产物，即风险社会中的那些风险，那些可能的不美好的甚或灾难性的事物，是现代化进程中那些企图给人类带来福祉的、理性设计的现代社会工程——包括社会政策或福利国家——自身的产物：一方面，"工业社会、民众的社会秩序，特别是福利国家和保险国家必须能够使人类的生存状况可由工具理性控制，并使之可制造、可获取、（单个地、合法地）可解释。另一方面，风险社会中难以预见的一面以及控制的需求的滞后效应反过来又引出了

1　鲍曼：《流动的时代：生活于充满不确定性的年代》，第71-72页。
2　王小章、冯婷：《积极公民身份与社会建设》，第20页。

原以为业已克服的不确定的领域、矛盾的领域——总而言之是异化的领域。"[1] 对于社会政策来说，存在于并构成了这个"异化的领域"那些不可预测的风险，是一个巨大的挑战："阶级社会的驱动力可以概括为这样一句话：我饿！……风险社会的驱动力则可以表达为：我害怕！焦虑的共同性代替了需求的共同性。"[2] 如果说，迄今为止社会政策主要回应的是"阶级社会"（第一现代社会）中"我饿"（富裕社会的贫困问题）的呼声，那么，接下来社会政策要着力思虑的，就是如何回应"风险社会"中"我害怕""我焦虑"的呼声。

"风险社会"之风险不仅作为自反作用的产物具有不可预期性，而且还具有全球性，这构成了当代社会政策所面临的另一层挑战。"风险社会"之风险，是现代化所带来的不可控制的意外后果或副作用，因此，现代性的全球扩张必然带来风险的全球弥散。"风险社会"必然是全球风险社会，在当今这个"风险社会"中，没有哪个地方、哪个民族、哪个群体、哪个个体能确切地脱离于风险之外。但问题在于，迄今为止，社会政策在总体上尚未获得跨越民族国家的范围以应全球弥散之风险的能力。鲍曼以"权力"（即现实发生作用的，包括制造出风险的力量）和"政治"（即应对风险的力量）之间联系的解体说明了当今世界中风险之力和应对风险之力之间的不对称或者说脱节。从现代国家的初始直至最近，"权力"和"政治"一直是夫唱妇随，共享民族国家这个家庭。但是现在，很多从前使现代国家的行为行之有效的权力，逐渐转移到了从政治上无法控制的全球空间；由于缺乏政治约束，这些脱缰的权力产生了难以驯服的不确定性。而政治，作为决定方向和目的的行为方式，却依然局限于民族国家的范围之内，由此，现存的政治机构及其作为与人们的生活日益不相关，换言之，国家机构不得不将越来越多曾归于其下的职能丢弃、转移。这些职能被丢弃后，"或者成为反复无常并且不可预知的市场力量的游戏场，又或者只能留给社会个体"。[3] 质言之，社会政策本欲通过纠正市场作用的结果、弥补市场的失灵而保护社会成员免受市场社会之风险的威胁，而今由于社会政策的民族国家限制和风险全球性之间的脱节，不得不又将个体的命运交还给市场社会中的个体自己。

如何应对这种新的结构性挑战？到目前为止，系统而可靠的因应方略还没有形成。但是，一些有价值的思考已经出现。比如，为了应对那些难以预期的风险，应该强化人们在风险来临时即刻行动的权能，为此社会政策和法规在取向上应该尽可能致力于激活积极的公民权，应该更大地促进和发挥志愿结社的

1　贝克：《再造政治：自反性现代化理论初探》，载贝克、吉登斯、拉什：《自反性现代化：现代社会秩序中的政治、传统与美学》，北京：商务印书馆，2001，第15页。
2　贝克：《风险社会》，第57页。
3　鲍曼：《流动的时代：生活于充满不确定性的年代》，第2页。

作用[1]；为了应对全球市场社会下风险的全球化，一方面，民族国家的政府应该努力去"提升本国劳动力的国际竞争力，以及提供一个框架让负责任的公民能够尽可能地为自己提供福祉"，另一方面，则应该最大限度地发挥国际性政府组织（如国际货币基金组织、世界银行、世界卫生组织、国际劳工组织、联合国人权事务高级专员办公室、联合国难民事务高级专员办公室、联合国儿童基金会、联合国教科文组织、经济合作与发展组织等）和非政府组织在处理社会政策议题上的作用[2]。也许，我们可以以审慎的乐观相信：全球市场社会最终会催生出与自身要求相适应的全球性社会政策，因为，如果社会政策如前所述是市场社会自我维系的需要，那么全球市场社会同样也会有这个需要，否则，它自身就会难以为继。

第四节　社会政策在中国

在本章第二节中曾提到，传统中国很早就有政府救济的制度安排，特别是在赈灾方面。《周礼·司徒篇》就记载了最早的官方救济制度。一是赈灾类的，即所谓"荒政十二"："以荒政十有二聚万民。一曰散利，二曰薄征，三曰缓刑，四曰弛力，五曰舍禁，六曰去几，七曰省礼，八曰杀哀，九曰蕃乐，十曰多昏，十有一曰索鬼神，十有二曰除盗贼。"二是针对贫弱的救助类的，即所谓"保息六政"："以保息养万民，一曰慈幼；二曰养老；三曰振穷；四曰恤贫；五曰宽疾；六曰安富。"自隋唐开始，政府在地方社会建立社仓制度，以赈济灾荒。此外，还建设一些社会福利设施，如安老院、育婴堂、习艺所、慈幼院、施粥厂等，为失去非正式支持的贫弱者提供救助。不过，总体上看，"救济制度颁行具有不确定性，主要取决于统治者的意愿和偏好。其制度实践与表达存在一定的差距。"[3] 相比于赈灾，这在扶贫济弱方面表现得尤为明显。

1901年，清廷开始推行"新政"。晚清新政的重点在军事、官制、法律、商业、教育，其中，属于现代社会政策范畴的领域是教育。1905年9月，光绪皇帝诏准袁世凯、张之洞奏请停止科举，兴办学堂的折子，下令"立停科举以广学校"，终结了在中国历史上延续了1300多年的科举制度，科举取士与学校教育实现了脱钩。同年12月，清廷下谕设立学部，作为专管全国学堂事务的机构。在推行新政过程中，清政府把"奖游学"与"改学堂，停科举"并提，要

1　王小章：《风险时代的社会建设》，《浙江社会科学》2010年底3期。
2　迪安：《社会政策学十讲》，岳经纶等译，上海：格致出版社、上海人民出版社，2015，第36、47—49页。
3　应星：《中国社会》，北京：中国人民大学出版社，2015，第100页。

求各省筹集经费选派学生出洋学习。对毕业留学生，分别赏给进士、举人等出身。对自备旅费出洋留学的，也与公派留学生同等对待。晚清新政还有其他一些属于社会政策范畴内的举措。如革除陋习：1902 年，政府公开反对缠足；1906 年，皇帝下诏禁止鸦片。如清除满汉畛域，推进满汉民族平等：1902 年，废除了满族男子与汉族妇女通婚的禁令；1904 年，将军、都统以及海关上的某些职位开始可以由汉人担任；1906 年，中央各部开始实行一长制，不分种族，满人和汉人都可以担任各部唯一大臣；1907 年，政府废除了满人的下述特权，即在以前，所有满人的生计都有保障，他们不经营农商，以便能够集中力量服兵役；同样在 1907 年，法定的礼仪和刑罚改为对满汉族同等待遇，满族官员在朝见皇帝或写奏折时不再自称"奴才"，而像汉人一样称"臣"。

清末新政来不及真正落实，清朝就在武昌起义的枪炮声中覆亡了。因此，真正现代意义上的社会政策实际上发端于民国时期。三民主义中的"民生主义"即包含着关怀劳动人民生活福利的内容。1927 年，国民政府基本统一了政权，定都南京。在开展现代国家建设的过程中，南京政府推出了一些劳动保护和社会救济立法。1928 年，颁布了《各地方救济院规则》，提出通过救济院提供社会救济的方针。1929 年，颁布《工厂法》，具体规定了工人的医疗、工伤、死亡、生育等保险福利项目。1940 年，国民政府成立了社会部，统一执掌社会救济、社会福利、社会组织、社会运动、社会服务、劳工行政及合作行政等。1942 年，国民政府行政院颁布省社会处组织大纲，在省政府下设社会处；在院辖市设社会局；而在全国各主要县市设立社会科，至此，基本的社会行政制度乃告确立。不过，恰如有研究者指出的，由于南京国民政府的阶级性质，以上这些社会立法以及社会行政制度的确立，从根本上讲乃是"国民政府面对武装化的共产党及社会组织对其统治政权的威胁，为了维护工人生活的稳定和去政治化而采取的必要防御手段。整体来看，民国时期，面对资本的政治经济霸权，国民政府没有回应广大工农的需要，无心建立系统性、革命性的社会保障制度以回应紧迫的国计民生问题。"[1]

1949 年 10 月，中华人民共和国成立。虽然过去很长一段时期我国一直没有采用"社会政策"的概念，但实际上新中国成立伊始就开始了国家负责社会事务的制度实践（这实际上是对 1949 年前其在解放区的实践的延续、深化和扩充）。1950 年 6 月，政务院颁布了《救济失业工人暂行办法》；1951 年 2 月，颁布了《中华人民共和国劳动保险条例》，这是我国第一部比较完整的社会保障法

1　应星：《中国社会》，第 101 页。

规。这两个文件对职工的医疗、生育、养老、病假、伤残、死亡、失业等待遇做了最低标准的规定。此外，在 20 世纪 50 年代，政府还在社会救助、医疗卫生等方面陆续出台了一系列政策法规。到 1957 年，我国与计划经济体制相匹配的社会政策制度框架已基本成型，其主要内容包括：①在城市中建立了基本生活资料的定量配给和低价供应制度，以及充分就业制度，在农村建立了依托集体经济的充分就业和基本生活保障制度；②在城乡建立了由政府投资或依托集体经济的公共医疗卫生和公共教育体制；③在城市通过国营企业为劳动者提供了充分而稳定的就业，通过计划性的劳动工资制度为职工提供医疗、养老、工伤等方面的保险和高水平的福利性服务；④在城市和农村都建立了基本的社会救助体系。[1]

1978 年，我国开始了改革开放。改革首先在经济领域展开，而其方向，今天回过头看就是市场化，这势必给在计划经济时代确立起来的、与计划体制相匹配的社会政策体系带来巨大冲击，特别是当这种改革随着深化而在 20 世纪 90 年代中期进入城市、国有企业之后。于是，与经济体制的市场化转轨相应，同时也与社会结构的现代转型和发展理念的转变相应，我国的社会政策体系也发生了深刻的变化。这集中体现在社会政策的体制和机制上。在社会政策体制上，首先，社会政策从依附于经济政策到逐步形成了独立的体系，诸如社会保障政策、社会福利政策、医疗卫生政策等逐渐从经济体制中独立出来，成为相对独立发展的领域；其次，社会政策从改革开放前的企业—国家模式转化为政府主导下的社会化模式，在改革中，我国逐步放弃了国有部门愿意初步形成的国家福利模式，在几乎所有领域中都进行了"社会化福利社会化"的改革，原来由企业承担的福利功能（所谓"企业办社会"）逐步从企业剥离出去，进而根据不同的具体情况和个人的选择建立了大体上有三个层次的多种福利供应模式：第一层是商业化、市场化的社会服务；第二层是政府、企业、社会和个人共同负责的福利供应，包括社会保险、高等教育、社会福利服务机构和社区公共服务等；第三层是完全或基本由政府负责的福利供应，包括最低生活保障、基本公共卫生、义务教育等。再次，福利模式开始从普遍性福利转化到选择性福利。在社会政策的运行机制上，我国改革之前的福利性社会事业在很大程度上是按照"纯福利"的方式运行的，职工和居民在接受福利服务时一般不用付费或只付很低的、象征性的费用，改革以后的福利供应开始引入市场机制，政府一方面不再按照福利机构的预算全额拨款，另一方面则鼓励服务机构向居民提供商业性或准商

1　关信平：《社会政策与反贫困行动》，第 720 页。

业性的服务，推动服务机构走向市场的同时能为居民提供更优质的服务。[1]

社会政策体制、机制的变化实际上也体现出了目标理念的变化，实质性的公平已不是唯一目的，如何在努力维护底线公平的基础上兼顾效率、兼顾选择自由也进入了社会政策制定的思考。总的来说，目前我国已经基本形成了与社会主义市场经济体制、与我国的现代社会结构形态、与以人民为中心的新发展理念的比较完整的社会政策体系，包括：人口政策、就业政策、劳动关系政策、收入分配政策、社会保障政策、城乡管理政策、教育政策、医疗卫生政策、公共安全政策、环境保护政策等。[2]

第五节 展望

从根本上，人类个体无法仅仅依靠自身应对其一生中可能遇到的各种危机、风险，无法完全凭一己之力去获得和维持正常的人生，因此，在任何社会中，都需要某种能够在必要时给他提供保护和支持的外部力量的存在，失去这种可以依靠的力量，也就没有安全，而没有安全，也就没有真正的独立。因此，人在任何社会中都是有依赖的，所谓的独立，只不过是摆脱像幼儿依赖父母这样的没有选择的单向依赖，即依附；或者说，所谓独立，只意味着，尽管从根本上你的正常生活还是依赖于别人为你提供必需的支持和服务，但是，你有权利和机会去选择由谁来为你提供这些必需的支持和服务。社会交换理论大师彼得·布劳就曾指出，人们对报酬性资源（服务）的选择性越小，有价值的资源（服务）的提供者所得到的服从就会越多[3]，也即，资源（服务）的接受者越没有独立性。选择的权利和机会是公民个体独立的关键。个体在其只是"一定的狭隘人群的附属物"，只是"共同体的财产"的"人的依赖关系"下是不独立的，因为他没有选择地依附于特定的"共同体"；工人在除了自己的劳动力之外一无所有的古典资本主义时代是不独立的，因为他在事实上没有选择地单向依赖于资本对他的雇佣；在"保姆式的国家"之下个体是不独立的，因为统揽一切社会事务于一身的当局会大大缩小个体的选择机会，从而制造个体对自身的单方面依赖；志愿结社或第三部门不能确保个体的独立，因为，它们本身就不是完全独立的，并且，并不是每一个公民都有权利和能力选择它们为自己提供必需的支持和服务。

既然在任何社会形态下，个体从根本上都需要依赖于他人的支持和服务，

1 关信平：《社会政策与反贫困行动》，第721–722页。
2 李培林：《社会学与中国社会巨变》，社会科学文献出版社，2020，第280–281页。
3 特纳：《社会学理论的结构》（下），邱泽奇等译，北京：华夏出版社，2001，第286页。

所谓独立只不过意味着有权利和机会去选择由谁来提供这些必需的支持和服务，那么，从社会政策的角度，该如何兼顾公民个体的安全与独立呢？笔者以为以下两点非常重要。

第一，作为社会政策主体的国家（政府）必须承担和发挥财政兜底的责任和功能，也即，必须为着眼于满足每一个公民之基本需要（need）的再分配提供财政保障，公民则基于正当权利享有这种由国家（政府）提供的保障，从而获得基本的安全感。与此同时，在具体福利保障和服务的制度体系的安排上，则要尽可能形成允许公民个体自由选择的多元保障和服务体系。笔者曾以我国社会保障的两大最基本的内容为例分析，认为："无论医疗保障还是养老保障，目前在我国各地，其现状均是多种缴费和享受水平不等的制度并存，而且，这种多种制度并存的状况在较短时间内还没有条件彻底改变。在这种情况下，公民个人基于对自身客观经济状况和实际需求的理性考虑而自由选择加入何种保障体系就显得非常重要。也就是说，每个具体的公民进入何种保障系统，应该建基于个人的自由选择权之上，而不是建基在（户籍）身份之上。"[1] 虽然自笔者第一次说这番话时至今已过了十年，我国的社会保障政策已发生了不少变化，但是，这番话的基本精神笔者以为迄今依旧是适用的。质言之，在社会政策的基本取向上，国家（政府）应该确保安全，立足公平，兼顾自由。

第二，国家（政府）必须承担责任，但这并不意味着它要将关系公民安全和福利的所有社会事务统揽于一身。恰恰相反，诸如社区、社团（志愿结社）等多元社会行动主体的存在是至关重要的。有学者指出：美好的生活必定是一种自主性的生活，但假如可供一个人选择的生活机会非常有限，那么就很难想象他能拥有多大的自主性，而诸如社区、社团等多元生活行动主体的存在则为公民个体提供了丰富的选择机会。[2] 而英国"结社民主论"者保罗·Q. 赫斯特更是明确认为，国家在为公民维持共同的最低标准和应享权利的同时，还必须通过诸如提供经济补助、营造有利于分散福利和公共服务的法律环境等手段，来审慎地、但又主动地扶持各类社会组织。赫斯特还认为，为了维护公民个体的自主、独立，同时也为了提高福利供给和服务的有效性，国家（政府）应该坚持"辅助原则"，即个人首先要对自己负责，在个人无法解决的时候，可以通过自愿合作来解决共同的问题；在自愿合作无法解决的时候，才需要强制，即公权力的介入；而进入公权力的范围之内，也应当由较小的共同体承担解决共同问题的责任；只有在下层共同体需要更高一层支持的时候，更高一层才能予以干预，个

---

1 王小章：《以社会建设推动城乡一体化》，《浙江学刊》2011 年第 5 期。
2 霍普：《个人主义时代之共同体重建》，沈毅译，杭州：浙江大学出版社，2010，第 132-146 页。

人、社会、国家乃至国家内部各级政府之间形成递升的辅助关系。[1]

总而言之，现代社会政策的立足点，是在为公民个体提供保护、确保其基本安全的基础上，通过多元的福利和服务安排，以及对多元的社会行动主体的培育与维护，促进公民个体的选择权，而不是像当年伊丽莎白《济贫法》那样，通过所谓的保护来置换受保护者的自由与独立。

思考题

简析社会的现代转型与现代社会政策诞生的关系。

如何认识福利国家的危机？

简析"结社"的意义和局限。

如何认识社会政策的未来发展？

1　Hirst, *Associative Democracy: New forms of Economic and Social Governance*. Cambridge: Polity Press, 1994; 布朗等：《福利的措辞：不确定、选择和志愿结社》，第 16 页、第 46 页、第 58-59 页。

需要、价值与结构：社会政策的动力

　　社会政策是帮助社会成员满足他们物质的、社会的、精神的需要，因此，人的需要是社会政策诞生、发展、变化的原初动力。当然，生活在任何时代、任何社会的个体，都会有仅仅依靠自身无法满足自己正常基本需要的时候，都会遇到仅凭自身力量无法应对和化解的危机、风险，因而都需要有外力的帮助。那么，为什么在传统社会没有现代意义上的社会政策，而要到现代社会才有这样的制度设置？这一方面与社会价值观的现代变迁有关，另一方面，则又离不开社会结构的现代转型。需要、价值与结构，构成了社会政策诞生、发展、演变的基本动力因素。

第一节　需要

在一般的意义上，需要是一种被个体主观意识到的匮乏状态。这种匮乏感可以是生理上的（当然就其被主观感觉到而言，其表现形式是心理的，但其内容是生理性的），如饥、渴、寒冷、疲乏等；也可以是纯粹的心理性的匮乏，这种心理性的匮乏通常源于个体的理想、价值观与他的现实状况之间的距离和冲突，源于自我心理上的不平衡，比如个体对于爱、对于尊重、对于权力、对于成就等的需要。许多关于人类需要的严格或不那么严格的分类、说法或理论，实际上都是就这种一般意义上的需要而言。比如恩格斯把人的需要分为生存需要、享受需要和发展需要，鲁迅则说"一要生存，二要温饱，三要发展"。当然，关于需要的分类，影响最大的无疑是马斯洛的需要层次理论。

马斯洛是心理学第三思潮，即人本主义心理学的主要代表人物，需要层次理论则是马斯洛心理学理论的核心。他将人的基本需要从低到高分为五个层次，即生理需要、安全需要、归属与爱的需要、尊重的需要以及自我实现的需要。

（1）生理需要。这是与生存相关的需要，包括食物、水、性交、排泄、睡眠等需要，如果这种需要不能得到满足，会完全影响个体的生活。

（2）安全需要。当生理需要得到满足之后，安全的需要就出现了。安全需要包括"安全，稳定，依赖，免受恐吓、焦躁和混乱的折磨，对体制、秩序、法律、界限的需要，对于保护者实力的要求，等等。"[1]

（3）归属与爱的需要。随着生理和安全需要的基本满足，归属与爱的需要随之出现并成为新的支配中心。个人需要在人际关系和群体中被接纳、有归属，需要爱与被爱，他"渴望同人们有一种充满深情的关系。渴望在他的团体和家庭中有一个位置，他将为达到这个目标而作出努力。"[2]

（4）尊重的需要。尊重的需要既意味着要求得到别人的承认、尊敬，也意味着自我尊重："除了少数病态的人之外，社会上所有的人都有一种对于他们的稳定的、牢固不变的、通常较高的评价的需要或欲望，有一种对于自尊、自重和来自他人的尊重的需要或欲望。这种需要可以分为两类：第一，对于实力、成就、适当、优势、胜任、面对世界时的自信、独立和自由等欲望。第二，对于名誉或威信（来自他人对自己尊敬或尊重）的欲望。对于地位、声望、荣誉、支配、公认、注意、重要性、高贵或赞赏等的欲望。"[3]尊重的需要得到满足会产

1　马斯洛：《动机与人格》，许金声等译，北京：华夏出版社，1987，第44页。
2　马斯洛：《动机与人格》，第49页。
3　马斯洛：《动机与人格》，第51-52页。

生自信的感觉。得不到满足则导致自卑和无力感。

（5）自我实现的需要。自我实现的需要"可以归入人对于自我发挥和完成的欲望，也就是一种使他的潜力得以实现的倾向。这种倾向可以说成是一个人越来越成为独特的那个人，成为他所能够成为的一切。"[1] 也即，个体认识、发现，并最大限度地发挥、实现自己的潜能。

马斯洛认为，在绝大多数人那里，所有这些需要都是由低到高排列，只有当低一级的需要满足或基本满足后才产生高一级的需要（当然，这并不绝对）。需要层次越低，当其没有得到满足时，所产生的能量越大。比如，当生理的需要得不到满足时，它所产生的能量会完全控制个体的行为。"对于一个长期极度饥饿的人来说，乌托邦就是一个食物充足的地方。他往往会这样想，假如确保他余生的食物来源，他就会感到绝对幸福并且不再有任何其他奢望。生活本身的意义就是吃，其他任何东西都是不重要的。自由、爱、公众感情、尊重、哲学，都被当作无用的奢侈品弃置一边，因为它们不能填饱肚子。"[2] 安全的需要没有得到满足也会产生类似的能量，但是像尊重、自我实现的需要在没有得到满足时，就不会产生这样的能量。马斯洛在将人类基本需要由低到高分为五个层次的同时，又将所有这些需要划分为两个大的层次：生理的需要、安全的需要、归属与爱的需要是低层次需要，是人类与动物所共有的；而尊重的需要和自我实现的需要则是高层次的需要，为人类所独有。

对于社会政策分析来说，马斯洛的需要层次理论无疑是有启发的。比如，它告诉我们，由于需要层次越低，对于人的生存生活来说越基础，越不可或缺，且当其没有得到满足时，所产生的能量越大，因此，社会政策应该首先，并且常常要直接以再分配的方式来帮助人们满足低层次的需要。不过，对于社会政策分析来说，马斯洛需要层次理论的一个非常重要的缺陷在于，他没有在所需（need）和所想（want）或欲望之间作出明确的区分，因而，虽然它提醒我们社会政策应该首先，并且常常要直接以再分配的方式来帮助人们满足低层次的需要，但是，却没有进一步帮助我们理解社会政策在满足人们需要之程度和方式手段的界限。实际上，不仅马斯洛的需要层次理论如此，其他所有在最一般的意义上将需要理解为一种主观意识到的匮乏状态的观点都是如此。比如麦克莱兰（D. C. McClelland）的需要理论（将人在基本生存需要满足以后的需要分为成就需要、权力需要、亲和需要）、舒茨（W. C. Schutz）的人际需要理论（将人的人际需要分为包容、控制和情感）等。

1　马斯洛：《动机与人格》，第 53 页。
2　马斯洛：《动机与人格》，第 42 页。

着眼于社会政策首先必须帮助满足的需要与其他需要或主观所想所欲的区别，一些研究者对需要进行进一步的辨析。20世纪70年代中期，针对一些第三世界国家以"增长"为目标的经济计划的失败，一些拉丁美洲学者在阐述第三世界发展战略时提出了"基本需要"（basic needs）的观念。此前，世界银行和联合国所属组织（如联合国国际劳工组织）已强调重新分配和就业规划。与当时占主导地位的发展经济学理论相反，此种规划主张经济增长和收入分配这两个目标并重，基本需要战略正是这一规划逻辑上的跟进，是规划的激进扩展。尽管基本需要的研究既不是一个严密的理论，也不是方法论上严格的发展计划，但它们有着一些相互关联的基本观点。它们承认的人类基本需要有两类：①人们生理生存所必需的物质需要，如食物、住宅、衣物、水、卫生和健康等；②一些非物质的需要，如教育、基本人权、"参与"等。对于"参与"的理解极其宽泛，包括就业与政治决策，以及参与民族文化生活等。人们也认识到，基本需要是随时空而变化的，当国家变得更加富裕时，对最低生存需要的规定也会随之提高。不过，当要进一步明确基本需要的具体水准时，战略研究者未能就所有基本需要提出操作化的标准。比如，住宅无疑是基本需要，但平均每人或一个家庭应该拥有多少面积以及什么样的住房，却存在很大的争议。尽管存在操作化的困难，但基本需要的观念，却不失为确定发展重点和标准的一种有价值的工具，也是社会政策制定的重要标准。

美国社会学家丹尼尔·贝尔在阐释他的"经济上的社会主义"观念时，对"需要"（need）和"欲求"（want）作了明确的区分："'需要'是所有人作为同一'物种'的成员所应有的东西。'欲求'则代表着不同个人因其趣味和癖性而产生的多种喜好。社会的首要义务是满足必须要求，否则个人便不能成为社会的完全'公民'。"[1]而满足"需要"的物品，就是"必需品"。近代经济学之父亚当·斯密曾这样定义"必需品"："我所说的必需品，不但是维持生活上必不可少的商品，而且是按照一国习俗，少了它，体面人固不待说，就是最低阶级的人民，也觉有伤体面的那一切商品。例如严格说来，麻衬衫并不算是生活上必要的，据我推想，希腊人和罗马人虽然没有亚麻，他们还是生活得非常舒服。但是到现在，欧洲的大部分，哪怕一个日工，没有穿上麻衬衫，也是羞于走到人面前去的。没有衬衫，在想象上，是表示他穷到了丢脸的程度，并且，一个人没有做极端的坏事，是不会这样穷的。……所以，在必需品中，我的解释，不但包括那些大自然使其成为最低阶级人民所必需的那些物品，而且包括那些有

1　贝尔：《资本主义文化矛盾》，第22页。

关面子的习俗，使其成为最低阶级人民所必需的物品。"[1] 实际上，在区别和说明"必然王国"和"自由王国"时，马克思也曾指出："像野蛮人为了满足自己的需要，为了维持和再生产自己的生命，必须与自然搏斗一样，文明人也必须这样做；而且在一切社会形式中，在一切可能的生产方式中，他都必须这样做。这个自然必然性的王国会随着人的发展而扩大，因为需要会扩大；但是，满足这种需要的生产力同时也会扩大。……这个领域始终是一个必然王国。"[2] 在此，马克思明确告诉我们，需要作为自然必然性所规定的东西，乃是属于"必然王国"的范畴。实际上，无论是贝尔所说的"人作为同一'物种'的成员所应有的东西"，斯密所说的"必需品"，还是马克思所说的作为人"为了维持和再生产自己的生命"而无法摆脱的自然必然性，"需要"的根本所指无非是人在他置身其中的社会中得以正常地生存和生活所必须满足的基本条件，也即我们今天常说的"刚需"。这种"刚需"，正是在制定和推行社会政策时必须首先关注的需要。也许可以这样说，幸福是"欲求"或"所想"得到满足那一刻的体验，而不幸则是"需要"得不到满足的状态，就此而言，社会政策首先不是要关注如何使人幸福，而是要构筑一条防止人们陷入不幸的防线。

需要指出的是，就如马克思所说，"需要"虽然属于"自然必然性"的范畴，但在社会历史的进程中，需要是会扩大的，这是因为，随着社会本身在历史进程中的发展变化，在社会中正常生存和生活的基本条件也在变化。斯密所说的亚麻衬衫就是一个例子。不妨再举一个例子：在传统简单的农业社会同时也是封闭的熟人社会中，识文断字就不属于社会成员正常生存和生活的必需，但在以现代都市为表征的开放、复杂、流动的现代陌生人大社会中，一个文盲是不可能正常生存和生活的，因此，接受一定时间的教育便成为现代人的必需，于是才有"义务教育"之设。部分地与"需要"在历史进程中的这种扩大，以及"需要"的具体操作化标准的难以明确（就像前面所提到的"基本需要"的操作化标准一样）有关，部分地与社会成员对于由政府（国家）所提供之福利保障的期待总是越来越高而不会回落，以及与权利话语的传播有关，在福利国家（社会政策）的发展中，出现了所谓"争取应享的革命"（revolution of rising entitlements），即人们对于社会寄予的期望越来越高："或是要求家庭收入不能低于最基本的限度，每个家庭的生活标准不能低于最基本的水平；或是要求'教育提存权'，每个人都有权选择接受十二、十四或十六年的免费教育，具体的

---

1 斯密：《国民财富的性质与原因的研究》（下卷），郭大力、王亚南译，北京：商务印书馆，1974，第431页。
2 马克思：《资本论（第3卷）》，载《马克思恩格斯文集》（第7卷），北京：人民出版社，2009，第928—929页。

年限由个人做出抉择；或是要求保障终生受雇，方法是将个人的保证同社会的保证结合起来。具体的要求将会随着时间和地点而改变。但是，这些要求不仅仅来自少数民族、穷人或者社会地位低下的人。这些要求也是社会上所有群体的要求，是寻求保护和权益的要求——总之是权利的要求。"[1] 这种对于要求政府来保障满足的"需要"的高企上扬，在推动社会公共服务部门、推动社会政策（福利国家）发展的同时，也带来了巨大的财政负担，进而加剧了一些国家政府的"合法性危机"。不过从另一角度看，这一问题恰恰从反面表明了明确或者说严格区别"需要"与"欲求"的重要性，虽然在操作上不可避免地会遇到困难。社会政策的着眼点，首先在"需要"的满足。

当然，说社会政策的着眼点首先在"需要"的满足，并不意味着社会政策对"需要"之上的追求，或者说超越于"基本需要"之上的需要（马斯洛所说的高层次需要）完全不关心。如果说，"需要"属于"必然性"的、普遍的范畴，那么，超越于"需要"的欲求或所想应该属于自由的、个性化的范畴。前者是必须要满足的，否则，带来的后果是个人的无法正常生活乃至无法生存，以及社会的病态和混乱；因此，如果个人自己无法满足自己的这种需要，政府和社会就必须帮助他们满足，社会政策在帮助他们满足这些需求时常常直接采取再分配的手段（当然具体的再分配方式可以有所不同，如可以由政府直接将资源配置到公民个人，也可以发挥社群这种中间群体的作用）；后者在没有获得满足时则不会有这样的后果，当然，获得满足会增进个体的幸福感，也会促进社会的丰富与繁荣，因此，社会政策也应该努力营造使每一个个体都有心遂所愿的平等机会的环境，但是，在手段上，通常不是直接采取再分配的方式，而是更多地采用我们在第一讲中所提到的武川正吾所说的"社会性规制"的方式，从根本上，社会性规制是对妨碍别人自由地追求自己的生活方式、追求自我价值的行为的规制。

着眼于"自由地追求自己的生活方式、追求自我价值的行为"，有必要再提一下阿玛蒂亚·森所提出的"可行能力"（capabilities）。森所说的可行能力是指个人"有可能实现的、各种可能的功能性活动组合，可行能力因此是一种自由，是实现各种可能的功能性活动组合的实质自由（或者用日常语言说，就是实现各种不同的生活方式的自由）。"[2] 森认为，人们对物质商品的需要是相对的，它取决于他们的个人处境和社会环境；但是，人们对于可行能力的需要是绝对的。他因此主张人类社会制度应该努力帮助实现可行能力的平等。森的这一思想形

---

1 贝尔：《资本主义文化矛盾》，第 291 页。
2 森：《以自由看待发展》，任赜 、于真译，北京：中国人民大学出版社，2002，第 62-63 页。

成了一种独特的人类需要理论。与那些认为不可能对人类美好生活的基本需要进行界定的人相反，多伊尔（len Doyal）和高夫(Ian Gough)认为存在适用于全人类的参与美好生活的普世性先决条件，那就是身体健康和个人自主。我们不仅需要有健康的身体来生活，而且作为人类，我们也需要有能力对我们的生活做出明智的选择。这当然既需要选择的能力，也需要容许选择的环境条件。

第二节　价值观

价值是指客体能够满足主体需要的效益关系，属于表示客体的属性和功能与主体需要间的一种效用、效益或效应关系。价值观是指个人对客观事物（包括人、物、事）以及自己的行为结果的意义、作用、效果和重要性的总体评价，是对什么是好的、应该的总看法。对于一个饿得奄奄一息的人来说，食物是有价值的，但是，他是否该取用嗟来之食，或是否该不问此人因何陷入此境而无条件地给他以食物，就属于价值观的问题了。在"应然"与"实然"两个世界中，价值观属于"应然"的世界。个人有个人的价值观，社会有社会的价值观。两者有联系，特别是前者不可避免地会在很大程度上受到后者的型塑，但两者并不必然一致。制约、推动社会政策，诞生、发展、变革的主要是社会价值观。社会价值观是特定社会的人们在长期的生活、实践过程和具体的社会历史环境形成关于世界与社会"应该"怎样，人的生活"应该"怎样，人"应该"追求什么等的基本一致的、共同的看法、观点、信念。当前面提到贝尔说的"社会的首要义务是满足必须要求，否则个人便不能成为社会的完全'公民'"，亚当·斯密说的"没有衬衫，在想象上，是表示他穷到了丢脸的程度，并且，一个人没有做极端的坏事，是不会这样穷的"，以及阿玛蒂亚·森主张的人类社会制度应该努力帮助实现可行能力的平等，等等，实际上都已经指向了社会价值观的影响作用。不能满足"必需"从而不能成为社会之"完全公民"的个人历代皆有，为何现代满足这种必需成了"社会的首要义务"而不是个人自己的事？同样，为什么人类社会制度应该支持每个人实现各种不同的生活方式的自由？不联系社会价值观，这些都是无法说清的。

在第一讲谈到分析社会政策的"应该不应该"维度时，我们已经简略地谈了近代以来肯定世俗生活之价值的人道主义价值观对于现代社会政策之出现形成的作用。在此，不妨就这种人道主义价值观下的几个彼此联系的观念再稍微深入地做一点说明。

首先是"尊严"的观念。有人指出，在人类历史上，至少出现过三种关于尊严的观念或者说理解："一种有价值的，但不局限于人类的特点；高的社会地位；带有让人尊敬特征的行为（或者那种不带有这些性质的行为，被认为是没有尊严的）。"[1] 对尊严持第一种理解的，如天主教神学家托马斯·阿奎那。阿奎那认为，尊严代表着某种事物在它自己本身的意义上就具有的优点，也即，尊严是某种事物的内在价值：在上帝创造的秩序中该事物按照神意或者自然法则的规定，占据了它该占据的位置而显现出来的价值。从这个角度说，人类当然是有尊严的，但从本质上讲，尊严不是人类才拥有的。这个世界由很多事物组成，这些事物归根到底是上帝创造的，被赋予了各自的优点与价值，因此也各自拥有它们的尊严。

关于尊严的第二种观念是将它看作较高的社会地位，以及该地位给它的占据者带来的荣誉和尊敬。这种观念从根本上把尊严看作社会精英的一种属性。不过，它把尊严同地位给它的占据者带来的荣誉和尊敬联系起来，这种尊严也得以演变为：不同地位上的人，只要尊重自己的地位所赋予的一切，只要本分处世，恪守和履行与自己地位相应的职责义务，就都能得到相应的荣誉和尊重，都能获得相应的"尊严"。当然，正因为如此，在这种尊严观下，不同地位上的人所拥有的尊严显然是不同的，比如，主人的尊严体现在接受仆从的服务，而仆从的尊严则体现在为主人提供服务，因此，普遍而平等的人性尊严的概念在这种尊严观下是不存在的。

真正给现代社会政策带来动力性影响的，是第三种关于尊严的观念。当然，这种观念本身不是近代才出现的。早在两千多年前，西塞罗就在其著作《论职责》中指出，人类拥有尊严，只是因为他们是人，不是动物。因此，尊严问题的重点，不是一个特定社会中个人或集体相对于其他的个人或集体占据什么位置，而是人类作为一个整体在宇宙秩序中占据什么位置。

不过，在近代人道主义价值观兴起之前，西塞罗式的尊严观不占主导地位，占据主导地位的是上述第二种尊严观。一直到文艺复兴，西塞罗的尊严观才被重新启动，而后经启蒙运动、美国独立战争、法国大革命等，这种尊严观逐步在现代世界取得了主导地位。这种对于尊严的理解强调的不是某个人或某个集团的尊严，而是"人"的尊严，因而关注、肯定普遍而高贵的人性。尽管不同的人对于究竟何为普遍而高贵的人性，或者说人究竟因其何种品质而获得尊严，意见并不相同（如帕斯卡尔认为人的所有尊严都依存于"思想"，康德认为人的尊严系于其道德等，一种比较普遍的意见则认为人的尊严联系着人的理性能

1　罗森：《尊严：历史与意义》，石可译，北京：法律出版社，2015，第14页。

力），但是，他们都在强调人与非人，特别是与动物在本质上有区别的意义上肯定尊严是属于人的品质，因此，要维护人的尊严，就必须维护人的生存状态与动物生存状态之间的界限，这种界限，或者说人之为人的底线，既表现在精神的、伦理的方面，也表现在社会的、政治的、物质的生活状态方面。如果在一个社会中，即便只是某些人的生存状态堕落到这条界限或底线之下，从而与动物或其他无生命的存在物混同，那就是对人的尊严——不仅仅是对这些人的尊严，而是对整个人类的尊严的亵渎与伤害，因此而失去体面的，不仅是这些遭遇不幸者，而且是整个社会。因此，作为整体的社会有责任、有义务来维护和保障这条底线，来为捍卫这条底线提供必需的条件。比如，没有自主性的生活是没有尊严的，社会因此要消除奴役，防止不必要的强制；食不果腹、衣不蔽体是有损人的尊严体面的，因此，社会必须提供最基本的物质生活保障；人的理性能力是需要开发的，愚昧无知是有损人的尊严的，因此社会必须帮助推动人的理智的发展；如此等等。反之，如果某种社会的制度放任，并且将更多的人抛入非人的境地，那么，这种制度就是罪恶的。由此，我们也能理解为什么卢梭以降的思想者要批判社会对人性的异化和扭曲，为什么马克思、恩格斯要一再地批判资本主义制度把人变得不像人，并呼吁通过制度的变革而实现人性的复归。

与普遍而平等的人性"尊严"的观念紧密联系的，是"普遍人权"的观念。普遍的人类尊严的观念是普遍人权观念的基础，甚至可以认为，后者是前者的具体化，也就是说，正是那一项项不可让渡的普遍权利，表征了也维系了普遍而平等的人类尊严。关于人权产生的时间点，正如有学者指出的那样，可以令人信服地设定在 18 世纪晚期[1]，那也正是普遍而平等的人类尊严的观念确立之时。那时，关于人权的第一批重要宣言出现在美国和法国。《独立宣言》宣称，"我们认为这些真理是自明的：人人生而平等，他们从他们的造物主那里被赋予了某些不可转让的权利，其中包括生命、自由和追求幸福的权利。为了保障这些权利，才在人们之间成立了政府。"《人权和公民权宣言》第一条和第二条宣称："在权利方面，人们生来是而且始终是自由平等的。只有在公共利益上面才显出社会上的差别。""任何政治结合的目的都在于保存人的自然的和不可动摇的权利。这些权利就是自由、财产、安全和反抗压迫。"当然，人权观念的产生并不意味着人权自此就切实地获得了保障。实际上，在此后的历史中，人权不得保障而受戕害的现象所在多有，到了 20 世纪更是发生了大屠杀这样惨绝人寰、令人发指的事件。于是，1948 年，联合国大会通过了《世界人权宣言》，重申并

---

1 约阿斯：《人之神圣性：一部新的人权谱系学》，高桦译，上海：上海人民出版社，2017，第 12 页。

强调"人人生而自由，在尊严和权利上一律平等。"《世界人权宣言》的30个条款详细阐明了各项人权，包括：人人有权享有生命、自由和人身安全；任何人不得使为奴隶或奴役；任何人不得加以酷刑，或施以残忍的、不人道的或侮辱性的待遇或刑罚；法律之前人人平等，并有权享受法律的平等保护，不受任何歧视；任何人不得加以任意逮捕、拘禁或放逐；任何人的私生活、家庭、住宅和通信不得任意干涉，他的荣誉和名誉不得加以攻击；成年男女，不受种族、国籍或宗教的任何限制，有权婚嫁和成立家庭，双方有平等的权利；任何人的财产不得任意剥夺；人人有思想、良心和宗教自由的权利；等等。人权的观念要求国家同时履行积极义务和消极义务。消极义务是指国家要禁止某些侵犯人的尊严的行为，如上面提到的禁止酷刑、禁止奴役等；积极义务是指国家需要采取积极的行动来实现帮助公民实现权利，如通过提供正当的法律程序维护审判的公正，以及通过社会政策、社会法规为老弱病残以及其他遭遇不幸者提供各种积极的支持等。实际上，《世界人权宣言》的第22至27条，已经直接涉及社会政策的内容，如"每个人、作为社会的一员，有权享受社会保障，并有权享受他的个人尊严和人格的自由发展所必需的经济、社会和文化方面各种权利的实现"（等22条）；"人人有权工作、自由选择职业、享受公正和合适的工作条件并享受免于失业的保障，人人有同工同酬的权利，不受任何歧视，每一个工作的人，有权享受公正和合适的报酬，保证使他本人和家属有一个符合人的尊严的生活条件，必要时并辅以其他方式的社会保障，人人有为维护其利益而组织和参加工会的权利"（23条）；"人人有权享受为维持他本人和家属的健康和福利所需的生活水准，包括食物、衣着、住房、医疗和必要的社会服务；在遭到失业、疾病、残废、守寡、衰老或在其他不能控制的情况下丧失谋生能力时，有权享受保障，母亲和儿童有权享受特别照顾和协助，一切儿童，无论婚生或非婚生，都应享受同样的社会保护"（第25条）；"人人都有受教育的权利，教育应当免费，至少在初级和基本阶段应如此，初级教育应属义务性质，技术和职业教育应普遍设立。高等教育应根据成绩而对一切人平等开放"（第26条）；等等。

尊严的观念和人权的观念都联系着平等的观念。平等是现代尊严观的特征，是现代人权的基本属性。同时，尊严的观念和人权的观念也都联系着自由的观念，自由是最基本、最核心的人权，同时，失去自由的、受奴役和强制的人是没有尊严的，也即，自由是尊严的前提条件。因此，还需要来谈一下平等和自由这两种价值观念。恰如有人指出的那样，多年以来"平等都是社会政策分析领域里的热点问题，它是福利国家制度的发展框架，也一直是政治领导人争论的核心，无论其是左派还是右派。"[1]之所以平等会成为社会政策分析领域的热点争论问题，一个重要的原因是，尽管大家基本都认为社会政策应该帮助实现平等，但是不同的人对于平等却有不同的理解，特别是有人注重机会平等，有人则强调结果平等，而这两种平等不仅内涵不同，而且在实践中还彼此紧张。强调机会均等会不可避免地带来结果的不平等。有些人试图避开机会平等和结果平等，而强调"权利的平等"，但这实际上并不能解决问题，因为权利本身就有机会性的权利和实质性或结果性的权利，因而依旧有一个侧重哪种权利的问题。确实，前面提到的《世界人权宣言》明确指出各项基本人权，但是不同国家，以及不同的时期对这些权利的接受、承认和实践贯彻实际上是不完全一致而各有侧重的，这体现在各国宪法和其他相关法律所肯定实践的公民权利并不全然一致（关于公民权利和社会政策的讨论，见本书第八讲）。由于平等观的这一争议性特点，使得它在作为现代社会政策的推动力的同时，也影响了各国社会政策的分化，以及社会政策在不同时期的调整波动，比如，在注重结果平等的社会政策实施久了之后，就有可能导致向着重机会平等的社会政策波动，反之亦然。

自由也是推动现代社会政策形成和变革的动力。如英国思想家以赛亚·伯林所指出的，自由可以分为"消极的自由"和"积极的自由"，前者指"免除限制和强迫"，后者指"按照个人自己的意志意愿去从事或享受值得他去做的事"；前者是"be free from"，后者是"be free to"。伯林认为，"积极自由"由于预设了一个高贵的、理想的自我向低劣的、经验的自我下律令，又由于那个高贵的、理想的自我不一定存在于个人心中，而可能体现在比个人更广泛的集合体，因此这种外在于个人的存在乃得以名正言顺地要求个人的臣服，从而具有通往专制与奴役的危险。但是，经验和常识却也告诉我们，当一个人被赋予了一个可以不受限制地活动的社会空间或权利，但他自身却不具备足够的能力和良好的动机去有效地使用这个自由的空间或权利时，这种自由对他来说是没有意义的，只是"自由的表象"，是虚空。因此，正如查尔斯·泰勒在评论伯林的两种自由观时指出的，自由就是按照我们自己的方式来自我实现、自我满足："自由对我们是重要的，因为我们是有目的性的存在。"[2]在一个社会中若要使自由得以真正完整地实现，首先自然是要通过一系列制度的设置来确保社会成员有一个可以不受限制和约束的活动的自由空间（即"消极自由"），要防范对于个人的外来

---

1 弗拉尼根、霍西：《人权与平等》，载阿尔科克等：《解析社会政策》（第五版），第39页。
2 Taylor, Charles: *What's wrong with negative liberty?*" In: A. Ryan (ed.) The idea of freedom, Oxford university press，1979.

不必要、不正当的强制，但同时还必须使社会成员拥有必要的资源，从而使其具有足够的能力来有效地利用这个自由空间，行使他的自由权利（这实际上也正是本节开始提到的阿玛蒂亚·森所说的可行能力）。从社会政策的角度讲，消极自由需要发挥社会政策的社会性规制作用，而积极自由则需要发挥其社会性给付的作用。

最后需要说明的是，从总体上讲，自由和平等作为现代社会所肯定和追求的两大价值，有其可以调和的一面，像森的可行能力平等的观念，马克思理论中所包含的"平等的自由"观念等，即是兼顾调和两者的努力，实际上，兼顾调和这两者本身就是现代社会政策的一个重要目标，但另一方面，这两者之间又是存在内在的紧张的。自由总是和个性、特殊、差异、多样性等联系在一起，而平等则始终靠近一致，靠近无差别。不同的社会历史时期，社会上不同的阶层对于平等和自由这两种价值是不一样的，比如下层一般会更加喜爱平等，而上层则会更亲近自由，因此，在不同历史时期，在不同社会政治力量的影响下，社会政策也就会随之摇摆变化。比如，长久以来，哈佛大学以"种族平权"为由，保障黑人和拉丁裔学生的名额，但是，亚裔学生家长在保守势力支持下对此提起诉讼，2023 年 6 月 29 日，美国最高法院裁定，哈佛大学败诉，它的做法违反了美国的宪法。哈佛今后再招生，不得因为学生是黑人等少数族裔身份就照顾其。这里就牵涉到两种价值观的冲突：一方面按平权的理由，性别和种族等平权，才是通过保障弱势群体实现保障每个人的权利；另一方面，按美国梦的自由理念，不看出身不看种族就拼实力，才是真正的自由。

第三节　社会结构

如果说需要和价值观对于现代社会政策的产生与变化发挥了内在动力的作用，那么，社会结构的变化则是一种外在的压力，或者说约束力。从对于社会政策的作用和影响来说，社会结构可以分为两个方面，一方面是关系结构，即个人与个人、个人与群体、群体与群体之间的关系状态，另一方面是构成结构，人口各组成部分的比重。

从关系结构看，就其对现代社会政策之出现和变化的影响而言，在社会现代化过程中发生的最重要的现象就是个体化，这在第二讲第一节中已有所涉及，在此不妨再来对这个过程更完整、更系统地分说一下。[1]

---

1 对于个体化进程的叙述，参见王小章、冯婷：《积极公民身份与社会建设》，第一章。

无论在观念中还是现实生活中，作为"分离自在的独立个体"的人都是现代世界的产物。在古代世界，个体既非以孤立自足的形态存在，人们也不以孤立的方式来理解个体，而是将个体理解为"嵌入"在各种有序的关系中的：与他人的关系，与社会群体的关系，与自然世界和宇宙整体的关系。在这种关系中，个人一方面受到束缚而不自由不独立的，另一方面则也受到他所嵌入于其中的共同体的保护。只是在现代性转变中，才出现了"个体本位的文化"（individual-based culture），个体才被理解为是分离自在、独立自由的个体。这一点，实际上从"individual"（个体）、"personality"（人格）这些词的词义的变迁中就可以领略一二。按照雷蒙·威廉斯的考察，在17世纪以前，"individual"一直被理解为整体的一分子，并且"个别或独特"作为对整体之共同性的一种偏离，被认为是一种自负、异常的表现，因而往往带有贬义。"individual"本意即作为与众不同的整体，也即单一自足的个人的意涵，是从17世纪，特别是18世纪后期以来逐步演变形成的。同样，"personality"之意涵从原先之相对重视普遍的特质转变为突出个人特殊或独特的特质，也主要是18世纪以来发生的事。威廉斯认为，"individuality"（个体性）的现代意涵，与中世纪社会、经济与宗教制度的崩解有关。"在反封建制度的大规模运动中，有一种新的诉求，特别强调个人必须超越其在严密的层级社会中的角色或功能。新教教义中也有相关的诉求，强调人与上帝的直接关系，而不是由教会中介的那种关系。"[1]正是社会、经济、文化的这种变迁，带来了原本"嵌入于"更大的整体秩序之中，或者说植根于传统共同体之中的个体，从这种传统秩序或共同体中的"脱嵌"。

一些经典的社会理论家，如托克维尔、黑格尔、马克思等，都关注和揭示了在现代性转变中这个现实的个体化过程，揭示了个体如何从传统整体秩序、从传统共同体中分裂流离出来从而成为"自由独立而孤立疏离"的个体的社会政治过程。在托克维尔看来，这个过程是近代以来社会民主化也即身份平等化的结果。平等化终结了世袭的封建贵族等级制度，造成了社会成员的不断流动，从而也终结了建立在封建等级制度之上的静态、稳定的传统共同体。由此造成的一个后果，就是社会的个体化、原子化。在黑格尔、马克思看来，社会的个体化、原子化更多的是市场力量或资本主义体制作用的产物。资本主义市场的扩散一方面确实具有在各个市场行动者之间形成普遍性联系的作用，但是，这种联系的普遍性是每一个具有相互冲突的私人利益，因而互怀敌意的单独个体之间竞争的普遍性，是互视对方为工具而不是互以对方为目的的普遍性，因而，

1　威廉斯：《关键词：文化和社会的词汇》，刘建基译，北京：生活·读书·新知三联书店，2005，第234页。

由此而导致的，一方面是一个个囿于一己之私利的孤立个体，一方面则是充满敌意的分裂涣散的社会。除了托克维尔、黑格尔、马克思，还有像齐美尔、韦伯、滕尼斯、涂尔干这些经典社会理论家同样分析揭示了现代社会转型如何导致了传统共同体的解体，导致"自由独立而孤立疏离"的个体的诞生。虽然他们的价值关怀和分析角度各有不同，但都不同程度地揭示了经济、社会、文化的现代大转型，特别是现代资本主义市场的扩张渗透，必然导致社会集体目标感的缺失（齐美尔、韦伯），[1]导致传统共同体的解体以及个人与个人、个人与社会关系的疏离，从而带来一个"人人为己，人人都处于同一切其他人的紧张状况之中，他们的活动和权力的领域相互之间有严格的界限，任何人都抗拒着他人的触动和进入，触动和进入会立即引起敌意"的社会；[2]一个地方集团一步步走向穷途末路，"国家与个人之间的距离变得越来越远，两者之间的关系也越来越流于表面，越来越时断时续，国家已经无法切入到个人的意识深处，无法把他们结合在一起"的社会；[3]总之，一个由一个个孤立疏离、软弱无援、互怀敌意的原子化个体构成的、缺乏集体目标和共同精神的社会。

个体化的过程，从一个方面看，是个人摆脱传统共同体的束缚而获得自由的过程，从另一个方面看，则是个人失去传统共同体的保护的过程。而只要承认，无论在何种社会形态下，个体基本上都无法仅仅依靠自身就能应对其一生中可能遇到的各种危机、风险，无法完全凭一己之力去获得和维持正常的人生，那么，相应地也就必须承认，在任何社会形态下，个体都具有某种程度的"依赖性"——这不仅仅在"三年不能免于父母之怀"的幼年是如此，而且整个一生中都是如此——因此，都需要某种能够在必要时给他提供保护和支持的外部社会力量的存在。

我们不妨将前述黑格尔、托克维尔、马克思等所揭示的发生在现代社会转型早期的传统共同体的解体，以及相应的孤立疏离之原子式现代个体的诞生，称作现代社会的第一波个体化，紧随着这第一波个体化，特别是从19世纪后半叶开始，一个反向的运动也开始了它的进程。工会和其他各种社会组织纷纷建立发展起来，并取得合法地位，相应地，工人运动和其他社会运动纷纷兴起并日益趋于成熟；国家展开了一系列涉及工人最低工资、社会保障、福利和救助、公用事业、公共医疗卫生、工作环境等社会问题的社会立法，市场和资本受到了适度规制，到20世纪中叶，许多发达资本主义国家建立起了福利国家基本体

1　穆勒：《大师与市场：西方思想如何看待资本主义》，余晓成、芦画泽译，北京：社会科学文献出版社，2016，第319页。

2　滕尼斯：《共同体与社会》，林荣远译，北京：商务印书馆，1999，第95页。

3　涂尔干：《社会分工论》，渠东译，北京：生活·读书·新知，2000，第二版序言、第40页。

制。质言之，第一波个体化刺激了现代社会政策的诞生发展。相应地，现代资本主义社会的运行在当时整体趋于平稳，个体在新的结构体制之下得到了来自国家和社会（社团、社区）应有的保护，社会也没有彻底涣散解体，而是保持了其基本的活力。

但是，现代社会的这种运行格局从 20 世纪 80 年代以来在新一波个体化的进程中受到了巨大的冲击。如上一讲所提到的，自 20 世纪七八十年代始，俗称"从摇篮到坟墓"的福利国家体制受到了来自三个方面的批评与诟病。其中，来自左翼的批评把这种福利体制看作资本主义国家招安工人、诱使工人放弃反抗既有秩序的一种手段。而来自右翼的批评则集中抨击这种福利体制的无效率：福利国家体制既伤害了市场效率，同时本身在提供福利服务、满足公民需求方面也低效不敏。以"撒切尔主义""里根经济学"的面目出现的新自由主义所推动的市场化、私有化正是从右翼对福利国家体制作出的反应：国家从公共事业、福利服务领域撤退，公共事业、福利分配纷纷私有化、市场化。在鲍曼（也包括吉登斯）看来，新一波的个体化首先就是国家的这种撤退的直接结果。鲍曼指出：国家在过去建构并提供的用以抵御个体失败和厄运的防卫体系不断收缩，渐渐瓦解，同时，集体性的自我防御体系，如贸易联盟及其他用于集体谈判的工具也逐渐在市场竞争（这种竞争腐蚀了弱者的团体凝聚力）的压力下变得无力。由此，一方面，个体不得不自食其力来寻求、找到并实践社会性问题的个体化解决方法，还要尽力通过孤单个体的行为来验证这些措施是否有效，但每个个体所拥有的工具和资源远远不足以完成此项工作；另一方面，由于每个个体都孤立无依，"在这样一个世界里，海面上没有剩下几块礁石，那些挣扎求生的个体们不知该把他们获救的希望寄托于何处，也不知当他们失败时向何处寻求依靠。人与人之间的联系因为松散而令我们感到自在，但也正因为如此，它也十分不可靠。团结一体对于人们来说是件难以完成的任务，同样，它的好处以及它的道德意义也难以为人们所理解。"[1]

与鲍曼将新一波个体化看作国家从过去为个体提供防护保障这种职能上撤退的直接结果不同，贝克认为，"个体化"作为一种结构概念，发生在福利国家的总模式中，是作为福利国家的后果而出现的。现代社会存在着一种"个体化推动力"，现代社会制度，特别是福利国家制度的设计大都以"个人"为执行单位，医疗保险、养老保险、失业救济等权益以及相应的工作要求、法律责任、社会道德、教育培训等各个方面，不论是制度设计还是意识形态层次，皆朝着

1　鲍曼：《流动的时代：生活于充满不确定性的年代》，第 2-3 页、第 18-19 页、第 30-31 页。

以"个人"为基本单位的方向发展。于是,"在西方福利国家,自反性现代化消解了工业社会的传统参数:阶级文化意识,性别和家庭角色。它消解了这些工业社会中的社会和政治的组织和制度所依赖和参照的集体意识的形式。……在一个相对较高的物质生活标准和发达的社会保障体系的基础上,人们已经被解除了阶级义务,而不得不求助于他们自己对个人劳动市场生涯的规划。"[1] 也就是说,通过各种直接针对个体的权益,同时又相应地激励和要求个体必须为自己做出努力、必须不断地规划自己、设计自己,福利国家体制强制性地将个体的生涯从阶级、阶层以及家庭、邻里、性别等之中抽离出来,强制性地要求个体将自己建构成"个体"。由此,这新一波个体化意味着个体不仅从诸如家庭关系、血缘关系、地缘关系等传统共同体中脱离出来,而且也从阶级阶层结构、性别结构、就业体系等的关系中摆脱出来,这是一种"制度化的个人主义",它"迫使人们为了自身物质生存的目的而将自己作为生活规划和指导的核心。人们逐渐开始在不同主张间——包括有关人们要认同于哪一个群体或亚文化的问题——作出选择。事实上,我们也要选择并改变自己的社会认同,并接受由此而来的风险。"[2] 新的个体化进程终结了这种"标准生命史",开启了"选项生命史":"个体化意味着每一个人的生涯都从预定的命数中解脱出来,并为人们自己所掌握,容许并依赖于决定。根本不受决定影响的生活机会的几率正在减少,而开放的并必须个人化地建构的生活几率正在增加。从而,生活境况和进程的个体化意味着……社会预定的生涯转化成为自我生产并将不断生产的生涯。有关教育、职业、工作、居住地、配偶、孩子的数量等等的决定,以及所有暗含的次属决定,不再是可能,而是必须被做出。"[3]

作为表现在社会结构层面(个体从各种传统共同体及阶级、性别、职业等各种既有社会形式中脱嵌)、制度层面(各种社会制度和政策越来越直接以个人为执行单位)和文化心理层面(以个体为本位的个人主义心理和价值取向)的社会变迁趋势,社会的个体化是伴随着社会现代化进程的一个世界性的潮流,身处全球化时代的转型中国自然也不可能例外。但值得注意的是,中国社会的个体化进程,在很大程度上将西方发达社会中主要由资本主义市场扩张(当然也包括托克维尔所揭示的身份平等化)所推动的第一波个体化,同与全球风险社会的来临紧密联系在一起的新一波个体化合并在了一起,因而,它对个体和社会两个方面所带来的挑战更为严峻。我们缺乏发达国家在应对第一波个体化

1　贝克:《风险社会》,第106页(引文中"自反性"(reflexive)原译"反思性")。
2　贝克:《风险社会》,第107页。
3　贝克:《风险社会》,第165-166页。

的过程中所形成和积累的制度安排、实践经验，在社会和个人两个方面，在制度与文化心理两个层面，我们都缺乏应对个体化社会的充分准备。

如果用最简单的方式来表达，那么，我们大体上可以这样来概括描述改革开放四十多年来中国社会的转型变迁：以市场化为目标的经济体制转轨带动了整体社会结构、社会关系和社会心理从农业的、农村的、静态的、封闭的、熟人的社会，向非农的、城市的、流动的、开放的、陌生人的社会转型和嬗变，而这种转型和嬗变，反过来又进一步推动或者说逼迫着我国经济、社会、政治等各项制度的改革、调整和全面转型。而中国社会的个体化进程，就发生在或者说伴随着这一转型的进程。跟现代世界各国所呈现出来的社会个体化一样，中国社会的个体化同样既表现在社会结构和制度安排上，也表现在文化价值观念和心理上。

结构上，在农村，首先是以联产承包责任制为标志的农村改革将一个个家庭从以前所谓"三级所有，队为基础"的人民公社组织结构中脱离了出来；接着，联产承包责任制的实行使得农村中原先存在的大量隐性剩余劳动力日益明显地暴露出来，与此同时，政府在政策上也日益给这些剩余劳动力外出谋出路"松绑"，于是，数量庞大的外出打工者进一步从家庭和其他传统共同体中流离出来；不仅如此，这些外出打工者所呈现出的高度流动性——既体现在打工地的不固定上，也体现在工作本身的经常变换上——使他们不再在实质性的意义上从属于任何阶级或阶层结构。在城市，随着 20 世纪 90 年代中后期企业改制的展开而导致的"单位制"寿终正寝，大量原先既受着"单位制"的束缚也享受着"单位制"的保护的职工纷纷脱离"单位制"组织结构而被抛入市场，无论是情愿还是不情愿，都不得不独自去把握和面对这个"市场社会"，而且是全球化时代里的市场社会，有各种机会和风险。与社会结构的这种个体化的趋势相应，国家的社会管理和各种新出台的社会政策，也都越来越直接以个体，而不是以家庭或其他共同体为执行对象。这方面一个标志性的事件，就是 1986 年我国第一代个人身份证的发放使用，从此以后，在每个人的日常社会生活中，一人一张的个人身份证越来越多地取代了一户一本的户口本的功能。最后，与社会结构和制度安排的个体化同步，是在社会心理和价值观念上，原先的"集体主义"日益让位于"个体本位"的价值取向，也即个人的权益或要求越来越取代集体的利益或事务而成为人们的首要关切。这种让位和取代甚至还体现在已引起我国社会学界、人类学界、政治学界等普遍关注的所谓"宗族复活"现象中。调查表明，与传统上通常表现出来的宗族支配和控制个人不同，在今天所谓的"宗族复活"现象中，经常出现恰恰相反的情况，是个体利用宗族，即具有特定利益诉求的个体为了实现自己的利益而借助于宗族的力量在达成自己的目的。[1] 就像人类学学者阎云翔说的那样："对祖宗和亲属群体集体利益的重视转变成对个体——她或他的身份和利益——的重视。在以祖宗为中心的亲属关系习俗中，村民们必须使他们的个人利益服从先辈和集体的利益，这是通过祖先崇拜和世俗生活实践而制定的宗教和道德义务。与此形成鲜明对比的是，在当代生活中，同祖同宗的观念只有在对村民们追求经济或政治活动中的个体利益有实际功用时才被唤起；这里面没有一点宗教因素，村民们是在利用而不是献身于祖先或宗族集体。"[2]

中国社会的这一个体化进程，如上所述，由于在很大程度上将西方发达社会中的第一波个体化与新一波个体化合并在了一起，致使我们缺乏发达国家在应对第一波个体化的过程中形成和积累的制度安排、实践经验，因而它对个体和社会两个方面所带来的挑战更为严峻。在分析中国社会个体化进程的特点时，贝克等指出，"如果说个体化在中国也变得越来越重要，那么这种个体化既不是发生在一个受制度保障的框架内，也不是基于公民权利、政治权利和社会基本权利，而欧洲人在第一现代性下已经通过政治斗争赢得了这些权利。"[3] 也就是说，中国社会的个体化，不仅发生在风险社会的背景下，而且也发生在权利缺失的背景下。在中国，一方面，相对完整且互为奥援的公民权利体系还未臻完善，另一方面，自开始以市场化为基本导向的改革以来，"国家还从以前的社会主义福利体系中抽身而出，用许多方式（如"教育产业化""医疗市场化""市场保险"等等——引者）摆脱提供公共产品的责任"。[4] 在这样一种背景下，在两步并做一步的个体化进程下被迫最大限度地独自应对市场的各种风险与分化排斥作用，以及全球风险社会之各种风险的社会成员，特别是底层社会成员，就显得更加脆弱，更加危机重重，因而亟需建立起包括完善的社会政策体系在内的社会保护体系。

除了关系结构，还有人口构成结构。人口构成结构的变化常常对既有社会政策体系的运行产生压力，从而促使社会政策体系作出调整。人口的变化决定着儿童和其他需要接受教育的学生的数量、需要住房和社会救济的家庭的构成状况，以及当前和未来要依靠养老金度过晚年的老年人的数量，也影响着对卫生健康和社会照护的需求与供应。在人口构成结构方面，年龄结构、就业人口

1　冯婷：《宗族与农民的政治参与——对浙中祝村的经验研究》，《浙江学刊》2010年第6期。
2　阎云翔：《中国社会的个体化》，陆洋等译，上海：上海译文出版社，2012，第14页。
3　贝克、贝克-格恩斯海姆：《个体化》，李荣山、范譞、张惠强译，北京大学出版社，2011，"中文版序"第8页。
4　阎云翔：《中国社会的个体化》，第343页。

占总人口比重，以及贫富结构是对社会政策影响尤为突出的三个结构性因素。

年龄结构的变化对社会政策运行的影响十分显著。比如，老龄化社会的来临必然给养老社会政策的运行带来冲击和压力，而一个特定的人口出生高峰期的出现，则必定在相应的年代给学校教育、就业等带来深刻的冲击。

在岗就业者占社会总人口的比重越高，社会政策之社会性支付的压力就会越小。显然，老龄化本身就影响着就业结构，导致就业者在社会总人口中的占比下降。不过，导致现代社会与传统社会相比就业者在社会总人口中占比下降的因素除了老龄化，还有一个重要因素，那就是随着现代职业对于就业者的素质要求越来越高，需要就业者在就业前接受长时间的教育和培训，因而与传统简单社会中的年轻人一般都很早就开始工作不同，现代社会中年轻人正式开始就业的年龄越来越迟，这必然对就业机构产生与老龄化一样的影响。

贫富结构对社会政策体系运行的影响同样是显而易见的。一个金字塔形的、贫富分化严重的结构必然给社会政策体系的运行带来巨大压力：一方面，基数庞大的底层贫困人口需要帮扶救助；而另一方面，中产阶层的弱小既直接影响着政府的税收，同时也因无法形成稳定的消费市场而影响经济的增长，进而又影响政府的收入，最终限制政府的救助能力。同理，一个贫富差距适度、中产阶级占主体的橄榄型社会结构则无疑有利于社会政策体系的平稳运行。

当然，人口结构特征和社会政策之间的关系不是单向的，也就是说，社会政策也能对人口结构特征产生影响。比如，公共医疗卫生政策在一定程度上带来了死亡率的降低，诸如产假、儿童保育、家庭现金补贴等家庭政策，也影响着女性就业和生育行为，移民政策则直接影响着国际移民趋势。

思考题

区分"需要"与"欲求"对于社会政策有何意义？

简析现代价值观与社会政策的关系。

如何理解社会结构？简析它与社会政策的关系。

社会政策过程

社会政策过程是指社会政策的制定、实施、评估，以及修订或终止的整个动态过程。这是一个非常复杂的过程，其中牵涉到许多政治的、经济的考量，这些考量我们将在以后的章节中来专门讲述和分析，本讲则主要对这个过程本身做一个描述性的介绍。

有学者画了一个图（见图 4.1）来表示政策过程的阶段，虽然该图是就广义的政策而言，但对于社会政策也适用，下面我们就基本按照该图所述的阶段，来叙述社会政策的过程。

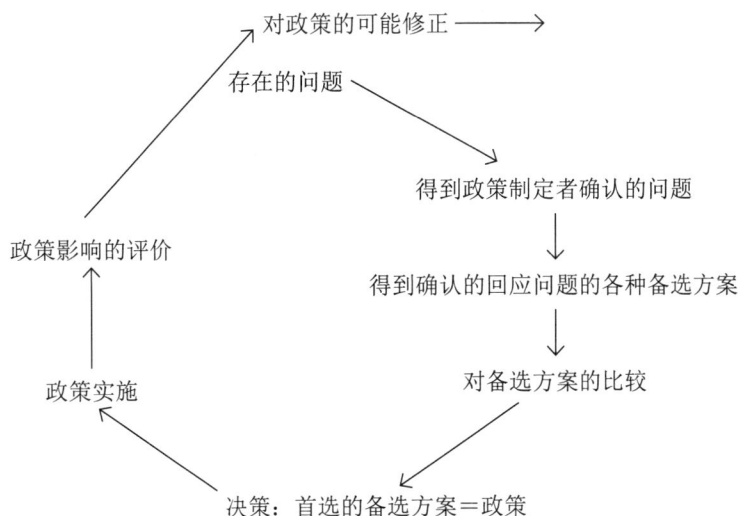

图 4.1　政策过程的阶段或周期模型[1]

1　科尔巴奇：《政策》，第 65 页。

第一节　社会政策的形成

社会政策的形成包括了图 4.1 右半部分所表述的各步骤，即从"存在的问题"到"决策"的过程。其中又可以分为两个主要阶段，即明确政策问题和作出政策决策。

一、政策问题的确定

确定政策问题，就是诊断社会中存在的问题，并选择进入要通过社会政策来加以解决或缓解的问题。

什么是社会问题？我国社会学家陆学艺主编的《社会学》将社会问题定义为"凡是影响社会进步与发展，妨碍社会大部分成员的正常生活的公共问题就是社会问题。它是由社会结构本身的缺陷或社会变迁过程时结构内出现的功能障碍、关系失调和整合错位等原因造成的；它为社会上相当多的人所共识，需要运用社会力量才能消除和解决。"我国另一位社会学家郑杭生主编的《社会学概论新修》认为，社会问题由四个要素构成："①必须有一种或数种社会现象产生失调的情况；②这种失调影响了许多人的社会生活；③这种失调引起了社会多数成员的注意；④这种失调必须运用社会力量才能解决。"[1]美国社会学家文森特·帕里罗等所著《当代社会问题》也认为，社会问题一般具备四大要素："它们对个人或社会造成物质或精神损害"；"它们触犯了社会里一些权力集团的价值观或准则"；"它们持续很长时间"；"由于处于不同社会地位的群体会做出不同的评判，对它们的解决方案也往往多种多样，因而在如何解决问题上难以达成一致"。[2]从上述三种对社会问题的理解，可以看出，社会中存在的问题，有其客观的一面，也有其主观的一面，而从帕里罗等人的观点来看，则社会问题之主观的一面还包含着社会中不同人群之间的分歧。由此可以看出社会问题之诊断和明确过程的复杂性。

美国社会学家罗伯特·K.默顿提出了一个社会学对社会问题的诊断模式。[3]他认为社会学对社会问题的考察须讨论七个方面的因素，除了对最后一个因素即关于"价值无涉"问题的讨论，其余六点有助于理解对于社会问题的诊断，这里不妨介绍分析一下。

（1）社会准则与社会现实。默顿认为，社会问题概念的首要和基本的构成

1　郑杭生主编：《社会学概论新修》（第五版），北京：中国人民大学出版社，2019，第 417 页。
2　帕里罗、史汀森、史汀森：《当代社会问题》，周兵等译，北京：华夏出版社，2002，第 6—7 页。
3　默顿：《社会研究与社会政策》，第 52—76 页。

因素，是广泛持有的生活标准与现实的社会生活状况之间的不一致。实际上，这也就是我们在上一讲所说的关于社会应该怎样，人的生活应该怎样的价值观与社会实际怎样，人的生活实际怎样之间的紧张或冲突。这里一个比较关键的问题，是对于社会准则或价值存不存在全社会的共识？对此，默顿与他的老师，同为功能主义者的帕森斯相反，倾向于持消极的观点。不过，即使存在这种共识，要想对价值与现实之间紧张的程度，或者对各种社会问题的相对严重性作出客观的排序，也是困难的。因为，第一，不同的价值追求之间本身是有冲突的，甚至不兼容的；第二，测量社会准则与社会现实之间紧张程度的客观指标很难确定；第三，即使社会成员在一些价值维度上持有基本共识，但是具体社会问题所困扰的具体人群是不同的，因此很难在全社会范围内对不同社会问题的严重程度形成一致判断。

（2）社会问题的社会根源。默顿指出，人们常常认为，社会问题必有其社会根源。实际上，前面所引陆学艺先生的定义就持这种观点。不过，默顿认为，这种认为社会问题必有其社会根源的说法是含混的：它究竟是从定义上说的（意思是将那些虽对社会正常运行和人们正常生活造成巨大障碍，但根源并不在社会自身的困扰排除在社会问题之外），还是一种经验确证性的命题；是一种判断的标准，还是一种假设？默顿的看法是社会问题可以分为两种类型，一类是那些既有社会根源又有社会结果的问题，另一类是由非社会事件引起，但有社会破坏性结果的问题。但是，"社会问题是由其结果而定，而不管其根源如何。"[1] 不过，默顿肯定，"破坏社会生活方式的力量，不管是自然造成的，还是社会造成的，它们最终都迫使社会成员对它们采取行动，而按照社会学原理，这种反应行动在性质上受社会结构、社会制度和社会价值的极大影响。"[2]

（3）社会问题的判定者。社会问题是社会准则与社会现实之间的不一致或者说紧张冲突，对社会问题进行诊断的第三个要素，是考察那些对这种不一致的存在及其重要性做出判断的人（这显然与上述第一点紧密联系）。通常认为，只有当社会中许多人，甚至多数人认为某一社会事态背离了他们认同的准则时，这种事态才被认定为社会问题。如果这种社会准则是占主导地位的共识，这大体没有什么问题。但是，在一个复杂的、分化的社会中，人们仅仅对有限范围内的价值、利益和行为准则具有完全的或明或显的共识，在其他许多方面，不同地位和群体的人所接受的社会准则是不同的，所以必须认识到，同一社会事态，在一些人看来属于社会问题，在另一些人看来则是可以接受的事情。在这

1　默顿：《社会研究与社会政策》，第58页。
2　默顿：《社会研究与社会政策》，第57页。

种情况下，对社会问题的诊断认定仅仅诉诸数量标准就合适了。"那些在权威和权力方面占有重要地位的人，在社会决策时自然比其他人更有分量，所以，在其他事情上，在确定什么是对社会标准的严重背离方面，他们同样举足轻重。"[1]不过，默顿同时也认为，那些拥有权力和权威的社会问题判定者，只有在一定程度上使社会中的其他力量的作用与道德要求相一致时，他们才能成功地实现所提出的变革。

（4）显在的和潜在的社会问题。如前所述，社会问题有其主观性的一面，也有其客观性的一面，前者表现在社会成员的认识和评价中，他们明确肯定或者否定某些社会事态为社会问题；而后者表现在被评价的实际对象之中。显在的社会问题就是被问题判定者所认定的那些客观社会状况与社会价值之间的明显不一致或者说紧张冲突；潜在的社会问题则是指还没有被认识到，至少没有普遍认识到的社会状况与社会价值之间的不一致。我们常说社会问题有一个潜伏期即与此有关。在默顿看来，提醒人们对潜在社会问题的关注，是社会学的任务和价值之一。

（5）社会问题的社会认知。与区分显在和潜在伤害问题相关联的，是公众对各种显在社会问题的关注程度的差异性。不能将公众关于社会问题的意象看作理所当然地是正确的，实际上，它们常常是错误的。对此可以用一个相当简单的例子所产生的社会—心理反应来说明：在美国，每年因车祸而死亡的人数比因飞机失事而死亡的人数要多出许多倍，但是，公众对于空难事件的关注程度要远远高于对车祸的关注。这表明，人类悲剧的客观严重程度与大众对它们的认知之间有着重大差别。人们对社会问题的关注认知受到人们之间社会关系结构的影响，默顿援引索罗金的研究指出，异常事态的受害者与了解这一事态的人之间的社会距离越大，这些人越不会主动把这种事态当作问题并寄予同情和采取有效行为。于是，一些长期为某些问题所困的群体，有时感到社会大众无视其社会问题的存在，便会采取一些特殊的行动如罢工、静坐、演讲等，以唤起公众对其问题的关注，以免自己遭遇的问题被熟视无睹。

（6）价值系统与社会问题的可纠正性。社会问题只有当人们相信能够对其采取措施加以纠正时，在功能上讲才称得上是显在的社会问题，即，它必须被认为是可以解决的问题，即使不能全部消除，但至少可以缓解。就此而言，社会防范或控制社会问题的价值取向，会影响到人们对于社会问题的认知。在一种极端相信任何事情都有其定数，都无法通过预知或人力而避免或改变的宿命

1　默顿：《社会研究与社会政策》，第 58 页。

论观点的社会，社会问题基本上是潜在的；而在另一类完全相信社会上的一切事物都受人类控制的积极生活哲学的社会，尽管总体上问题会较少，但显现的社会问题会较多，在这类社会中，人们不仅关注他们的理想和现实之间的不一致，而且试图克服这种不一致。当然，在现实中，极少有社会对其生活环境完全持宿命论的态度，也极少对其不满意的环境完全持积极的态度，大多数生活都处于两者之间，不过，从总体上看，在现代化进程中，宿命论的观点越来越多地为积极的生活哲学所取代。也即人们越来越相信，并认为必须采取社会性行动来纠正、解决社会中存在的问题。

（7）社会政策就属于这种社会性行动。经过复杂的社会心理过程和有诸如社会学者等专家参与的科学诊断，经过了"在权威和权力方面占有重要地位的人"以及大众传播媒介等的参与介入，某些价值与现实的不一致成了显在的社会问题。当然，成为显在的社会问题只是成为政策问题的第一步，虽然是非常关键非常重要的一步，实际上每个社会都有许多久已存在并也已引起社会关注的问题，比如"Meetoo运动"前的职场性骚扰问题，比如与我国的户籍制度相联系的许多问题，等等，但是，由于它们没有成为政策决策者的关注焦点，它们还不是"政策问题"。因此，从显在的社会问题转变为政策问题，还必须使这些问题成为决策者的关注焦点，而特定的问题能否成为决策者的关注焦点，则取决于一系列的因素，包括为不同的社会问题所困扰的不同利益群体之间的博弈，以及它们的代表在大众媒体、政府系统中的相应活动、国家（政府）的意识形态和目标，甚至决策者个人的价值观等（这里面涉及或者说体现出社会政策的政治性质，我们将在下一讲再做分析）。

二、社会政策决策

明确了社会问题之后，政策的形成就过渡到社会政策决策阶段。对于这个阶段的描述一般都大同小异。下面我们就从决策内容、决策影响因素和决策基本环节三个方面做简要说明。

（一）决策内容

从理论上讲，决策者的第一个需要做出决策的问题就是是否就这个特定问题采取政策行动，不过，这关乎的是前面所说的在诸多显在的社会问题中哪个或哪些成为政策问题的事，而不是具体如何以政策行动解决某个特定政策问题的事。社会政策决策内容指的则是社会政策的决策者要在哪些方面就解决特定政策问题做出决策，其内容主要包括以下几个方面。

第一，政策覆盖面。即特定社会政策所适用的入口。如果该政策主要发挥社会性支付功能，那么，哪些人可以获得这种支付，如果该政策主要作用于社会性规制，那么，该政策定的其他行为规制针对的又是什么人群。

第二，政策福利水平。即政策所适用的对象从该政策可以获得的福利待遇程度。比如义务教育政策必须规定几年义务教育，不同的医保政策规定报销的比例额度，最低工资制度必须明确最低的时薪、日薪、周薪或月薪等。规制行政政策则要说明违背该政策的行为将受到什么样的惩处制裁。

第三，资源调动方式。任何社会政策，其落实执行都必然需要人、财、物等各种资源，政策决策必须对这些资源的类型、总量、来源、配置等做出明确的规划和安排。

第四，社会政策的运行方式。即要明确一项具体社会政策的运行规则和实施方式。比如具体由拥有什么资质的机构、人员来实施，政策对象如何提出申请，要不要及如何对政策对象在申请书中所述的情况进行调查核实等。

（二）影响因素

当一个社会问题成为决策者的关注焦点之一而被确定为政策问题之后，一开始对于如何解决这个问题一定会有多种备选方案，而不会只有最终成为政策的那一种。在这多种方案中哪一种最终会被决策者选中而成为正式的社会政策，取决于多种因素。

国家（政府）和政党的目标。从理论上讲，现代国家（政府）对内的基本目标之一，就是保障公民的权利，满足公民的正当需要，维护社会的正常秩序，社会政策是实现这一目标的手段。但是，国家（政府）基本目标和政策手段之间的具体关系是复杂多变的。举个例子来说，我们国家（政府）的根本目标无疑是满足广大人民群众的需求，这当然需要借助于各种具体的政策手段，但是，当我国社会的主要矛盾是广大人民群众不断提升的物质和文化需求与落后的生产力之间的矛盾时，与当我国社会的主要矛盾是广大人民群众对于更美好生活的追求与发展的不充分、不平衡之间的矛盾时，国家（政府）的社会政策考虑就会不同。此外，不容回避，除了国家（政府）的基本目标，任何一个执政党都会有自己的目标，比如，维护自己的执政地位本身就是一个目标，这必然也会影响它对于具体社会政策的选择。

政策的成本。任何社会政策都需要人力、物力、财力的投入，也即都会有成本。因此政策的成本估算和预测是影响社会政策决策的重要因素。最直接的无疑是经济成本。一项需要的投入完全超出政府财政能力的社会政策方案肯定会被决策者否决。政策的成本也包括政治成本，而且这与经济成本常常是联系的，比如因特定社会政策的需要而增税，可能会带来对政府当局支持率的影响。

政策的成本也包括社会成本，甚至道德成本，比如可能带来不同社会阶层之间的矛盾，也可能导致诸如勤劳朴素等美德的流失等。对这一切的预估都会影响决策者的行为。

政策的预期效果和可能的副作用。特定社会政策的预期效果包括直接效果和间接效果。比如在美国的平权运动中，有关政策规定高校一定要有多少比例的黑人学生，这一政策的直接效果就是，能不能确保有这样比例的黑人学生入校，而这一政策的间接效果就是，这一政策能不能促进教学和社会的公平，是不是有利于社会智力的更好开发。特定社会政策的可能副作用包括直接的副作用和间接的副作用。还是以上述平权政策为例，其直接的副作用是，这在多大程度上会导致原本可以进入高校的其他学生进不了高校？间接的副作用则是，它会不会带来新的不公平，进而带来新的种族之间的矛盾冲突？

政策的技术可行性。即实施特定社会政策的技术条件是否具备，这些技术条件包括项目管理、服务以及配套行动的过程中所需要的技术设备、制度安排和专业人员配备。比如，社会救助所要求的切实家计调查是否有条件进行？要真正事实家庭医生计划是否有足够具备资质的医生？等等。

其他因素。包括决策所依赖的信息、利益集团之间的博弈、公共舆论和大众传播媒介的影响等。

（三）决策基本环节

社会政策决策的基本环节（也即社会政策形成的基本环节），通常被认为可分为以下几步。

第一，确立社会政策议程，实际上也就是决定特定的社会问题是否进入政府社会政策计划安排。这是一个政府与公众（包括各种相关的群体、专家学者、大众传媒等）互动交流而最后由政府决断的过程。

第二，社会政策的方案设计。针对已经进入议程的问题，明确政策总体目标，设计达成总体目标的一系列具体行动（即一系列项目）的实施计划，包括行动（项目）的基本内容、规模、水平、对象、资源保障、运作机制等。

第三，社会政策的可行性分析。对上一步所设计社会政策方案从政治、经济、社会、技术等方面展开可行性分析。

第四，社会政策的试点。这不是每一项社会政策都必须要经过的环节，一些针对相对简单的问题的社会政策方案，在经过科学的可行性分析之后就可以交给相关机构审批颁行，但一些复杂、涉及面广、影响面大的社会政策方案，在可行性研究之后，还要经过在局部地区的试点过程，在总结试点经验的基础上再对方案进行修正完善。

第五，社会政策的审批和发布。经过以上各个环节而得到的社会政策方案，最终要提交给与该政策相应的最高决策者权衡审批，以决定是否批准施行。如果得到批准，就以某种具有特定权威性、强制性的文本形式（如法律文本、行政法规、国务院部门规章、地方性法规等）向公众发布，并规定开始实施的时间。

三、社会政策移植

一项特定的社会政策可以是"原创"的，即由政策问题发生地的政策制定者经由前述过程独立地制定形成的，但也可以是通过向其他存在相同或类似社会问题的国家或地区学习、移植而形成的。正如我们在第二讲中所分析的，现代社会政策乃是社会的现代转型的产物，尽管现在普遍承认，现代化有多种道路，现代性是多元性的，但是，同样不能否认的是，现代社会具有一系列共同的特征和面相，其中就包括不同的现代社会会面临需要社会政策干预解决的共同的或类似的社会问题。因此，就出现了不同国家、地区之间在社会政策上的相互借鉴、相互学习的政策移植（policy transfer）现象。政策移植就是某个政策领域相关的目标、政策工具、制度安排等一系列要素从某一个时空情境被移植到另一个时空情境的过程。政策移植过程的特点是政策主体，包括政府官员、立法部门、政策专家或者利益相关组织等，有目的地采取行动，在国家间、组织间和地区间进行政策的复制和模仿，或以信息整合和思路借鉴的形式将政策要素转移到新的情境中。

根据需要解决的政策问题，从其他国家或地区学习、移植社会政策可以有不同的程度：从复制（整个政策的转移）到模仿（复制政策背后的观念而不是细节），从组合（复制大量政策中的一部分，融合创造出一个新的政策）到启发（另外一个国家或地区的某项政策提供了实践思路，但是最后形成的政策已经与原始的有了很大的不同）。有人由此将政策移植分为"硬移植"（hard transfer）和"软移植"（soft transfer）两种形态：硬移植即指具体项目和实施方案的直接迁移，通常包含政策目标、政策结构和内容、具体的政策工具和行政手段、制度安排等要素；而软移植指的是构思、概念、态度、规范或治理模式的借鉴。政策移植的不同程度从另一个角度说实际意味着存在着不同的移植对象。移植的对象可以是非常具体的政策内容、政策工具、政策程序和机构，也可以是相对比较抽象的思想、观点、态度和目标。不过，相比之下，现在大量关于社会政策移植的研究主要关注的是后者。

社会政策的移植除了有程度的不同，还有类型的不同。最重要的不同在于主动的政策移植和强制的政策移植之间的区别。主动的政策移植是自由自主的进行的，决策者自行选择和决定从其他国家吸取经验，移植相应的政策；强制的政策移植则发生在外部机构迫使一个国家或地区采用其他国家或地区的政策或政策框架的情形下。一般情况下，后者的发生通常是因为作为政策移入者的国家需要外部机构——外国政府、世界银行、国际货币基金组织等——的援助，这种援助往往伴随着一系列附加条件，其中就包括要求进行特定的政策革新。

在现代世界，不同程度的政策移植在任何一个国家和地区都是需要的、不可避免的。不过，与此同时，必须注意政策移植中可能存在的陷阱，这种陷阱不仅存在于强制的政策移植，也存在于主动的政策移植。之所以会有政策移植的陷阱，可能是因为有些存在于不同国家或地区的政策问题只是表面相似而实质并不同，有些问题则虽然问题本身确实相同，但它们发生和存在于其中的经济、社会、文化背景却并不相同，因此也就无法用相同的政策来应对。而之所以如上所述，现在大量关于社会政策移植的研究主要关注的是比较抽象的思想、观点、态度和目标的移植而不是非常具体的政策内容、政策工具、政策程序和机构的移植，应该与此不无关系。

第二节　社会政策的实施

一项社会政策形成之后，就进入了实施阶段。一项社会政策在多大程度上能够成功地实施，并达成预期的政策目标，取决于多种因素的综合影响，包括政策本身的科学性、公众的认可度、能够调动的合适资源、参与到政策实施过程的人员、机构及其类型等。接下来，我们分三个方面，即政策实施的一般过程、政策实施的管理与问责、政策实施的障碍，来简要介绍分析社会政策的实施。

一、社会政策实施的一般过程

社会政策的实施过程中，有三个重要的环节。

（一）制定社会政策的实施细则

社会政策本身一般只是规定和陈述政策行动的基本目标、原则、基本制度框架、总体方案，对于政策执行者来说，实施社会政策的第一步就是要制定社会政策的实施细则。实施细则一般要对以下内容做出明确说明。①社会政策的施行对象及其认定方式：无论是重在规制性的政策还是重在再分配的政策，大多都有特定的施行对象，实施细则必须对此加以明确，并规定甄别认定的具体方式和标准。②对施行对象之待遇处置标准的具体规定：规制性的政策要对规制对象在违背政策规定时间该受什么样的制裁做出明确规定，再分配的政策要对受益者的受益标准做出明确的规定。③对施行对象及相关机构的权利和义务的具体规定：比如调节劳资关系的政策要对资方和劳方各自的权利和义务做出详实明确的规定，社会保险项目的受益者及其所属的就业组织分别具有什么样的权利和义务。④其他配套政策即措施的设计和运行方式。比如，职工基本医疗保险体系的有效实施，需要对医疗制度进行配套改革；住房商品化改革需要建立廉租房配套制度等。

（二）社会政策项目的资金（源）分配与服务传递

1.资金（源）分配

许多社会政策行动都是需要多个或多级组织通过分工合作，共同行动来达到目标的综合性行动，分工合作必然伴随着资金（源）的分配。资金（源）的分配既要从使综合效益最大化的技术方面来考虑，也要从在项目的多重目标中把什么目标放在优先地位的价值方面来考虑。有人指出，资金（源）的分配有三个相互关联的原则性问题：以普及主义方式还是以选择主义方式进行分配；以权利为基础还是以自由裁量权为基础进行分配；以需求导向为基础还是以配给为基础进行分配。[1]

2.服务的传递

社会政策实施过程中的服务传递最直接地涉及服务受益者、服务机构（服务提供者）和政府三个方面，在具体的运行过程中，这三者之间的关系可以有多种模式，主要有：政府直接经营生活服务机构、政府以购买服务的方式补贴服务供应方、政府补贴需求方而后由接受补贴的需求方自己到服务市场中去购买所需的服务。这些服务传递模式各有利弊，在社会政策实施过程中要根据政策项目的特性进行选择。

（三）社会政策的宣传

从社会政策正式发布开始，就要开始向社会大众宣传该政策。政策的宣传有多种作用。最基本的当然是让公众知道有这么一项政策，进而知道这项政策与自己的关系，包括自己是否符合这项政策所规定的申请相关福利的条件，如何申请，申请到福利后有什么义务等。有研究者使用问卷实验法研究了日本的家庭支持政策对民众结婚意愿的影响，结果发现，大多数民众对已出台家庭政策并不了解，61%的人不知道现有的17项家庭政策中的任何一项，只有不到2%

1　迪安：《社会政策学十讲》，第80-82页。

的人知道所有政策信息；研究同时也发现，对家庭支持政策的了解、知晓可以显著提升年轻人的结婚意愿。[1] 其次，政策的宣传也能让公众在知晓政策的同时，提高公众对政策的满意度、认可度和支持度。笔者就曾指导学生进行过一项对"新农合"政策的调查，发现，群众对于该政策越了解，满意度相应得也越高。[2] 此外，政策宣传还能一方面让公众了解自己在政策行动中该负担的责任，另一方面则让政府和社会服务机构的政策行动置于公众的监督之下。正是基于这些作用，政策宣传是政策实施过程的一个重要方面。当然，也有一些社会政策，由于种种原因，制定之后，没有进行深入细致的宣传，从而沦为"文本中的政策"，即不为广大民众所真正了解，也没有得到很好的实施。

二、政策实施的管理与问责

社会政策的实施要取得良好的效果，需要有效的管理。第二次世界大战以后，西方"福利国家"社会政策发展过程中对这个问题的忽视，是导致社会福利部门低效率的一个重要原因。20 世纪 80 年代，各国普遍开始重视社会政策行动的管理问题。虽然具体的管理方式、手段各有不同，但大多数国家都在兼顾社会效益、经济效益、政治效应的前提下，建立起了由社会政策行动行政管理、行业管理、服务机构管理等不同层次构成的管理体系，形成了由社会政策主管部门、跨部门的管理机构、社会政策项目执行机构等构成的社会政策行动管理的组织模式。

与社会政策实施过程管理紧密相连的是社会政策实施中的问责。随着社会发展不确定的增长，管理上对于旨在重塑和强化确定性的控制、问责制和透明度的要求越来越强烈。有人指出，与风险社会的来临相伴随的，是一个"审计社会"。不确定性的增长引发了一系列试图通过审计手段和会计机制对不确定性加以调控的抵御性力量。去管制化和管制化之间的紧张冲突构成了当代社会的一个引人注目的景象。这种紧张冲突形成了一种混杂的社会环境，这种环境在带来社会失范的同时，也导向权威控制。福利体制不可避免地也处在同样的压力之下，从而也表现出同样的各种不适：不断地重构、不断地重新计划，伴随着无休无止的管理检查。[3]

社会政策实施中的问责一般涉及以下几个基本的方面。

1.哪些类型的事务应该被问责？

1 Gong, Wang. "Family policy awareness and marital intentions: a national survey experimental study," *Demography*, 2022, 59(1): 247–266.
2 章静静、郎小波、王小章：《了解越多满意就越多》，《浙江日报》2006 年 8 月 19 日。
3 布朗等：《福利的措辞：不确定性、选择和志愿结社》，2010 第 7 页。

（1）首先是财务责任。公共审计机构的主要职责是对公共资金募集和支出的记录的准确性进行审查。但自20世纪80年代以来，西方许多国家财务审计机构的权限进一步扩大了，也查看公共机构是否提供了"物有所值"的服务。而随着更多的非公共供给者参与提供公共服务，审计机构的职能进一步扩大。

（2）另一个要被问责的事项，是是否实现了政策目标，即公共财政拨款所支持的政策项目，是否实现了政策制定者所希望它们实现的目标。这里有一个难题，那就是不同的政策之间可能会存在相互冲突。比如，削减公共开支的政策可能与改善服务的政策矛盾；在更宏观的层面，维护平等权利的政策和保障公共支出某种优先顺序也可能存在抵牾。

2.谁应该承担责任？

一直以来，问责的对象主要就是服务的提供者，或者说政策的实施者。不过也有不少人认为，服务的使用者也应该纳入问责对象的范围。比如，失业救济金的申请人必须汇报他们为找工作所付出的努力，医疗服务的使用者在管理他们自己的健康上要负起责任，等等。

3.向谁负责？

这是一个看似简单、实际复杂的问题，不过，可以复杂问题简单说。责任总是双向的，因为其背后实际上是一种契约关系。对于作为社会政策主体的政府来说，他的责任建基于它与公民的契约关系之上：公民有公民的责任（如纳税），政府有政府的责任（如为公民提供各种服务），社会政策从总体上讲是政府向公民履行责任的方式，因此政府的责任对象就是公民。对于一个具体的服务提供机构或政策执行机构来说，它的责任建立在它与政府之间的契约之上：政府负责提供服务或政策执行所需的各种必要条件，它按照要求提供合格的服务或政策执行行为，因此，机构的责任对象是为它提供政策执行条件的政府部门或有关方面。也即要弄清向谁负责，要看责任主体置身其中的契约关系是什么。

4.什么样的问责机制能够用来确保有效问责？

问责的有效开展依赖于有效的问责机制。这种机制多种多样，包括民主机制（如民主罢免）、法律机制（如司法审查）、公众舆论机制（如对政策执行过程中不端行为的曝光）、审计机制、专业机制（如像医生、教师、社会工作者、律师之类专业人士，往往通过自我管理和专业标准接受同行的问责）、使用者机制（如投诉），等等。

对于社会政策的有效实施来说，问责是一种必要的保障机制。不过，越来越多的问责也带来一些负面效应，包括问责成本的大幅度增长、为应付问责的各种规避手段、形式主义、文牍主义、政策执行机构主动性的消失，等等。

三、社会政策实施过程中的障碍

大量的观察发现，社会政策制定时的各种规定、各项具体目标与实际的实施总会有一定的差距。社会政策不太可能按照制定的样子完全理性地实施。为什么会这样？有人从沟通、资源、态度和科层机构四个方面分析了社会政策实施过程中的障碍。[1]

（1）沟通涉及的是对政策指令的理解。有时，政策文本本身是含糊不清的，这必然在实施过程中给执行者的理解带来困扰。有时，政策在实施过程中要通过一系列管理层级，这时，政策被准确地、一致地传递的可能性就会很小。在政策实施的过程中，一些原本对政策并不赞同，支持的执行者也可能有意、无意地曲解政策指令。即使政策指令得到准确地理解、传递，如果缺乏足够的资源来执行政策，政策的实施依然会失败。

（2）资源包括政策实施直接需要的资金，政策实施所需要的工作人员、办公场所和设备等，也包括政策实施机构所具有的权威。

（3）态度指的是政策的实施、执行者对政策本身的态度，赞成政策的执行者会按照决策者的意图严格实施该政策，而当执行者的态度与决策者不同时，政策的实施就不太可能顺利，甚至实施政策的过程可能变为"上有政策，下有对策"的过程。

（4）最后，现代社会中几乎所有的公共职能都是通过科层机构来组织承担的，社会政策的实施也不例外。科层机构强调操作程序的标准化，这固然使官员得以按规行动，但另一方面，标准的操作程序也可能阻碍政策的灵活实施。此外，科层组织也能够影响实施政策的工作人员的能力，特别是当一项政策的责任分散在许多政府单位之间时。科层组织很容易形成一种"有组织的无责任感"的氛围（所谓相互扯皮）。

除了上述四个方面，由社会组织发展状况、联系网络、信任、规范、参与精神、合作意识等方面的情况所表征的特定社会的社会资本[2]的状况，也是影响制约社会政策实施效果的一个重要方面。这一点，美国学者普特南的《使民主运转起来：现代意大利的公民传统》和《独自打保龄球：美国社区的衰落与复兴》已从正反两个方面做出了证明："社会资本"上升，政府的社会治理、各种集体性社会事业的举办往往能取事半功倍之效；反之，则其"社会资本"就流失

1　迪尼托：《社会福利：政治与公共政策》，第 47-52 页。
2　这里的"社会资本"是指作为整体的社会所拥有的社会资本，体现为或等同存在于一定社会结构中的社会关系网络，以及体现这种关系网络性质的信任、规范、行为习惯（如积极参与）等，它区别于个体的关系网络，或个体可以通过其社会关系网络而"借取"和使用的资源。

下降，政府的社会治理常常举步维艰，在举办集体性社会事业时，也往往事倍功半。

或许，我们也可以借用管理学中的决策有效性模式来分析一项特定社会政策的实施效果。管理科学研究认为，一项决策的有效性取决于决策本身的质量和执行决策的人对决策的认可程度，即 $ED = Q \cdot A$（ED 即 effective decisions，Q 即 quality，A 即 acceptance）。同样的，一项特定社会政策的实施效果，也与这项政策本身的科学性，以及执行这项政策的人对这项政策的认可接受程度有关，如果这两个方面都存在问题，必然妨碍政策的有效实施。

第三节　社会政策的评估

社会政策的评估可以是一种宏观的、总体性的评估，比如在一个国家中，规制性的社会政策对这个国家内不同社会集团、阶层之间的关系带来了什么影响？有没有减少矛盾，促进合作？有没有更好地维护底层的权利？等等；再分配（社会性支付）政策有没有使该国的基尼系数下降，促进社会的平等？等等。不过，社会政策研究主要关注的不是这种宏观的、总体性的评估，而是对特定社会政策或政策项目的评估。

如上所述，社会政策的实施是一个相当复杂的过程，它受到各个方面的影响，再完善的决策、再精心的计划都难以保证政策实施过程能够完全按计划进行，因此需要对社会政策的实施过程加以监控，防止其发生偏差，更何况，社会政策决策本身在多数情况下很难是一个完全理性的过程，其产生的社会政策行动方案因而也是一个尚待检验的方案；此外，社会政策行动的效果也是一个具有很大复杂性、多面性的问题，需要有专门的评估来加以认识判断。因此社会政策的评估是社会政策过程的重要环节。

社会政策的研究者常把社会政策的评估理解为一个理性的活动，虽然跟社会政策的形成与实施一样，这个活动也不可避免地会受到政治因素的影响，从而给"理性"打上折扣，不过，把它看作一个"理性"的活动还是可以帮助我们了解这个评估的过程。从"理性活动"的基本立场，一些人这样定义政策评估[1]：

戴维·纳奇米亚斯（David Nachmias）："政策评估是对正在进行的政策和项目的效果、对其预定目标的实现状况的客观的、系统的、实证性的检验。"

卡罗尔·H. 韦斯（Carol H. Weiss）："评估研究被其拥护者视为一种提供政策

1　迪尼托：《社会福利：政治与公共政策》，第 56 页。

制定的理性化程度的方式。利用关于项目结果的客观信息，在预算分配和项目计划方面可以形成明智的决策。已经产生良好结果的项目将会被扩展，效果不佳的计划将被放弃或进行大幅度的修改。"

彼得·H. 罗西（Peter H. Rossi）、霍华德·E. 弗里曼（Howard E. Freeman）、马克·W. 李普塞（Mark W. Lipsey）："项目评估是使用社会科学研究方法对社会干预方案的有效系统调查。它……改进计划和社会行动的目的，对于改变社会问题是有用的。"

一项"理性的政策评估行动"一般包括以下三个方面的基本要素。

1.政策评估的主体

政策评估的主体，即政策评估行动的组织实施者。这主要由三种情况，即作为公权代表和出资方的政府评估、作为社会政策项目具体实施者的服务机构评估和第三方评估。由于前两者都是直接利益相关方，在实施评估时难免受自身利益牵扯而影响评估的客观性，因此一般比较重视和看好第三方评估。不过，第三方接受委托开展评估一般是收费的，因此也并非完全利益无涉的。为了弥补这种缺陷，社会政策评估中往往还采用群众评估的方式让普通群众参与评估，尤其是让服务对象参与评估，诸如听证会、现场访问等就是让群众参与评估的具体方式。当然，也可以将群众参与评估本身看作政府或机构进行评估的一种方式，由此又产生了一个谁是群众或者说让哪些群众参与评估的"选择问题"，这又是一个涉及利益相关性的问题。

2.政策评估的标准

政策评估的标准，即社会政策评估过程中据以衡量判断社会政策行动优劣的准绳。可以从两个层面来分类。一是从标准用以评估衡量的具体事项，可以分为行动标准（已投入的资金和已采取的行动是否按预先的计划使用和展开）、收效标准（已采取的行动是否取得了预期的效果，达到了预期的目标）和效率标准（对投入产出效率的评判）。二是从标准本身的性质，可以分为事实标准和价值标准。前者是指对社会政策实施过程及其收效中的各种事实进行评判分析的标准（不过，实施标准本身并不能保证评估的客观性，因为在不同的立场、视角、观察或叙事方式下，会呈现出不同面貌的"事实"）；后者是指对社会政策行动及其收效进行价值评判的标准，如社会政策行动是否符合多数社会成员的根本利益，是否合乎社会公平的原则等（不过，必须注意，价值领域既存在一些共识，也存在多元纷争，而且即使存在基本共识的那些方面，诸如自由、平等等不同价值之间也存在紧张冲突）。当然，具体使用什么标准，与政策评估的内容相关。

3.政策评估的对象和内容

社会政策评估对象包括两个层面，即社会政策方案本身和社会政策行动。基本内容包括社会政策方案是否合理（必要性、可行性等）、政策实施行动是否得力，以及是否取得了预期的效果。彼得·H.罗西等研究者则从社会政策的"理性评估"需要"问什么问题"的角度梳理了政策评估的内容。他们认为，"理性的评估"需要回答五个类型的问题：①关于项目服务需要的评估（具体问题包括：要解决的问题的性质和重要程度如何？有次需要的人们的特点是什么？有关的人们的需要是什么？需要什么样的服务？需要多少服务以及持续多长时间？需要什么样的服务交付安排，以便将服务提供给这些人？）；②关于项目概念化或设计的评估（具体问题包括：应该给案主提供什么？应该提供什么样的服务？什么是最好的服务提供系统？如何识别、招募和维持预期的案主？项目应该如何组织？什么资源是必要且适合该项目的？）③关于项目操作和服务提供的评估（具体问题包括：行政的和服务的目标是否得到了满足？预定的服务是否提供给了预期的人？是否存在项目提供的服务没有到达有需要的人那里的情况？一项服务提供是否使足够数量的案主得到了完整的服务？案主对服务满意吗？管理、组织和人事方面的事务是否处理好了？）；④关于项目结果的评估（具体问题包括：目的和目标是否实现了？对于得到服务的人而言，服务是否产生了有益的效果？是否一些得到服务的人比另外一些人更多地受到服务的影响？打算解决的问题或应对的情况是否因为服务的提供有了改进？）；⑤关于项目成本和收益的评估（具体问题包括：资源得到了有效利用吗？相对于收益的量级，成本是合理的吗？是否有以较低的成本取得相同效益的替代方案？）。[1]

需要指出的是，上面所述社会政策评估的内容，特别是关于效果的评估，主要是针对政策和政策项目的直接效果而言。而实际上，正如我们在第一讲中指出的，多数社会政策的实施会产生非预期后果，或者说，会有"溢出效应"，因此，更加完整的效果评估还应该包括对"溢出效应"的考察分析。

社会政策评估自然要使用适当的方法。一般地，政府、机构会使用诸如听证会、现场访问、与专业标准对照等朴素的方法和手段。有时也会采用正式的研究设计来进行评估，比如，经典的实验设计，即通过对照比较实施了政策项目的实验组和没有实施政策项目的控制组的情况，来分析政策项目的效果。不过，经典的实验设计由于其在社会政策评估中自身无法克服的缺陷（比如被试对于自己在参加实验的意识本身就会影响实验的结果），实际上并不常使用。更

---

1 迪尼托：《社会福利：政治与公共政策》，第 57 页。

常使用的是准实验设计（即对参与政策项目的个人、群体与没有参与政策项目的个人、群体，或者对实施了项目的地区和没有实施项目的地区进行比较，以检验政策项目的效果）和前测后测设计（即对同一人群或地区在实施政策项目前后情况进行测量和比较分析）。

经过社会政策评估，后续的政策行动有三种可能。

（1）继续。评估显示政策运行正常，效果良好，且政策针对的社会问题是常态性问题（如养老问题、医疗问题等），则该政策就会继续实施运行下去。

（2）修订。评估显示政策运行有需要改进的地方，政策实施后有效果但不是很理想，同时，现实存在的政策问题需要政策的有效干预，则后续的政策行动是修订该政策。从政策过程的角度看，政策的修订也可以看作政策的一次新的形成。

（3）政策的终止。评估结论也可能导致政策或政策项目的终止。终止的可能原因有多种：政策本身从根本上不适应；政策目标实现，政策问题已经解决，不复存在；针对特定社会群体的政策由于该群体融入更大群体，因此该政策也就被针对更大群体的相关政策所取代，等等。

最后需要说明的是，本讲把政策过程讲述为政策的形成、政策的实施、政策的评估三个环节，好似社会政策的过程就是如此清晰、静态地存在和施行的，但这只是为了叙述的方便，实际上，社会政策过程是动态连续的，不同阶段、环节会出现重合，政策施行的环境和反馈也是持续变化的，并且反过来作用于政策的发展变迁。此外，与对社会政策过程的上述叙述方式相联系，本讲也把社会政策过程看作一个"理性的过程"，但这也不过是一种"理想型"式的叙述，实际上，社会政策过程并不是如此"理性的"，各种因素，特别是政治的因素会大大扭曲这种"理性"。

思考题：

社会学如何诊断社会问题？

政策移植要注意哪些问题？

政策实施过程中有哪些可能的障碍？

政治与社会政策

　　无论是社会性规制，还是社会性支付，社会政策总意味着对于利益或价值的分配。如果这种利益或价值的分配能使每一个社会成员都实现效用最大化，从而得到全体社会成员的赞同、支持，那么，这无疑是一种最理想的分配，或者说，这种社会政策是最合乎理性的。但是，这种理想化的理性状态实际上是无法实现的，各种客观的和主观的因素不可避免地会干扰和扭曲社会政策的理性制定和实施。戴安娜·M.迪尼托认为，至少有七个因素会干扰、妨碍社会政策制定的理性化：第一，几乎没有什么社会价值能够为所有人所接受，更多的时候它们仅仅是一些特殊群体或个人的价值，而且其中的许多内容还是彼此冲突的；第二，问题无法被界定，因为人们对于问题是什么的认识是不一致的，并且，对一个群体来说是问题的事情，对另一个群体来说可能就是利益；第三，许多冲突的成本和价值是不能加以比较或衡量的，比如增税的成本和个人尊严的价值；第四，政策制定者即使使用最先进的电脑分析技术，当涉及许多不同的社会、经济和政治价值时，也不能精确地展望或预测各种各样的政策选择所带来的后果和计算它们的成本和收益比率；第五，政策制定者的环境，特别是由权力和影响力构成的政治系统，在实质上是不可能分辨出所有的社会价值的，尤其是那些没有活动力、在政府或与政府有关的部门中没有强有力的支持者的人们的社会价值；第六，政策制定者没有将决定置于社会价值基础上的必然动机，相反，他们常常追求最大限度地增加他们自己的回报——权力、地位、金钱和其他东西；第七，大部分政府官员往往会制造协调政策制定的障碍。[1]

　　对于"一致同意"的理想化的理性政策制定而言，迪尼托所说的上述七个

1　迪尼托：《社会福利：政治与公共政策》，第7-9页。

因素的前面四个意味着这种理性化的不可能，因此，政策的制定必然在各种冲突中寻求政治权力或权威的决断；而后三个因素则意味着政治权力或权威的介入本身并不必然以这种理性化为目标，常常是恰恰相反，反而干扰、扭曲这种理性化。总之，社会政策的制定以及实施的过程，是一个始终与政治纠缠在一起的过程。"'要求'转为'政策'的过程总是以政治体系为媒介，并通过它折射出来。政治体系决定了'需要'能否会被当做值得处理的议题。"[1]

什么是政治呢？对此有各种各样的说法。有人说政治是管理众人的事务，有人说政治就是在斗争中分清敌友，有人说政治是关于重大利益的权威性分配，有人说政治是在满足了生殖和生存的需求后在公共行动中对于共同善的追求与捍卫，有人说政治就是在民族—国家层面上展开的权力斗争，当然，也有人说政治就是阶级斗争……但是，不管对政治持何种理解，"权力"始终是政治过程所围绕的核心问题，与这个核心紧密联系在一起的，则是国家、利益集团（阶级）、意识形态、斗争（冲突）、公共领域、合法性（权威是合法化的权力）等，描述政治过程特定方面的关键概念。本讲接下来将要努力解说的就是社会政策与政治过程的这些方面的关系。

1　奥菲：《福利国家的矛盾》，第 109 页。

第一节　民族国家、阶级与社会政策

关于现代政治的基本单元，粗疏地说，至少有三类，一是民族国家，二是阶级（利益集团），三是作为公民的个体。不同的思想者，侧重有所不同。比如，马克斯·韦伯侧重于民族国家，马克思侧重于阶级，而大多数政治自由主义者则强调公民个体。关于公民身份与社会政策，我们将在第八讲中专门阐释，在本节中，主要就社会政策与民族国家、阶级的关系做一点分说。

现代社会政策不同于主要在地方和亲属共同体层面运作的传统社会中的救助，它是在民族国家的层面上运行的。现代社会政策发端于19世纪80年代的德国，此时也正是德意志民族国家刚刚统一并在世界政治竞争格局中致力于世界强权地位之初，这应该并不完全是巧合，而是现代社会政策与民族国家之间之联系的一种表征。当然，如我们在第二讲中所述，当俾斯麦推出强制劳工保险等一系列社会政策时，其直接的目标是想调和劳资关系，维护资本主义社会秩序，并进而维护其威权统治。不过，马克斯·韦伯的分析给我们显示了社会政策与民族国家之间更加紧密的联系：社会政策不仅仅是在民族国家中运行，而且还维护着民族国家，或者说，社会政策不仅仅是民族国家的功能，反过来，民族国家也是社会政策的功能。

从19世纪末到20世纪早期，韦伯一直是始建于1872年的德国社会政策协会的核心成员，1904年韦伯与桑巴特等人共同发起创办《社会科学和社会政策文库》，成为阐述与辩论德国社会政策的主要学术阵地。1910年，韦伯与滕尼斯、齐美尔等社会学家联合发起成立德国社会学会，对社会学和社会政策在德国的发展起到了重要的推动作用。不过，韦伯关于社会政策与民族国家之间关系的思想，在其1895年的《民族国家与经济政策》这一就职演讲稿中已经表述得非常明确了。韦伯将政治理解为民族国家层面上展开的权力斗争，进而联系其所处的时代，从"历史义务"出发认为政治的使命就是在这个世界政治的时代致力于民族国家的世界地位或者说强权。[1]韦伯对于社会政策与民族国家关系的揭示从指出经济政策的政治性开始。他批判"庸俗的政治经济学"那种"技术主义"的非政治化，只知"以不断配置普遍幸福的菜谱为己任"，"加油添醋以促成人类生存的'愉悦平衡'"，而看不到在尘世生活中到处存在着人与人之间的严酷斗争，"在经济的生死斗争中，同样永无和平可言"，"经济发展的过程同样是权力的斗争，因此经济政策必须为之服务的最终决定性利益乃是民族

1　王小章：《政治的正当性和政治家的伦理——韦伯与现代政治》，载张一兵、周晓虹、周宪主编：《社会理论论丛》（第三辑），南京：南京大学出版社，2006.

权力的利益。政治经济学乃是一门政治的科学。政治经济学是政治的仆人！这里所说的政治并不是那种某人或某个阶级在某一时期碰巧执政的日常整治，而是整个民族长远的权力政治利益。……经济政策的终极价值标准是'国家理由'。"[1]韦伯为什么发出如此可称得上严厉的声音？ 19 世纪 90 年代，韦伯参与社会政策协会展开的两次大范围的调查，深入了解易北河东部地区的农村劳动力的状况。韦伯发现，在这片德国的东部地区，德国人和波兰人在此消彼长，德国人越来越少，而波兰人则因人口数量的增多而占据了越来越多的德国东部土地。为什么会这样？原因不是因为波兰人更优秀，恰恰相反，是因为波兰人对于物质和精神生活的期望比德国人低，德国农业工人对于自由、对于更好生活的向往使得他们越来越难以适应和忍受东部地区农业庄园中那种古老的主仆关系，于是，四处流动的波兰民工就纷纷取代德国农业工人而成为庄园的雇农，被取代的德国农业工人则向西部流动。当然，这种情形，对于东部庄园地主是有利的，而且，从"自由主义"的经济学，或者韦伯所说的"庸俗的政治经济学"来看，是"合理"的。但是，韦伯不这么看。他认为："一个德意志国家的经济政策，只能是一个德国的政策；同样，一个德国的经济理论家所使用的价值标准，只能是德国的标准。"[2]于是针对东部地区德国人和波兰人的此消彼长，韦伯提出两点建议：关闭东部边界；由国家大规模收购东部土地。韦伯的"国家理由"，意味着，在德国经济政策的一切问题上，包括国家是否以及在多大程度上应当干预经济生活，要否以及何时开放国家的经济自由化并在经济发展过程中拆除关税保护，最终的决定性因素端视它们是否有利于全民族的经济和政治权力利益，以及是否有利于民族的担纲者——德国民族国家。在此意义上，经济政策不仅仅是经济利益的政策，甚至主要的不是考量经济利益的政策，而是关于民族国家的政治权力利益的"社会政治"行动，当经济利益与民族国家的政治利益发生矛盾时，这种"社会政治"行动必须让前者服从于后者。

许多人瞪大眼睛呆若木鸡地看着社会底层，总以为危险在社会大众。但社会政治问题的最关键问题并不是被统治者的经济处境，而是统治阶级和上升阶级的政治素质。我们社会政治活动的目的并不是要使每个人都幸福，而是要达成民族的社会联合。[3]

需要说明的是，"社会政治"的德文为"sozialpolitik"，也译为社会政策。也就是说，在韦伯看来，社会政策行动之最根本的考量，是民族国家的政治利

1　韦伯：《民族国家与经济政策》，甘阳等译，北京：三联书店，1997，第 93 页。
2　韦伯：《民族国家与经济政策》，第 91~92 页。
3　韦伯：《民族国家与经济政策》，第 106 页。

益。韦伯的观点虽然比较极端，但是在德国以及整个社会政策的研究和实践中都具有不容忽视的长久影响。而从事实上讲，即使在全球化已经一定程度地冲击了民族国家政治权力的今天，增进民族国家利益，强化民族国家认同，提升国民归属感，等等，依旧是社会政策行动的一个基本考量。日本学者武川正吾援引本迪克斯和罗坎有关民族国家的形成与公民身份之间关系的研究，指出，民族国家的公民与国家主权权威之间具有直接的关系，一方面通过公民权的扩散民族国家得以成立，另一方面，随着公民权的深化（特别是社会公民权的确立和提升）福利国家得以形成。到 20 世纪中叶，现代社会（西方国家）的人们便生活在民族国家和福利国家这双重体制中而"福利资本主义"（民族国家福利政策）则是联结这两种体制的轴。这种体制可以称之为"福利民族国家"。[1]

马克思主义——当然首先是马克思、恩格斯——的政治分析主要着眼于阶级关系。马克思认为，资本主义社会本质上是一个阶级社会，形成这种社会的各阶级（主要是资产阶级和无产阶级）之间的关系本质上是一种冲突、斗争的关系。资产阶级的"政治革命"将社会分为政治社会（国家）和"社会"两个部分，但是它没有改变"社会"中的阶级分化和对立，不仅如此，资产阶级国家还作为"总体资本家"，作为"管理整个资产阶级的共同事务的委员会"[2]而竭力地维护着"社会"的这种关系。因此，在这个资产阶级国家之下不可能改变无产阶级的状况，因此，必须先通过无产阶级革命建立无产阶级专政的新型国家，也就是以公有制为基础的社会主义国家，这是由资本主义向共产主义的过渡社会形态。在这个过渡阶段里，国家一方面必须大力发展生产力，为向共产主义过渡奠定物质基础；另一方面，则必须推行一系列在今天来看属于"社会政策"范畴的对于社会成员的社会保护、社会促进性举措，努力减轻甚至消灭各种社会差别。在某种意义上，如果我们将"社会主义"理解为通过国家的保护性政策和法规消除、克服社会差别、社会不平等，那么，经典马克思主义和修正主义以及社会民主主义的区别实际上在于，是通过社会主义国家推行社会政策以实现社会平等，还是通过社会政策的推行逐步改善社会不平等从而增进国家的社会主义成分。

不过这一区别，却也显示出了马克思主义与社会政策之间存在着一定的亲和性，即在关注阶级关系时，不同于资产阶级政治革命只关注形式性的"权利平等"，而强调实质平等。实际上，早在 1875 年的《哥达纲领批判》（即《德国工人党纲领批注》，后称"《纲领》"）中，马克思即明确指出了如何克服只注重

1　武川正吾：《福利国家的社会学》，第 253–265 页。
2　马克思、恩格斯：《共产党宣言》，载《马克思恩格斯文集》（第 2 卷），北京：人民出版社，2009，第 33 页。

形式平等的权利体系之弊病的思想。针对《纲领》认为在劳动资料提高为社会公共财产之后，集体应该调节总劳动并"公平分配"劳动所得，劳动所得应当"不折不扣"和"按照平等的权利"属于社会一切成员的观点，马克思尖锐指出："这个平等的权利总还是被限制在一个资产阶级的框框里。"首先，所谓平等，就在于以"同一尺度"来计量，于是，这种平等的权利对不同等的劳动来说是不平等的权利，因为，它虽然不再承认阶级差别，但是它将劳动者不同等的个人天赋和工作能力作为"天然特权"加以默认，"所以就它的内容来讲，它像一切权利一样是一种不平等的权利。"其次，由于每个劳动者的具体生活状况不同，比如，一个劳动者已经结婚，另一个没有，一个子女较多，另一个较少，因此，即使在提供的劳动相等从而在生活消费基金中分得的份额相同的情况下，不同劳动者事实上的所得必然是不平等的，也就是说，必然导致贫富分化。而"要避免所有这些弊病，"马克思指出，"权利就不应当是平等的，而应当是不平等的。"[1] 也就是说，为了彻底克服资产阶级权利的局限，真正实质性地保障和实现每个社会成员的平等权利，社会就必须认真地面对社会成员之间所有的天赋和后天的条件以及实际需要的差别，并根据这些差别给予区别的对待，而不能无视这些实质性的差别而只给予形式上平等的权利。当然，马克思没有活到20世纪，因此，他实际看到、也是其批判所现实地针对的，只能是基于19世纪之资本主义社会的现实，囿于19世纪之眼界的资产阶级权利体系，就像他没有看到20世纪现实的社会主义国家的出现和实践一样，他也没有看到20世纪资本主义国家各种不同取向的社会政策的发展。

但是，我们不妨假设，假如马克思看到20世纪社会政策的发展，那么，从他的理论视角和立场出发，他会怎么看？是否可以说，社会政策的发展在一定程度上正是马克思"权利不应当是平等的，而应当是不平等的"的思想，在发达资本主义社会条件下之有限度的实践呢？甚至，换一个角度说，社会政策的发展本身，不无资产阶级国家从自身立场出发而从马克思的理论中获得的启发和教益呢？从这个角度出发，我们可以发现，社会政策的发展实际上在资本主义社会既有的两个分配原则，即按资本分配（利润或剩余价值，这在资本主义社会中当然是主导性的）和按劳分配（工资，这在马克思看来当然是具有欺骗性的，因为支付的只是劳动力的价格而非劳动的价值）之外，又附加了一定程度的按需分配的成分。

当然，这样说，并不意味着马克思会无批判地肯定20世纪发达资本主义国

1　马克思：《德国工人党纲领批注》，载《马克思恩格斯文集》（第3卷），北京：人民出版社，2009，第435页。

家的社会政策实践。即使承认社会政策是"按需分配"原则在发达资本主义社会条件下之有限度的实践，毕竟那也只是"在资本主义条件下"的"有限度的实践"；即使承认社会政策的发展包含着资产阶级国家从自身立场出发而从马克思理论中获得的启发和教益，毕竟也是从"资产阶级国家立场"出发而获取的教益。按照马克思的理论构想，要彻底克服资产阶级国家之权利体系以形式上的权利平等承认、肯定并维护"社会"中实质上的不平等的弊病，首先必须改变造成这种弊病的根本制度性原因，即经济基础，也即生产资料的资本主义私有制，以及从根本上维护这一经济基础的现代资产阶级国家。而现在的社会政策实践，恰恰是在维持既有的制度体系的前提下展开的。由此，在马克思的理论视野下，这种社会政策实践必然呈现出至少以下两个方面的弊病或局限。

第一，马克思曾经指出："私有制使我们变得如此愚蠢而片面，以致一个对象，只有当它为我们所拥有的时候，就是说，当它对我们来说作为资本而存在，或者它被我们直接占有，被我们吃、喝、穿、住等等的时候，简言之，在它被我们使用的时候，才是我们的。"[1] 也就是说，在资本主义私有制下，人要么为赚钱所驱使，要么是纯粹的消费者，而不是一个以自身潜能的充分全面的发展、以自我实现为取向的解放了的实践主体。而 20 世纪发达资本主义国家在没有从根本上变革既有财产制度的前提下进行的社会政策实践，并没有从根本上改变这一点。按照马克思的理论，"按需分配"是应该与"各尽所能"紧密相连的，并且，着眼于人的解放这一根本价值目标，按需分配所要推动的就是人本身的全面发展，人的真正自由的实践，换言之，应该推动人类向真正的"自由王国"迈进。[2] 但是，在 20 世纪乃至今天的西方发达国家中，社会政策实际上只是人们的一种新的消费品，也就是说，它所体现并且助长的，是 20 世纪以来愈演愈烈的消费主义文化，而不是以自由而全面的实践本身为价值取向的人的解放。

第二，如前所述，按照马克思的理论逻辑，历史发展之第三阶段的社会形态，应该是"建立在个人全面发展和他们共同的社会生产能力成为他们的社会财富这一基础上的自由个性"，也即"自由人的联合体"的社会状态。在这种社会状态下，现代资本主义社会中政治国家和"社会"的分裂将不复存在。但这不是国家吞没社会，恰恰相反，是"社会把国家政权重新收回，把它从统治社会、压制社会的力量变成社会本身的充满生气的力量"，[3] 是国家权力让位于社会

---

1 马克思：《1844 年经济学哲学手稿》，载《马克思恩格斯文集》，（第 1 卷），北京：人民出版社，2009，第 189 页。

2 王小章：《从"自由或共同体"到"自由的共同体"——马克思的现代性批判与重构》，中国人民大学出版社，2014，第 88-89 页。

3 马克思：《〈法兰西内战〉初稿》，载《马克思恩格斯文集》（第 3 卷），第 195 页。

的力量。早在《论犹太人问题》中，马克思就指出："只有当人认识到自身'固有'的力量是社会的力量，并把这种力量组织起来而不再把社会力量以政治力量的形式同自身分离的时候，只有到了那个时候，人的解放才能完成。"[1] 就此而言，"按需分配"是社会的自我管理，显示的是社会的力量。但是，20 世纪发达资本主义国家的社会政策，恰恰是福利"国家"的实践，是在既有国家制度下，由国家权力实施并维护这种权力的实践。在福利"国家"体制下，公民确实有"权利"获得国家提供的福利保障来满足其生活需求，但是，当公民们向当局提出福利申请，证明自己符合当局提出的条件因而有资格获得所要求的福利待遇时，实际上就是在申明自己对既有之国家权力秩序的承认。公民承认并依赖国家，国家通过提供福利、通过看护公民而强化自身的力量和权威，就像一个父亲通过照看自己孩子而获得和巩固自己的权威一样。在此意义上，20 世纪发达资本主义国家的社会政策实践，确实有点像不少左翼思想家批判"福利国家"时指出的那样，是资产阶级国家招安工人、诱使工人放弃反抗既有秩序的一种手段。[2] 它诱夺了工人阶级的自由意志和反抗精神，削弱、瓦解了社会力量，强化、巩固了国家权力。这和马克思所说的"各个人在自己的联合中并通过这种联合获得自己的自由"的目标可以说是背道而驰的。不过，一个比较好的现象是，自 20 世纪 80 年代以来，鉴于"福利国家"的种种问题，在西方发达国家，强调社区、结社等社会力量的作用的"福利社会"思想和实践，呈现出日益上升发展的态势，并隐隐有以"福利社会"取代"福利国家"的迹象。[3]

值得一提的是，有人指出，马克思有关资本主义国家的论述实际上存在着两种方式。有时，他把国家看作阶级统治的直接工具，直接由资产阶级所支配。但有时，马克思又认为，国家的阶级特征在于国家所维护的是整个资本主义生产的延续性。这两者初看起来似乎没有什么区别，实则不然，其差别是实质性的。第一种观点意味着：其一，统治阶级是一个单一的社会层级，其二，这个阶级完全按照自己的意志支配国家。这种观点很容易受到攻击。第二种观点则意味着，在一个总体上的阶级社会中，统治阶级内部也会存在相当多的派系和摩擦。这种观点可以带出两种推论。第一是，国家具有一定程度上独立于资产阶级的"相对自主性"；[4] 第二是，从社会政策产生的角度看，社会政策不仅仅是劳动者通过抗争和压力运动强加给资本家的，也是强大资本家强加给弱小资本家的。比如工厂法就是先进开明的大企业所有者为了抑制弱小分散的资本家而引

1 马克思：《论犹太人问题》，载《马克思恩格斯文集》（第1卷），第46页。
2 奥菲：《福利国家的矛盾》，第8—11页。
3 王小章：《马克思与现代公民权》，《浙江大学学报》（人文社会科学版），2017，第4期。
4 吉登斯：《批判的社会学导论》，郭忠华译，上海：上海世纪出版集团，2007，第56页。

进的；社会保障的国际发展是通过发达国家为了防止社会倾销而将其强加给欠发达国家而实现的；而国际劳工组织（ILO）的诞生则正是这种竞争条件均等化法则的结果。"在这个意义上，迄今为止的社会政策史是阶级斗争的历史的同时，也是资本家之间斗争的历史。"[1]

第二节　社会政策过程中的权力

在第四讲的结束处，我们曾提到，社会政策过程并不是全然"理性的"，各种因素，特别是政治的因素会大大扭曲政策过程"理性"。这里所说的政治的因素，最根本的就是权力因素的作用。

为了理解权力在社会政策过程中的作用，在此不妨来介绍一下卢克斯的三维权力观。[2]1956年，社会学家米尔斯出版了《权力精英》一书，认为，现代社会的历史可以理解为权力扩大和集中的历史，这表现在经济、政治和军事制度方面：工业社会的兴起包含了经济权力的发展，民族国家的兴起包含了暴力手段和政治管理手段的类似发展，经济、政治、军事构成了现代社会的核心权力机制。美国社会的权力并非是通常所称的那样是多元的均衡分布，而是集中在由大公司老板、大政客和军事首领所构成的"权力精英"手中。米尔斯的书引发了关于权力和现代社会中权力作用的争论。强调和谐、均衡、共识的结构功能论者帕森斯坚持认为，美国的权力和财富并非如米尔斯所说由单一的少数精英控制，而是分散的、彼此竞争的。民主理论家罗伯特·达尔在其研究纽黑文市权力状况的著作《谁统治？》中运用行为主义的方法研究权力问题，结论同样认为，美国并非权力精英统治的社会，而是权力多元分布的社会。美国政治学者巴卡拉克和巴拉兹则对达尔的研究提出了激烈的批评，认为，多元论者研究权力的方法和基本假定预先决定了他们会得出权力多元分布的结论，因而不具有科学性。在这种背景下，年轻的卢克斯加入到争论中来，在批判总结几十年来有关权力理论争论的基础上，提出了三维权力观。他认为，达尔及其同道代表的是一种一维权力观。这种对权力的理解运用行为主义的研究方法，主要关注具体的、可以观察到的行为，将权力描述为这样一种情形：所谓A拥有支配B的权力，在某种程度上就是A能够使B去做某些B不会去做的事情。一维权力观主要考察社会行动者在各项关键议题的决策上是否存在公开的冲突，分析冲突各

1　武川正吾：《福利国家的社会学》，第83页。
2　卢克斯：《权力：一种激进的观点》，彭斌译，南京：江苏人民出版社，2012；彭斌：《卢克斯的三位权力观》，《读书》，2015年第4期。

方在其中的输赢状况。针对这种一维权力观，巴卡拉克和巴拉兹认为，这种权力观仅仅根据决策过程中可以观察到的、公开的冲突行为来判定是否存在权力，而未将控制决策范围的做法视为权力运用，因而缩小了权力的范畴。实际上，那些处于支配地位的行动者可能会限制决策的范围。限制各种替代方案和潜在议题，使有损于其利益的诉求根本进入不了决策过程。他们将这样的过程称为"不决策"（non-decisions）。在实施不决策的情况下，由于行动者的诉求遭到排斥和损害，因而，他们会心怀怨恨或愤恨，因而与支配者存在着明显的或隐蔽的冲突。巴卡拉克和巴拉兹的二维权力观将对于权力现象的考察分析从决策行为进一步拓展到不决策行为，不仅考察那些纳入决策过程的议题上的权力作用，也考察将各种替代方案和潜在议题排斥在决策过程之外的权力作用。对此，卢克斯一方面表示肯定，但另一方面则指出，二维权力观并没有完全摆脱行为主义方法的局限，它依旧依赖于可以观察到的公开的或隐蔽的冲突行为来判断是否存在权力作用，依赖于通过观察行动者是否心怀"怨恨""愤恨"来判断他们之间是否存在冲突。但是，它忽视了下述至关重要的情况：最有效的和最隐蔽的权力运用，是开始就预防诸如此类的冲突发生，那些处于支配地位的行动者可以通过各种方式预先防止人们产生"怨恨"或"愤恨"，从而使你根本无从观察到所谓隐蔽的冲突。由此，卢克斯提出了"三维权力观"，在权力的前述两张面孔之外，进一步揭示出权力的第三张面孔。从根本上讲，这权力的第三张面孔就是塑造各种信仰、偏好和愿望的权力。通过这种权力，某些行动者会使他人将自身的处于被支配地位看作有益的、合理的，或者使他人相信没有其他可供选择的替代方案因而在价值理念、心理认知和行为方式等方面认同、接受既定的安排。

卢克斯的"三维权力观"揭示了权力的三张面孔或者说权力作用的三个层次。对于社会政策来说，这三个层次的作用贯穿于社会政策过程的始终。第一个层次，也是最直观的层次，就是决策的权力，即围绕一个需要决策的问题，决定要不要现在给予解决，解决到何种程度，如何解决。对于社会政策来说，也就是针对已经进入政策议程的政策问题作出决策：比如，农民的养老问题，要不要现在立刻将农民纳入养老保障政策？保障的水平定在何种标准？资金从哪里来？这中间必然牵涉到社会中不同利益群体之间的冲突、紧张，决策者与这些利益群体之间关系则必然影响、左右其最终的决策选择。需要指出的是，鉴于政府内部不同部门、不同级别之间也并非铁板一块，而是存在利益分化和冲突的，因此，这种决策的权力也体现在政策形成的决策做出以后的政策执行过程中（想想"上有政策，下有对策"），或者说，决策的权力还包括政策落实过程中那些拥有执行权的相关部门或人员在选择如何落实政策的方式上的决策权。

权力的第二张面孔或者说第二个层次，是议程控制的权力，即决定在同时并存的各种社会问题中，哪些能够进入议程的权力。对于社会政策来说，这当然是一种非常重要的权力。"决定什么要被决定，是政策制定过程中关键的第一步。一个问题要想被提到议程上来，这个问题必须要引起政策制定者的注意。问题指标（例如，被特定问题影响的人数）通常不足以促使政策改变。……想一下那些存在了许多年却仍然是'非焦点事件'的状况，也就是说，它们始终没有被纳入政府所考虑的问题中。……没有政治压力，一些情况可能会更糟糕，但是它们也许永远不会被认为是一种公共问题，它们也许永远不会被提上政策制定者的议程，而政府也就永远不会被迫决定做什么，或者还有什么要为它们做的。"[1] 不同的问题影响的群体是不同的，解决这些问题的政策的受益者自然也是不同的。谁都希望那些影响自己的问题能够早日进入政府考虑以政策方式加以解决的议程。比如企业自然希望降低治污成本，而深受环境污染之害的居民则迫切希望治污问题早日列入政府的议程。而最终能不能列入议程，则取决于议程控制权力。实际上，我们都知道，每年的各级人大会议上都会收到各种提案，有些会被列入议程，有些则没有被列入议程；当然，更有大量问题，根本没有人为此提出相应的议案。"不决策"的权力意味着，在对社会中既有的利益和权力分配现状进行改变的要求表达出来之前，就通过"不决策"的形式给遏止了。有权力的个人、群体或组织担心一旦公众的注意力集中在他们身上，就会发生一些有损他们利益的事情，因而他们会压制有关政策提议。

权力的第三张面孔或者说第三个层次，就是卢克斯所揭示的这个层次，实际上可以称之为驯化权力，即对人的心智的一种潜移默化的规训型塑，通过这种规训型塑，它使人把现实的一切都视为理所当然、天经地义，从而根本不会有不满怨恨，根本提不出问题，也即使人根本不可能去想象除了现实之外的"另一种可能"。[2] 这是一种关乎将现实"问题化"的权力和能力。对于社会政策

1　迪尼托：《社会福利：政治与公共政策》，第16页。

2　对这个层面的权力作用的揭示，至少可以追溯到马克思的意识形态和拜物教理论（即列宁所说的资产阶级国家的"牧师的职能"）。葛兰西的霸权理论显然也是其渊源，霸权理论强调，国家统治的实现不仅要依靠强制手段，还要通过建立文化思想的霸权而赢得统治对象的积极认可。国家有着两副面孔，它是强制性支配和合法化权威的结合，合法化权威的确立依靠的就是通过文化霸权而进行的意识形态的再生产。此外，与此意气相通的还有阿尔都塞的"意识形态／主体"理论，阿尔都塞认为，意识形态一方面归个人所有，服务于大写的主体（Subject），即主观能动的自我，另一方面，它又对每个人发挥塑造作用，使之成为各个不同的小写主体（subject），即听命于意识形态主宰的臣民。其中奥妙就在于意识形态能够通过阿尔都塞所称的质询（interpellation）过程而从无数个人当中征召主体（"你是谁，是某某吗？"等）将其改造为属民，使其据此确认自我。而一旦此人据此确立主体意识，承认自己的名目及其在意识形态国家机器中给定的位置和职能，他就会接受这种意识形态提供的整体图像，并据此认识、接受社会。

而言，这种权力无疑是致命的。因为，社会政策要解决社会问题，你提不出问题，也就没有社会政策；社会政策意味着以特定的方案去改变现实，去追求更好"另一种可能"，你无法想象这"另一种可能"，也就不可能有任何一种社会政策来改变现状。对于那些根本不知道属人的、具有人性尊严的生活应该是什么样的人来说，他们不可能要求、敦促政府采取措施来改变自身非人的状况；对于那些对"权利"为何物根本没有概念的人来说，不可能呼吁政府来改变自身的权利缺失状况。权力的第三个层次的作用，实际上就是愚民，或者说是一种社会性催眠，它把对社会和生活中存在的不合乎人性尊严的问题所本应有的敏感和意识变成了社会的、集体的"无意识"。而与这种权力的作用相反的，就是"启蒙"，就是觉醒。

针对权力的这三张面孔，针对这三个层面的权力作用在社会政策过程中所可能（实际上是必然）造成的不公平、不公正、不合理，需要有一种对这些权力作用的平衡、中和机制。而从对于这种机制的形成和作用来说，以下三个制度性因素是重要的——当然，必须说明，三个制度性因素的作用和上面所述的权力作用的三个层面并不是一一对应的关系。

对于政策执行过程中可能出现的不作为、阳奉阴违、形式主义、官僚主义、偷工减料、"上有政策，下有对策"等，必须建立有效的监管和问责机制。这包括为政策要求的行动和服务设定规章与标准，以及如果受监管的机构、组织没有达到这些标准或者没有按规行事，采取相应的制裁惩罚措施。这自然要结合检查、审计、问责等手段。对此，我们在上一讲中已经讲过，在此不再重复。

对于由于权力的作用而在社会政策过程中所造成的不公平、不公正、不合理而言，政策执行过程中之监管和问责的局限在于，如果这种不公平、不公正、不合理是发生在政策制定过程、存在于政策本身之中的，那么这种监管和问责就无法起作用。要最大限度防范和矫正由权力的不公正使用而形成的这种不公正、不公平、不理性，就需要有一种民主的机制。在此，民主的实质就是在承认社会中各个群体之间利益分化的前提下，让每一个群体的每一个成员在社会政策的制定、实施过程中，直接、间接地享有同等的参与权、话语权，从而防止社会政策为某些有权势的个人或利益集团所把持和绑架。在此，让社会中下层群体成员享有制度化的、有序的参与权和相应的话语权尤其重要。这是因为，从总体上讲，现代社会政策是一个促进社会资源、财富从上层向下层流动的举措，因此，上层容易成为他阻力的来源，而中下层则一般是动力的来源，因而，中下层在社会政策制定和实施过程中的有序参与从而发挥其影响力，是十分重要的。

但是，如果社会成员，特别是下层社会的成员，把现实中的一切都视为理所当然、天经地义，从而根本看不出、提不出理性的、有价值的社会问题，当然也根本没有改变现状的诉求，那么，上述这种民主机制对于形成公正合理的社会政策也就无能为力。针对上述第三个层面的那种隐形的但又具有致命的压制性的权力作用，需要有一个开放的能够推动、促进"问题化"的公共领域，在这个领域中，在一些基本的公共言论规范——如哈贝马斯所说的"交往理性"——之下，从不同的视角、不同的价值立场出发形成的各种对现实的观点和思考能够相互碰撞，从而在差异性的交流或交锋中让那些被压抑到社会无意识的问题浮现到社会意识的水面上来，并进而在这个公共领域的群体动力过程中逐步形成能够引起政策制定者关注的正常而健康的舆论。[1] 当然，需要指出的是，在这个领域中，对于具体的个体来说，即使由其客观处境所决定的困境或问题已经由"无意识"转变为"有意识"的不满，他最好还要努力让自己具备一种米尔斯所说的"社会学的想象力"，即让这种不满转化为能够引起舆论关注的公共问题的心智能力。[2]

第三节　意识形态、社会运动与社会政策

在马克思、恩格斯那里，意识形态是对社会存在的一种"扭曲""颠倒"的反映，这种"扭曲""颠倒"特别体现在意识形态通常会模糊、掩蔽现实社会结构中的利益分化和冲突。一是形态是一种虚假意识，它通常是阶级立场、阶级利益的一种功能。而在最通常、最一般的使用中，意识形态或政治意识形态意味着特定的政治派别或政党所主张和持有的一种系统化、理论化，甚至教条化的观念和价值体系。意识形态常常被划分为"激进""保守"，或"左翼""右翼"。不同取向的意识形态，对社会政策取向有不同的偏好。"大致而言，政治左翼会倾向于国家在福利中占据强大的位置，而市场的空间会很小，或者甚

1　这里之所以在通常所说的"舆论"前特意加上"正常健康的"，是因为，在不同的社会政治条件下，大众或公众的意见的性质是不一样的。在《权力精英》中，米尔斯曾这样区分"公众"与"大众"，从而实际上也区分了"大众意见"和"公众舆论"，在"公众"当中：①有许多人在表达意见和接受意见；②公众交往的组织确保公众所表达的任何一种意见都能立即得到有效的回应；③由这种讨论所形成的意见能在有效的行动中，包括反对主导性的权威体制的行动中，随时找到宣泄途径；④权威机构并不对公众进行渗透，因此公众在其行动中多少是自主、自治的。而在"大众"当中，则：①表达意见的人要比接受意见的人少得多，因为群体成了受大众传媒影响的个人的抽象集合；②主导性的传播组织使得个体无法或很难作出即刻的、有效的回应；③运转中的意见能否付诸实施，掌握在组织并控制这些运转渠道的当局手中；④大众没有自主性，相反，权威机构的代理人渗透到大众当中，从而削减大众通过讨论形成意见时的任何自主性（米尔斯：《权力精英》，南京：南京大学出版社，2004，第 386 页）。
2　王小章：《"个人困扰"与"公共问题"》，《读书》2020 年第 7 期。

至没有。……这主要与公平有关。他们认为只有国家才能保证福利津贴和社会服务在全体公民中公平分配。强大的商业、志愿性和非正式部门则被认为与不平等相联系。同样，政治左翼也倾向法定福利，而非职业或财税福利，因为后两者一般被认为具有累退性（regressive）。另一方面，政治右翼却倾向于以商业的、志愿性和非正式的方式取代国家方式，倡导一个福利社会而非福利国家。……这归因于经济效率和经济道德。政治右翼认为国家是一个低效的福利生产者，过度的国家责任会导致福利依赖。尽管一些市场派反对某些财税政策，例如抵押贷款利息税豁免，认为这些会扭曲市场，但是右翼倾向于宽松的职业和财税福利政策。"[1] 不过，正如吉登斯所说的那样，左与右的划分，虽然自 18 世纪以来一直存在，但是也一直很模糊、很令人迷惑。左和右的含义随着时间的变化而变化，同样的政治观点，在某些时期某些背景下被看成是左翼，在另一些时期另一些背景下则被看成是右翼，比如自由市场的观念，在 19 世纪被视为左翼，而现在则一般将其看作右翼。[2] "激进"和"保守"的区分也与此相似。有鉴于此，不宜笼统地从政治意识形态的左与右或保守与激进来分析其与社会政策之间的关系，而应从具体的意识形态着手来考察其与社会政策取向的关系。

《福利的措辞：不确定、选择和志愿结社》一书的作者在说明"一种公民权和政治制度的类型学"时，提出了四种意识形态以及相应的政治制度架构和公民权类型。[3] 实际上，在其分析说明中，也蕴含着特定的意识形态与特定社会政策取向之间的关系。这里暂且撇开"社会市场结社主义"（因为这是作者以其对澳大利亚的调查而构建的新类型，还不是成熟稳定的制度实践），而来介绍一下其他三种类型。法西斯主义坚信，个体在道德上是社会秩序的一种腐蚀性的、或危险的因素，国家则是文明和社会秩序的保护力量，是为了公共利益而必须在对个人的道德控制上扮演重要角色的必需机构。在德国唯心主义思想传统中，这种观点常常以一种悖论的形式指出：人是自由的，惟当其行动合乎国家的意旨时。在制度安排上，法西斯主义突出个体和国家之间的关系，并且，强调国家对个体的统治，个人的身份认同常常为对国家的认同所淹没，个人只有在对国家的无私奉献中，才能找到其真实身份。由此导致了两个结果：其一，在这种体制下，不存在自下而上争取自由和各种相关权利的积极的公民权，只有自上而

1 鲍威尔：《福利混合经济和福利社会分工》，载鲍威尔：《理解福利混合经济》，钟晓慧译，北京：北京大学出版社，2011，第6页。引文中所说的"法定福利"指的是由国家（政府）提供的公共福利物资和服务；"职业福利"是指与一个人的职业有关的额外津贴，最典型的就是职业养老金；"财税福利"是指经由税制传送的化肥或津贴，国家可以通过免征诸如私人医疗保险税、养老金税等而降低物价，从而鼓励公民消费，也可以通过对诸如香烟、酒类和私人交通工具等增税而尝试降低"有害物品"的消费。
2 吉登斯：《第三条道路：社会民主主义的复兴》，第40-401页。
3 布朗等：《福利的措辞：不确定、选择和志愿结社》，第8-21页。

下赋予的被动的公民权；其二，这种体制不承认公民组织、社区等中介团体的重要性或合法性，因为介于个人与国家之间的中介团体会削弱、威胁国家（领袖）的权威，唯一可获得承认的中介机构只剩下表达领袖意志的政党。由此，在社会政策取向上，强调自上而下的权威安排。社会福利是威权性国家给予公民个人的、可以我予我取的恩惠。

自由主义强调和肯定个人自由，在其政治观念中，个体占据着基础的地位和价值。在认为个体是受自私的、享乐主义的欲望所驱使的这一点上，自由主义实际上和法西斯主义是一致的，正如麦肯弗森所指出的，资本主义所鼓励的是一种占有性的个人主义。只不过，法西斯主义式的反应是建立一个强有力的国家，而自由主义则相信市场能解决社会秩序、社会团结的难题。自由主义将个体置于市场之中，市场被看作真正自由和个性得以实现的场所，同时，交易自由、集会自由、言论自由等作为个人权利，乃被一个自由的、不受管制的市场所需要。马克思主义者批评自由主义将资本主义市场中的不平等掩藏在了一种自由个体和自由交易的意识形态之下。在这种意识形态下，自由主义对于国家（政府）的干预始终是警惕和防范的，并且也不重视中介团体的地位。而社会政策所代表的，正是国家（政府）对市场的干预，因此，自由主义从根本上对此也是冷淡和疑忌的。在信奉自由主义意识形态者执政的年代（比如里根时期的美国、撒切尔时期的英国），社会政策、社会福利一般会紧缩。而且，自由主义者的社会政策，也往往更多地着眼于市场的需要（比如提升内需）。

作为从马克思主义的支持者里分离出来的众多分支之一，社会民主主义强调通过立法过程以改革资本主义体制，使其更公平和人性化。社会民主主义是民主制度的拥护者，认为民主是以和平方式调和任何社会都不可避免的冲突的最佳途径；社会民主主义也致力于使每个人的个人自由趋于最大化，但这需要政府采取积极的行动，从而保障个人自由不会遭到不受约束的市场的侵害。因此，社会民主主义主张国家干预，支持以社会再分配促进社会公平。这无疑与现代社会政策或福利国家实践具有极大的亲和性。不过在具体的制度安排上，社会民主主义又可以分为斯堪的纳维亚式的社会民主制和英国色彩的结社民主制。前者明确肯定国家应该深度介入福利计划和管理。这些福利国家的模式包含了一种自上而下的、面向社群而非个人的协调和供应结构。当然，这种社会民主制模式不同于中央集权制度，因为，在这里，独立的政治党派依旧存在并发挥作用，社群组织没有受到压制，也没有被国家吞没。不过需要指出的是，在斯堪的纳维亚的文化价值观中，"社群"（community）通常主要不是指向异质个体成员的基于自由选择的志愿集合，而是与一种情感性的、紧密团结的"共同体"

（Gemeinschaft）的观念紧密相连，发挥着地方性扩展家庭之替代者的作用，相当于涂尔干所说的"机械团结"。与此不同，主要由保罗·Q.赫斯特阐发表述的、明显具有英国色彩的"结社民主制"则强调，现代民主制依赖于外在于国家的，多种多样的自治团体、志愿结社和公共群体的存在。"结社民主制"承认，国家必须通过诸如提供经济补助、营造有助于分散福利和公共服务的法律环境等手段，来审慎但又主动地扶持这些组织，同时又要维持共同的最低标准和应享权利，在营造一个有助于"公民社会"社会之活力的环境方面，国家的作用非常重要。但，结社民主制同时也强调"辅助原则"[1]，即领导权应该运作在层次尽可能低的公共组织。

社会主义当然也是一种意识形态，这种意识形态对于社会政策的作用大体有两条途径。第一条途径是在已经建立了社会主义制度的国家中，尤其是在这些国家的传统体制下，它强调在建立起来的社会主义经济基础上由集中化的国家权力通过强有力的社会管理和社会再分配，来维护社会公平。第二条途径则是在资本主义国家中，社会主义的意识形态，以及在此意识形态下之社会革命、社会运动的压力，迫使资本主义国家推行相关社会政策来改变社会的不平等状况。

革命通常意味着在特定意识形态引领下从根本上"翻转"一个社会，社会主义革命的成功因此一般意味着社会主义制度的建立，由此，社会主义意识形态与社会政策的关系也就进入了上述第一条途径。社会运动与此不同，它可以有某种意识形态的召唤，也可以没有系统化、理论化的意识形态，而只是在某种价值观念、理想的引领下发生展开。社会运动可以看作处于从改革到革命的连续统中的某个位置上，也可以看作从集群行为到社会革命的连续统中的某个位置上。但无论从哪个角度看，社会运动总呈现以下这些基本特征：①社会运动都有自己独特的信念或理想，如消灭剥削、种族平等、民族独立等；②社会运动都有自己的组织形式，如工会、青年组织、妇女组织、民权组织等；③社会运动都会采取这样那样的实际行动，如罢工、游行、示威，甚至某种特定的

1　辅助原则（the Principle of Subsidiarity），或称补充原则、补助原则、附属原则，本是罗马教廷认为处理个人、社会、国家乃至国家内部各级政府之间复杂关系所应遵循的基本原则。对此原则较全面清晰的阐述，是1931年教宗庇护十一世（Pius XI，1857—1939年）为纪念《新事物通谕》颁布40周年而宣告的《四十年通谕》："僭夺个人凭自己的创意、用自己的办法所能够做到的事情，将之移转给某个群体去做是不合法的，同样，将下一级或较小群体能做的事情移转给上一级或较大群体承揽也是不公正的，同时也严重损害和搅乱了社会秩序。一切社会实体都应当辅助属于社会整体的成员，而不是吞并它们，也不是摧毁它们。"因此，辅助原则的基本观念是，个人首先要对自己负责，在个人无法解决的时候，可以通过自愿合作来解决共同的问题；在自愿合作无法解决的时候，才需要强制，即公权力的介入；而进入公权力的范围之内，也应当由较小的共同体承担解决共同问题的责任；只有在下层共同体需要更高一层支持的时候，更高一层才能予以干预，个人、社会、国家乃至国家内部各级政府之间形成递升的辅助关系。第二次世界大战后，天主教的辅助原则逐渐地世俗化，转化为一般公法原则。

表达形式等。[1] 在资本主义国家内部，社会主义意识形态对于社会政策的作用主要是通过社会主义取向的社会运动（或者说由这种运动所显示的社会主义革命的压力）而发生的，这从当初俾斯麦推出强制劳工保险的目的之一就是防范社会主义革命中可见一斑。当然，社会运动不限于社会主义运动。特别从 20 世纪下半叶开始，诸如民权运动、青年运动、女性主义运动、环保运动，乃至同性恋运动等，在西方社会此起彼伏，这些运动对于西方国家社会政策——无论是规制性政策还是再分配性政策——所带来的冲击和影响，是显而易见，有目共睹的。

第四节　社会政策与政治合法性

在政治的运行中，合法性问题无疑是一个核心的问题。一切权力和特权体系都会力求使自身确立为合法的体系，即使自己在从属者和社会地位低下者的眼中被看成是合乎道义的、正当的。合法的信念确保后者或者说被统治者赞同权力的行使，从而促进统治秩序的稳定，并使统治的代价或不服从的可能性降低到最小。合法性乃是一种"统治的权利"。[2]

一项特定的社会政策要得到有效的实施贯彻，其本身无疑需要合法性，即需要执行者和所有相关者的认可和接受，其认可接受度越高，合法性越高，也就越能得到有效的贯彻落实。因此，政府当局在制定和实施某项社会政策时，都会通过种种途径努力提升政策本身的合法性。[3] 通常采取的途径包括通过政策制定时的专家参与提高政策本身的科学性；广泛征询各方意见，特别是利益相关者的意见，以提升政策的认可度；政策制定后的广泛宣传解释，以提升人们对政策的理解熟悉度；等等。而作为社会政策主体的政府本身的合法性，则无疑也会提升它所制定和推行的政策的合法性，甚至是政策合法性的最重要的来源，因为，政府的合法权力或者说"统治的权利"本身包括了制定和推行政策的权利。在任何国家，由合法政府所制定和推行的政策，和由其他非政府组织所发布的"政策"，其权威性都是大不相同的。

作为社会政策主体的政府合法性可以提升它所制定推行的政策的合法性，反过来，社会政策的施行绩效也能反作用于政府的合法性。而且，从政治的角度说，这种反作用效应可能是更加值得关注的。

1　周晓虹：《现代社会心理学——多维视野中的社会行为研究》，上海：上海人民出版社，1997，第 436-437 页。
2　夸克：《合法性与政治》，佟心平、王远飞译，北京：中央编译出版社，2002，第 12 页。
3　迪尼托：《社会福利：政治与公共政策》，第 29 页。

关于合法性的来源或基础，马克斯·韦伯认为，习惯、情感和理性计算是人类服从的三个基础，由此，他将统治分为三种类型，即传统型统治、克里斯玛型（魅力型）统治和法理型统治；也就是说，"统治的权力"有三种来源，分别是被统治者对古老传统的牢固信仰，对于统治者所具有的超凡的、英雄个性的景仰和忠诚，对于所实施的规则本身合理性以及从属于这些规则的人发布命令的权力（right）的合法性的认同和接受。中国学者赵鼎新则着眼于使统治合法化的可能路径，将处于主导地位的社会行动者们的合法性资源分为三类，即法律—程序合法性、绩效合法性和意识形态合法性："当法律法规对所有相关社会群体具有约束力，且社会规程一般通过被广泛接受的程序（如定期选举）所确立，则主导性社会行动者享有法律—程序合法性。当人们认为统治者的行为能为他们提供有益的公共物品，则主导性社会行动者享有绩效合法性。当大多数人认为政治统治赖以维系的价值观与人们自身的观念一致或相似之时，则主导性社会行动者享有意识形态合法性。"[1]

从社会政策反作用于政府合法性的角度，赵鼎新所说的"绩效合法性"无疑是一个具有解释力的概念。对于国家（政府）的契约论解释，视个人为本位，国家（政府）为个人而存在，保护公民个人自由，促进和提升公民权利和福祉是国家（政府）的责任。国家（政府）权力的合法性始于公民的授权，而基于或者说成于它对于自身责任和义务的履行。因此，如果政府当局制定和推行的社会政策取得良好的效果，有效地满足了社会成员的需要，实质性地解决了社会面临的各类社会问题，提升了社会的整体福祉，那么，无疑会提高人民对于政府当局的赞同与支持，从而巩固并提升其合法性。在当今中国，这一点可以说尤其显得重要。今天，社会建设是"五位一体"建设中国特色社会主义中的"一位"。社会建设的实质，是通过促进人们对于既有发展成果之充分合理的共享，来实现和提升既有发展成果在满足广大人民对于美好生活需要上的效用，而社会政策无疑是政府主导的社会建设之最基本的手段。"从'绩效合法性'的角度说，它（社会建设）进一步关系着'发展'本身的'合法性'或'正当性'，也即，发展对于广大民众来说究竟是不是'硬道理'。需要特别指出的是，在我们的发展和改革进入到了今天这个阶段之后，这个问题已变得尤其突出。这是因为，随着改革的向纵深推进，随着市场化的进程将我国社会各个阶层、群体统合进一个虽然彼此利益不平衡但又互相关联的利益格局，至少从20世纪90年代后期国有、集体企业改制开始，我国的发展与改革已由早期那种基本上

1　赵鼎新：《儒法国家：中国历史新论》，徐峰、巨桐译，杭州：浙江大学出版社，2022，第40—41页。

没有利益受伤害方的'纯增量型'改革与发展，转变为'利益格局调整性'改革与发展，即任何与发展相关的改革从根本上讲都是调整既有利益格局的改革，任何影响我国经济社会进一步发展的改革举措，都会或多或少触动相关各方的既有利益，改变其在发展成果中的分成比重。这就要求国家在推出这些举措时必须努力确保相关各方的利益均衡，确保对发展成果的公平共享。否则，就必然导致阶层、利益群体和集团的剧烈分化和彼此之间的对立冲突。特别是，如果占人口绝大多数的广大中下层社会成员不能充分共享发展成果，不能从发展中得到充分的'获得感'（甚至还因成本没有合理分担而产生失落感、剥夺感），那么，发展在他们那里就会失去价值与意义，进而国家的发展政策以及推行这种发展政策的政府权威就必然大打折扣，推动发展的改革和改革者也将失去他们的支持。这也就是为什么《关于支持浙江高质量发展建设共同富裕示范区的意见》要特别强调'实现共同富裕不仅是经济问题，而且是关系党的执政基础的重大政治问题'的根本原因。"[1]

当然，社会政策不是没有成本的，满足社会成员的需求需要资源，而政府本身是空的，这种满足需要的资源归根结底来自公民的纳税。由此，社会政策与政府当局的合法性之间就出现了一种窘境：就像我们在第三讲中曾提到的那样，社会成员的需要在不断满足的过程中不断高趋，能不能满足社会成员这种不断高趋的需要与政府当局的合法性紧密相关，而要满足这种需要，就不能不增加社会成员的税赋，但是增加税赋又会招来社会成员对政府当局的不满甚至反抗，从而给它带来"合法性危机"。如何化解这种窘境，是当今政治合法性面临的一大难题。

社会政策与政治合法性问题还有一个面相，是某些政策将"政治问题"转化成了"政策问题"，进而转化成了行政程序中的技术操作问题。许多社会问题，比如贫困问题，在马克思主义看来，是现行社会结构、社会制度本身所造成，甚至是现行结构和制度所需要的，因此，要从根本上解决这些问题，惟有通过革命的手段从根本上变革结构和制度本身。但是，社会政策手段，比如贫困救助政策，则把这种问题转化成了一种政策性的、行政技术性的问题，把遭遇贫困等问题的处于社会结构下层的弱势群体成员变成了官僚体制下办公室中公务员面前的"当事人"。而当这些"当事人"在权力机关的办公室和接待室里与代表"国家"的这些公务员接触，填写相关表格，证明自己符合当局规定的相关救助标准，以此申请相关救助来摆脱困境时，他们实际

---

1 王小章：《社会主要矛盾、共同富裕与社会建设》，《山东社会科学》（人文社会科学版），2022年第2期。

上就是在一次次地表达对现行政策规定以及制定这些政策规定之当局的合法性的肯定和承认。

思考题:

  马克思主义怎样看待阶级与社会政策的关系?

  试分析社会政策过程中权力因素的作用。

  试分析社会政策与政治合法性的关系。

经济与社会政策

  社会政策要从政治的维度来分析，也要从经济的维度来考察。实际上，只要意识到社会政策不仅仅意味着福利供给，还意味着融资，牵涉到必要的对个体行为和市场的规制，以及福利消费者（在福利供给的"准市场"中）的选择权，那么，从经济的维度来考察认识社会政策的必要性是不言而喻的。在西方的社会政策研究中，自20世纪30年代以来，常见的对于社会政策的经济分析主要受到两种思想流派的左右，一种是凯恩斯主义经济学，一种是新古典主义（新自由主义）经济学。新古典主义基于这样的假设，即除了一些特殊的"外部性问题"和"公共产品"需要政府集中干预和供给，自由市场能够使福利最大化。因此，新古典主义经济学家一般根据实际政策通过限制"外部性问题"和提供"公共产品"而对私人企业经济效率的贡献或危害来对其进行分析评估。相比之下，凯恩斯主义更加倾向于福利国家。在凯恩斯主义经济学家那里，社会政策被看成是财政政策的一部分，由政府税收、支出和贷款组成的财政政策是管理国家经济以实现控制通货膨胀与失业、促进经济增长的核心手段。福利国家无论是实施膨胀还是紧缩，其目的都是稳定经济。凯恩斯主义根据社会政策是危害还是提升了宏观经济平衡来对其进行分析。[1] 两派经济学的观点可谓针锋相对。凯恩斯主义在战后繁荣时期处于支配地位，而从20世纪70年代中期经济发展进入滞胀和衰退以后，新古典主义重新复苏。殊难判定新古典主义与凯恩斯主义何者的观点更为正确，不过，从两者的不同观点及其在历史变化进程中的此起彼伏倒可以看出，经济与社会政策之间的关系是复杂的。

1　金斯伯格：《福利分化：比较社会政策批判导论》，第12页。

第一节 "道义经济""理性经济"与社会政策

从社会政策所必然涉及的融资的角度，关于社会政策与经济的关系，人们一般很容易想到社会政策与经济发展水平的关系。但实际上，现代社会政策与经济的关系首先还不是在于它与经济发展程度的关系，而是它与特定经济形态的关系。在第一讲讨论现代社会政策的功能时，我们曾援引奥菲的观点指出，社会政策（福利国家政策）是资本主义市场社会自我维系的必要一环；在第二讲第一节讨论社会的现代转型与社会政策诞生时，我们也曾指出，着眼于原本由"社会"自身应对的问题转而交由国家（政府）来经办，现代社会政策的发生和发展意味着"社会的国家化"。而从另一个角度分析，所谓"社会的国家化"，实际也可以说是"生存理性"或者说"生存伦理"的国家化。而这种"生存伦理"的国家化，则是现代以市场机制为核心、以效益最大化为目标的所谓"理性经济"得以确立的必要条件。

一、"道义经济"与"理性经济"

在《农民的道义经济学：东南亚的反叛与生存》一书中，斯科特指出，在大多数前资本主义的农业社会中，由于在匮乏经济下农民们始终生活在接近于生存线边缘的境遇中，因而形成了一种"生存伦理"，即确保基本的生存需要，或者说，保障能够维持家庭生存的最低限度的收入，是各种考虑和安排的最主要、最基本的出发点："在某种意义上，前资本主义社会就是围绕这一最低限度收入问题组织起来的，旨在最大限度地减少其成员由于有限的技术和变幻无常的自然条件而必然遭遇的风险。"[1] 这种"生存伦理"，或者说，生存安全第一的原则，左右了大多数前资本主义农业社会的经济选择、社会安排以及道德准则。在经济上，由于生活在接近生存线的边缘，农民几乎没有考虑和计算收益最大化的可能性，他们所考虑的是如何避免可能毁灭自己的歉收，而绝对不愿通过哪怕小小的冒险去获得最大的收益，也即，他们的"理性"只体现在如何避免可能导致自己生存危机的风险上，而不是体现在对"投入—收益"比的计算上。因此，对于这些生活在接近于生存线边缘之境遇中的农民们来说，如果有两个品种的水稻，一种产量高，但抵御病虫害等抗灾害能力低，因而相对不稳定，一种产量低，但收成稳定，那么，即使长期看（比如十年下来）平均收成前者要远远高于后者，他们也会选择后者；"农民所寻求的是那些'将给他们带来最高

1　斯科特：《农民的道义经济学：东南亚的反叛与生存》，程立显、刘建等译，南京：译林出版社，2013，第12页。

和最稳定的劳动报酬'的农作物和耕作技术，如果'最高和最稳定'这对目标发生冲突，那么，处于生存边缘的农民通常要选择低风险的作物与技术。"[1]此外，为了降低生存风险，农民家庭一般还会兼营"副业"。在社会安排上，前资本主义社会围绕生存安全的保障发展形成了一系列传统的保护与被保护关系、互惠关系及再分配机制，比如，村庄内定期地根据需要重新分配的公有土地，促使富裕农民仁慈待人、主办开销较大的庆典活动、救助穷困亲戚邻居等的社会压力机制，以及其他各种危困中相互帮扶的网络和机制，所有这些，实际上都起到了某种再分配的功用，为村民提供了最低限度的生存保障，或者说，都起到了在村庄共同体中分摊生存风险的作用。在道德准则上，保障生存安全的需要不仅形塑了村庄内部人与人之间的各种义务、责任，而且在很大程度上还是前资本主义社会中普通人判定地主、政府的"索取"是否公道的标准。既然佃户最关心的是减少灾难的概率而不是争取最大的平均收益，那么，他们生存的保障就比平均收益或被地主、政府取走的量对于他们是否认为公道更具决定性，农民判断是否存在过度剥削的标准不是"被拿走多少"，而是"剩下多少"："按照通常的剥削定义，人们总是问精英阶层从农民那儿剥夺了多少，并且把被剥夺产品的比率作为评价剥削程度的尺度……虽然农民对任何此类索要都会感到不满，但使他们感到自己被剥夺得最为严重的是那种最经常地威胁其生存要素的、最经常地使其面临生存危机的索要。在农民询问被拿走多少之前，他先要问的是还剩下多少；他要问涉及农民利益的制度是否尊重其作为消费者的基本需要。"[2]一旦精英阶层或国家对农民的索要侵害了这种基本需要，农民就会感到毫无公正可言，各种形式的反叛就会随之而起。

斯科特认为，这种围绕生存安全而形成的"生存伦理"或者说"生存理性"[3]，不是东南亚社会所特有的，而是在"大多数前资本主义的农业社会"中普遍存在的，如法国、俄国、英国、意大利等，当然，也包括传统中国社会。实际上，早在斯科特之前，虽然分析考察的着眼点和意趣不同，费孝通也已注意

1　斯科特：《农民的道义经济学：东南亚的反叛与生存》，第24页。

2　斯科特：《农民的道义经济学：东南亚的反叛与生存》，第39页。

3　以保障生存安全为目标的合理化选择，表现在个体行为层面，即生存理性，表现为集体行为层面，即生存伦理，或者说，生存伦理实际上是集体层面的生存理性。值得一提的是，对于斯科特的"道义经济"的观点，另一位学者塞缪尔·波普金在《理性的小农》一书中表达了不同的观点。后者认为，农民是理性的，投资的逻辑无处不在，自利的"搭便车"行为也到处可见。但是，只要不把"理性"狭隘地局限在特定社会历史条件下形成的"效益最大化"的"经济理性"，而扩展到同样是在特定社会历史条件下形成的"安全最大化"的"生存理性"，那么，就可以发现，波普金和斯科特的观点并不像看起来那么对立，也能够理解，何以斯科特并不否定并一再指出农民行为中的自利动机，而波普金也注意到，在传统的封闭而内部联系紧密的村庄中，"地主和佃农共担风险。在收成糟糕的年份里，地主会收取比平常50%的收成比例少一些的份额。"（Popkin, Samuel: *The rational pedsant:The Political Economy of Rural Society in Vietnam*. BerKeley,CA: University of California Press, 1979, p.159.）

到了传统中国农村经济的类似现象。费孝通指出，由于人多地少的矛盾，传统上中国农民单靠农业生产不足以维持最低生活水平，更不可能养得起整个地主阶级并支撑繁荣的城市消费经济，因此，虽然农村是传统中国的生产基地，但农村经济并不是单纯的农业经济，相反，农工结合的混合经济才是中国农村经济的特征："只有农工混合的乡土经济才能维持原有的土地分配形态，……同时也使传统的地主们可以收取正产量一半的地租，而并不引起农民们的反抗。"[1] 但是，近代以来，中国传统的乡土工业由于无法与扩张侵入中国的西方资本主义工业竞争而走向崩溃。乡土工业崩溃了，农民失去了重要财路，但地主非但不因此减收或不收地租，反倒，由于洋货奢侈品的进入刺激了其消费的欲望，提高了其享受的水平，因而变得更加不能放松对地租的攫取。佃户和地主于是发生了严重的冲突，各种形式的抗争乃至革命由此而起。如上所述，费孝通考察分析中国传统农村经济形态的着眼点与意趣与斯科特不同，他是要由此出发来探索现代化的中国道路。[2] 但是，他们的研判显然存在一个重要的、基础性的交汇点，那就是在前资本主义农业社会总体上的"匮乏经济"之下，生存安全（用费孝通的话来说，就是"不饥不寒"的温饱生活）的保障，是农民首要的思虑，只要能维持住这条底线，农民就能忍受地主收取占"正产量一半的地租"而不反抗，但如果逾越了这条底线，传统上的租佃关系以及其他相应的关系就难以再维持下去。

问题在于，恰似如斯科特所说"生存伦理""生存理性"的主导在前资本主义农业社会是普遍存在的，在世界的现代转型进程中，现代理性资本主义，或者更宽泛地说，现代市场经济几乎无孔不入地渗透、扩张同样也是普遍性的，而不只前资本主义的中国、东南亚受其侵蚀。首先是在这种现代市场经济发源地的西方世界，它缓慢而稳固地渗透扩张到了传统上彼此很少联系的各种古老的小共同体，将它们一步步整合到统一的全国市场中；进而，资本主义或者说市场经济所固有的、无法停息的逐利性又使它的扩张的脚步走向世界各地。就像马克思、恩格斯说的那样："不断扩大产品销路的需要，驱使资产阶级奔走于全球各地。他必须到处落户，到处开发，到处建立联系。资产阶级，由于开拓了世界市场，使一切国家的生产和消费都成为世界性的了。……过去那种地方的和民族的自给自足和闭关自守的状态，被各民族的各方面的互相往来和各方面的互相依赖所代替了。……它迫使一切民族——如果它不想灭亡的话——采用资产阶级的生产方式；它迫使它们在自己那里推行所谓的文明，即变成资产者。

1　费孝通：《费孝通全集》（第 5 卷），第 68 页。
2　王小章：《"乡土中国"的现代出路：费孝通与吴景超的分殊与汇合》，《探索与争鸣》2021 年第 9 期。

一句话，它按照自己的面貌为自己创造一个世界。"[1] 在这个过程中，自由竞争以及与自由竞争相适应的社会制度和政治制度逐步地取代传统的经济制度、政治制度和社会制度而确立起自己的统治地位，这种统治把"一切封建的、宗法的和田园诗般的关系都破坏了。它无情地斩断了把人们束缚于天然尊长的形形色色的封建羁绊，它使人与人之间除了赤裸裸的利害关系，除了冷酷无情的'现金交易'，就再也没有任何别的联系了。"[2] 显然，从我们所关注的问题出发来看，这个过程实际上也就是以逐利，以利润最大化为目的的所谓"经济理性"瓦解取代"生存理性"，以"为赚钱而赚钱"的"资本主义精神"取代"生存伦理"的过程。

这个转变过渡的过程当然不会像丝绸那样光滑平顺，而是充满了粗粝痛苦的冲突、挣扎和波折。以利润或者说经济收益最大化为目的的"经济理性"主导的市场经济固然是高效的，能够给市场中的成功者带来巨大的财富，也能促进社会总体财富的迅速增长，但是，无论在何种经济形态下，生存安全的保障始终是人最基本的需求。在这种需求没有获得保障的情况下，寻求这种保障始终是人们首要的思虑。因此，在"经济理性"取代"生存理性"，"为赚钱而赚钱"的"资本主义精神"取代"生存伦理"，简言之，在现代"市场经济"取代"道义经济"的过程中，如果没有相应地因应市场经济不可避免的不确定性和风险做出相应的制度安排，以确保所有被卷入这个市场之中的人们在遇到生存危机时能够安全度过，那么，这种市场经济，这种"经济理性"就必然遭到抵制和反抗。而在现代早期以及后来向世界各地扩张的过程中，以"经济理性"为取向的资本主义市场正是在没有做出这种制度安排的情况下，罔顾人们的生存安全需要而粗暴野蛮地侵袭了传统上各种以"生存理性"为取向的经济模式和相应的社会安排，屡屡挑战和突破人们从"剩下多少"的角度出发所理解、感受的公道公正，由此，也就不可避免地引发了各种不同形式的反叛和抗争。这些反叛与抗争，马克思分析过，斯科特考察过，当然还有其他许许多多的人揭示描述过。它们发生在中国，发生在东南亚，发生在俄国，也发生在现代早期的英国、法国、德国……[3]

二、对"理性经济"取代"道义经济"的两种反应

面对以"经济理性"为取向的现代（资本主义）市场经济对于人们生存底

1　马克思、恩格斯：《共产党宣言》，第 35–36 页。
2　马克思、恩格斯：《共产党宣言》，第 33–34 页。
3　斯科特：《农民的道义经济学：东南亚的反叛与生存》，第 41–43 页。

线的冲击以及这种冲击所引发的各种不同形式的反叛与抗争，社会各界不可能无动于衷，而必然作出各种相应的反应。立场不同，具体的反应也各不同。但从总体上讲，不外乎两大类：一类反应是由此从根本上否定现代（资本主义）市场经济，主张恢复到传统的经济模式和社会安排；另一类反应则相反，肯定和坚持以"经济理性"为取向的现代市场经济，同时针对这种经济模式的问题，特别是它对生存安全底线的威胁，通过国家行动——主要就是"社会政策"手段——来化解这些问题，特别是保障所有社会成员的生存安全，质言之，也就是在坚持"经济理性"为取向的现代市场经济以追求经济效率的同时，将"生存理性""生存伦理"国家化，转变为国家意志或者说政府职能。

第一类反应在近代资本主义市场经济刚开始生长时即已出现。最典型、最著名的例子，可能就是1601年颁布的伊丽莎白"济贫法"。这个"济贫法"看似是国家对于贫弱个体的保护，但实质上恰恰是希望以此遏制当时正在生长的现代资本主义市场，以图恢复到传统的封建社会和经济模式。"济贫法"是在地方性层面（教区）上管理运作的，强调院内救济，且申请救济者须以个人的独立和自主权为代价。因此，"济贫法"的"总体目的并不是要建立一种新的社会秩序（即现代资本主义社会秩序——引者），而是要维护现有的秩序（即封建秩序——引者）。"[1] 在很大程度上，1795年登场的"斯品汉姆兰法令"在工业革命正在高歌猛进的时刻起到了与"济贫法"类似的作用。"斯品汉姆兰法令"跟"济贫法"一样在教区这一狭隘的地方性层面上运行，它规定一个穷人维持家庭生活所需的最低收入水平，如果其工资低于这一水平，那么，当地教区或地主必须补足这部分差额。这一法令表面上看是保护劳动力免受市场的威胁，但事实上却是将市场机制作为防范对象，它将原本在"安居法"解除后可以自由流动的劳动力复又限制禁锢在了传统上狭隘的地方性社会关系中，从而阻碍了现代劳动力市场的建立。[2]

除了英国，被资本主义市场经济侵蚀瓦解"道义经济""经济理性"取代"生存理性"的进程中，上述第一类反应同样也出现在欧洲其他国家。19世纪上半叶，在欧洲，特别是在德国和俄国，出现了一股巨大的反对资本主义、要求返璞归真的浪漫主义思潮。其中一部分政治浪漫主义者鼓吹以传统乡村社会为模式建立公有社会，哈克斯特豪森就是其中一个突出代表。面对市场经济和法国大革命对德国传统乡村社会秩序的侵蚀冲击，面对《拿破仑法典》的推行所

1　马歇尔：《公民身份与社会阶级》。

2　夏雪：《蝴蝶效应：斯品汉姆兰法与大转型——批判视阈下波兰尼思想的启示》，《商业时代》，2013年第16期；波兰尼：《大转型：我们时代的政治和经济起源》，冯钢、刘阳译，浙江：浙江人民出版社，2007，第67-88页。

带来的乡村贫富分化，哈克斯特豪森极力主张消除《拿破仑法典》的影响，恢复古老的日耳曼农村公社传统。他的主张得到了普鲁士国王腓特烈·威廉四世短暂的赏识，但终究因其提交的建议不切实际而受到训练有素的行政官员的抵制。在德国遭遇挫折之后，哈克斯特豪森转而关注起俄国的农村公社。他认为，俄国农村公社的核心是土地公有制，各个家庭从公社分得只有使用权没有所有权的份地，且为了平等起见，份地定期重新分配；公社按照家长制原则组织起来，本质上是家庭的扩大；而整个国家，则是公社的扩大，沙皇即这个扩大的公社的家长。哈克斯特豪森认为，俄国的农村公社具有非常重要的政治价值：所有西欧国家都遭遇到一种罪恶，即贫穷和无产阶级化，而由于受到农村公社的保护，俄国避免了这一罪恶。因此，破坏农村公社，哪怕只是修改它，都是极其危险的。哈克斯特豪森的警告受到了沙皇政府的高度重视，在他的影响下，保护农村公社成为了沙皇政府接下来几十年土地政策的指导性原则。[1]

应该说，面对无情的资本主义市场经济对"道义经济"的侵蚀，面对在生存安全之传统保障溃决而又没有形成相应的新的保障方式的情况下各种各样的抗争与反叛，出现上述这种反应是可以理解的，而且，也不乏针砭时弊的价值。但从根本上，这毕竟是一种抱残守缺的、逆历史潮流的反应，因此，它只能是面对历史潮流的一种可以理解的"反应"，而不能汇入潮流而成为潮流的一部分。斯品汉姆兰法令不久以后就废止了，而沙皇政府在哈克斯特豪森影响下对农村公社所抱的幻想，则在1905年爆发的革命中无可挽回地破灭了。

顺应历史潮流进而汇入潮流而成为潮流的一部分的，是另一种反应，即在坚持"经济理性"为取向的现代市场经济以追求经济效率的同时，将原先主要在村落小共同体层面上发挥作用的"生存理性""生存伦理"国家化，转变为国家意志或者说政府职能的反应。在英国，斯品汉姆兰法令在1834年为"新济贫法"所取代，从而扫除了劳动力市场的障碍，从此市场资本主义成为真正不可逆的历史潮流。不过，"新济贫法"只为资本主义市场经济开道，却没有真正建立起对贫弱者的保护，就像波兰尼说的那样："如果说斯品汉姆兰法令是对邻里、家庭和乡村环境之价值的滥用，那么现在（即实行'新济贫法'之——引者），人们则远离家庭和亲属，从他自己的根和一切有意义的环境中被强行拔起。…如果斯品汉姆兰法令意味着不流动造成的腐败，那么现在的危险则在于遗弃而导致的死亡。"[2]而正是这种"现在的危险"，激发产生了波兰尼所言的"社会的自我保护"反应。这种"社会的自我保护"，除了工人阶级自发、自觉

---

1 向荣：《哈克斯特豪森的"发现"——俄国农村公社问题的提出及其影响》，《世界历史评论》2015年第4期。
2 波兰尼：《大转型：我们时代的政治和经济起源》，第72–73页。

的运动等，最为重要的是国家陆续出台、实施和强化的一系列社会法规和政策，如工厂法、公共卫生法等。在哈克斯特豪森受到抵制的德国，面对资本主义迅速发展进程中出现的贫富悬殊、工伤疾病、老无所依等社会问题以及与之联系的罢工、抗议等，俾斯麦政府采取了"葫芦卜加大棒"的应对策略，一方面镇压工人阶级的革命运动，另一方面则由国家出面，出台实施了包括《工人医疗保险法》《工伤事故保险法》《伤残和养老金保险法》等在内的一系列旨在保护劳动者的社会政策和社会立法，从而一方面对资本加以节制，防止它无限度地盘剥、奴役工人，另一方面则以此安抚工人情绪，遏制工人运动，最终强化和巩固资本主义的市场社会秩序。俾斯麦的强制劳工保险成为现代社会政策正式诞生的标志，它为其他西方国家提供了示范。作为一种潮流，或者说，作为现代市场社会推进、发展和巩固的潮流的一个有机部分，从十九世纪末到二十世纪初，继德国之后，英国、美国、法国、意大利、瑞典、丹麦、挪威、芬兰、荷兰等二十多个国家都推出了各自的社会保险立法。

三、作为"生存理性"国家化的社会政策与市场经济

简单比较一下即可以看出，上述两种反应的根本区别在于，第一种反应认为，既然以"经济理性"为取向的市场经济带来了如此严重的问题，那么，就说明市场经济"不行"，因而我们不能采取市场经济。从事实上讲，这种认识实际上是反历史的；而从逻辑上讲，这是在越来越分化、越来越多元的现代社会依旧抱持着希望单一主体或机制就能解决诸如经济发展、社会安全、政治稳定等等所有问题的执念。第二种反应与此不同。这种反应一方面看到以"经济理性"为取向的现代市场的巨大力量，看到经济的市场化是个难以阻挡也不应阻挡的趋势，另一方面，则又认为，在日益分化、日益复杂的现代社会，没有一个单一的主体或机制能够应对和解决社会所有问题，满足人们所有需求。如果把市场（企业组织）、国家（政府组织）和社会（社会组织）看作现代社会运行的三大基本主体或机制（自由交换机制、权力支配机制和互惠合作机制），那么，在此撇开社会（社会组织）不谈，单就市场和国家的关系而言，第二种反应的逻辑实际上更加接近于——当然不是完全等同于——马克思的观点，它把市场经济（相当于马克思在初期作为描述性概念的"社会"或后来作为解释性概念的"经济基础"）看作在逻辑上是在先的，因此，它不是一上来就构思、设想国家能够做什么，应该做什么，可以做什么，无论是为"人民"还是为哪个阶层集团，都是先让市场运行，看市场运行的结果如何，然后针对市场所"不能"的地方（市场失灵）和市场运行结果之不令人满意的地方，对照人们正常生活的

需要和社会正常运行的条件，而来设定国家的角色。质言之，它把国家的角色或适当反应看作弥补市场失灵和纠正市场结果。而现代社会政策（包括社会立法），作为主要以国家（政府）的直接或间接的再分配和规制行为来满足国民那些无力通过市场来满足的一系列物质、社会、精神需求，保障和促进社会公平的国家行动，从根本上讲正是对于市场作用，特别是对于市场作用对基本生存安全之威胁的这样一种反应。

如前所述，对于几乎所有人来说，在任何情况下，生存的需要，都是"最基本"的需求，当生存的需求还没有确切的保障时，人们首先考虑的必然是如何寻求生存安全的保障，任何其他与获得这一保障相背离的经济、社会活动形式和相应的制度安排都不会有吸引力。只有在这种保障已经以某种途径获得之后，他们的追求以及相应的思维方式才有可能改变。这也就是费孝通在谈到中国传统经济的变革转型时一再说和农民"不饥不寒"的最低生活水准去对抗是"徒劳无功的"，并认为"任何经济结构如果不能维持最低限度的民生，是决不能持久的"的根本原因，[1] 当然也是斯科特所提示的如果以"经济理性"为取向的市场经济取代以"生存理性"为取向的"道义经济"而将后者的关切弃之不顾的话就必然遭到反抗的根本原因。不过，这个"根本原因"也蕴含喻示着事理的另一方面：如果说在取代传统"道义经济"的过程中"生存伦理"被完全弃之不顾会导致市场经济遭到反抗和抵制的话，那么，只要在这个进程中"生存安全"以新的途径获得保障，或者说，"生存伦理"以新的制度形式来体现，则事情就会变得不一样。原因在于，生存安全固然在任何情况下都是人"最基本"的需要，这一点是不会改变的，但是，生存安全却并非在任何状况下都是人"最主要"的关切和思虑。当生存需要没有得到保障时，它自然是人"最主要"的关切和思虑，而当生存安全已经得到保障时，人"最主要"的关切和追求也就自然地转到其他方面：在个体的层面，就会如马斯洛所说转而主要去追求爱、追求尊重、追求自我实现；在集体的层面，当全体成员的基本生存安全以某种方式获得保障以后，他们就会把主要的关注目光和追求转向更高的目标，如经济的效率和富裕，政治的民主与清明，文化的繁荣与丰富、社会的自由与活力等。之所以说现代社会政策是现代"市场社会"自我持存、自我维系的一种方式或者说一个必要的环节，就在于它通过国家（政府）行动为全体公民的生存安全提供了保障，从而解除了人们对于生存安全的担忧，由此，它一方面消除了社会稳定的最大威胁即"为生存而反抗"，另一方面则为"市场"的正常而有效的

1　费孝通：《费孝通全集》（第5卷），第68页、第71页。

运行扫除了后顾之忧，或者说，为在集体的层面上以"经济理性"取代"生存理性"扫清了道路。要说社会政策的经济意义，这才是它最基本、最重要的意义。只有在生存安全获得保障从而人们无须从"生存理性"出发来思考和安排经济活动时，"经济理性"才有可能登场并主导人们的经济思维和经济活动。简言之，如果说，为了经济效率，必须坚持"经济理性"取向的市场经济模式，必须坚持"市场在资源配置中的主导作用"，那么，为了市场经济的安稳和正常运行，则必须以健全可靠的社会政策手段为人们提供生存安全的保障，从而让"经济理性"摆脱生存焦虑的干扰。从社会的现代转型的角度说，这实际上意味着，在现代市场经济模式取代传统经济模式的进程中，国家以社会政策手段为每个公民提供的保护必须与传统社会为个人提供的保护相衔接，努力做到经济运行机制的转型和社会保护机制的转型同步。

第二节　社会政策与经济发展

一、社会政策的经济基础

劳动力成为商品是资本主义经济得以确立的前提条件，这是马克思的一个基本观点。日本学者武川正吾认为，如 1834 年的英国新济贫法所示，社会政策在资本主义确立初期为促进劳动力的商品化作出了重要贡献，而到了资本主义高度发达阶段，社会政策则具有促进劳动力去商品化的作用（即劳动者的生活依赖于劳动力市场的程度减弱），如由于社会保障给付，劳动者在疗养期间也能有收入保障，这就意味着"无工作无报酬"原则暂时中止，意味着劳动与工资之间联系的暂时切断。因此，"可以从社会性支出的去商品化角度分析作为给付国家的福利国家。"[1]

说社会政策在资本主义确立初期为促进劳动力的商品化作出了重要贡献也许值得商榷，因为"新济贫法"难能称得上是现代社会政策，从我们在上一节的分析，也许更准确的说法应该是，社会政策通过一定程度的去商品化（即使劳动力的基本生存或者说生存安全不依赖于劳动力市场）而促进、维护、保障了劳动力的商品化。不过，武川正吾所说的"可以从社会性支出的去商品化角度分析作为给付国家的福利国家"倒是反映出了通常看待社会政策的方式，即，从"市场"中之"商品生产"的角度，社会政策支出是非生产性的、纯粹的消费性支出，而由此，社会政策与经济发展之间的关系也常被看作单向的关系，

1　武川正吾：《福利国家的社会学》，第 16 页。

即社会政策依赖于经济的发展。

确实，从社会政策的"融资"角度，它无疑依赖于经济的增长。在第一讲中，我们就曾援引过威尔斯金通过比较 1966 年 64 个国家的社会保障开支占 GNP 的比重而得出的结论，即经济发展水平，也就是人均 GNP，从长远来看是对社会保障结果进行预测的决定性因素。[1] 在现实实践中，则可以看到，西方发达国家所谓"从摇篮到坟墓"的福利国家体系是在战后的经济繁荣期间建立起来的。到 20 世纪 70 年代中期，由于产油国大幅度提高石油价格而导致的经济危机，直接带动了福利开支的缩减。典型的如英国，当时新执政的保守党政府推出举措，不再保持补助津贴与平均工资同步增长，而代之以补助根据物价水平调整。这意味着救济将越来越落后于工资水平，而这样做的目的，就是迫使没有工作的人们尽快重新开始工作，减少人们的"福利依赖"。与此同时，英国还大规模地推动了诸如电力、天然气、煤炭、铁路、税务、公共汽车以及廉住房等公用事业的私有化。同样，2007—2008 年全球性的金融危机，也普遍地带来减少公共福利支出的"紧缩政治"。因此，一般认为，社会政策至少有两个核心维度是由经济状况决定的。

一个"福利国家"得以产生的经济前提，是这个国家实现了经济长期稳定发展，并且建立了运转正常的法律体系和公共管理系统，包括拥有通过征税为社会政策提供资金的路径。这样的状况使得开发正式的公共供给系统（例如教育、卫生健康、社会保障等）成为可能，这些公共供给将改善福利，并且支持经济进一步发展。而在受到自然资源匮乏、冲突或环境不稳定条件限制的国家中，在经济缺乏保障的国家中，社会政策常常只能局限在来自国际金融组织和援助计划的外部贷款，国家也只能在出口商品所获得的收入范围内进行规划和干预。

在足够稳定可以支持成熟或"制度化"的福利供给体系的国家里，经济背景仍然决定着这些福利系统在继续获得国家资源以及对国家资源进行再分配的前提下扩张或收缩的程度。而国家资源的持续可获得依赖于对福利和服务的需要（这是随着时间的推移而不断增长的）与能够持续满足需求的经济增长之间的平衡。[2]

显然，在这种一般性认识中，经济增长之所以被认为是社会政策可持续性的前提条件，是因为它代表了螺旋向上的生产和消费，从而使政府能够平衡国

1　金斯伯格：《福利分化：比较社会政策批判导论》，第 20 页。
2　法恩斯沃思、欧文：《经济背景》，载阿尔科克等：《解析社会政策》（第五版），北京：北京大学出版社，2020，第 219 页。

民核算账户。同样显然的是，在这种国民核算账户的"平衡"中，经济增长代表了收入，代表着国家支付能力的生产性基础，而"社会政策"则代表着消费性支出。经济增长创造了工作岗位，增加了就业，提高了工资，使得劳动者能够购买商品和服务，并且产生了税收，从而让政府能够为公共支出提供资金。而增长无力则可能带来相反的结果：失业和非充分就业使人们不能满足自己的基本需求，而需要更多地由国家救济和服务，与此同时，由于就业的人越来越少，政府税收也减少了，从而政府的提供救济和服务的能力也随之降低。

二、社会政策支持经济发展

不过，尽管上述这种一般观点主要将社会政策理解为非生产性的单纯的支出，但是它也承认，公共供给对于福利的改善，会"支持经济进一步发展"。这也表明，社会政策和经济发展之间的关系不完全是单向的，社会政策对经济发展也具有反作用。大体上，在一般的认知中，社会政策对经济发展的这种"支持"主要表现在两个方面。第一，拉动消费；第二，促进人力资源再生产，为市场提供和保障需要的劳动力商品。

马克思早就指出，古典式资本主义经济危机的特征是生产的"相对过剩"，所谓"相对过剩"即不是相对于实际需要的过剩，而是相对于广大工人阶级的消费能力也即购买力的过剩，而造成这种过剩的原因，则是由于贫富的两极分化而带来的消费需求与消费能力在具体消费者身上的分离。而社会政策，不仅其再分配（社会性支付）可以直接改善社会贫富分化状态，其社会性规制功能也能间接地遏制贫富分化的加剧，从而一定程度拉动消费，进而拉动经济增长。在此不妨虚构一种状况。假设一个人要满足其基本生活的需求，每月需要开支两千元，现有十个人，共需要两万元。显然，如果平均分配，那么，这十个人都能满足各自对美好生活的需要，十个人一个月的开支可以形成两万元的有效内需。但如果实际的分配方式是，其中某甲独占了一万一，而其余九人只有剩余的九千可分，那么，情况会怎么样呢？某甲在花费了两千元而满足了其对于美好生活的需要后，剩余的九千元要么转化为投资，要么变为存款；而其余的九个人则即使将各自分得的钱花光也无法满足其对美好生活的需要，于是，只能勒紧了裤腰带过日子，于是，在这种情况下，这十个人一个月的开支只能形成一万一的有效内需。现在的问题是，如果面临这第二种情况，该怎么办？思路无非两种，一是想办法将财富总量做大，比如不再是两万元，而是变为三万元，那么，即使某甲依旧拿走一万一，其余九人也还有一万九可分，也大体都能满足其需要，这就是发展经济的路子；二是在总财富不可能一下子增加到三万元的现实条件下，能不能调整一下对现有这两万元的分配方式，比如，某甲分得的不再是一万一，而是五千，那么，其余九人至少还有一万五可分，虽然不能完全满足他们对于生活的需要，但至少可以让他们离美好生活更近一些，同时，也能带动更大的消费市场，进而促进经济的增长，这就是社会政策、福利国家的路径。值得指出的是，实际上，现代社会政策不仅能够通过它提供的福利保障直接提升广大低收入者的消费能力，提升有效内需，从而拉动经济增长，而且，上一节所分析指出的它对于生存安全的保障由于一定程度地消除、缓解了人们对于未来生活的后顾之忧，从而能够提升人们当下的消费动机，释放当下真实的消费潜力，这一点，从目前中国一方面消费疲软，另一方面银行存款反而提升这一现象中恰恰可以得到反证：如果对未来的生活保障缺乏信心，人们就会自我遏制当下的消费需求，而通过诸如储蓄等方式为未来生活安全寻求保障。

社会政策支持经济发展的另一个方面，就是通过生育保障、儿童福利、义务教育和其他教育促进政策、医疗保障和公共卫生政策、各种健康服务计划等，来促进人力资源再生产，从为市场提供和保障需要的合格劳动力商品。这一点应该是显而易见的。

三、社会政策的"效率"：迈向福利多元主义和发展型社会政策

在现代市场经济的循环中，社会政策通过一定程度提振消费、通过促进和保障人力资源的再生产，能够发挥支持经济进一步发展的作用。这是实情，但不是实情的全部，而只是实情的一个方面，实情还有另一个方面，这另一方面是，社会政策也确实给经济的增长和发展带来了妨碍和压力。这主要表现在：第一，由于西方福利国家体系是在战后经济繁荣时期建立起来的，一开始起点就很高，同时，公民一旦获得某种福利就会努力捍卫而不会让它再失去，并且还会努力争取更多、更高的福利（这就是所谓"争取应享权利的革命"），这就要求政府不断为社会政策增加融资，增加融资的基本方式无非是提高税收，这必然会影响、妨碍市场中的企业的生产性投资，从而是经济增长乏力。第二，高水平的福利，加上作为工会等劳工组织的影响力（这实际上也是社会政策之社会性规制作用的体现），造成和增加了劳动者的福利依赖，影响了劳动者的工作积极性。第三，在20世纪80年代之前，西方主要福利国家大都由政府部门直接负责福利服务的供给传递，而政府的官僚体制（科层制）性质，决定了其供给传递效率的低下。以上这三点，实际上也就是"右翼"对于福利国家的批评

的基本着眼点。[1]

针对社会政策与经济发展之关系的这"另一面",以及"右翼"的批评(同时也是针对 20 世纪 80 年代以来以"里根经济学"和"撒切尔主义"为代表的新自由主义政策带来的"不公平"),社会政策开始了自我调整,自我调整的基本取向,在笔者看来,主要在于如何在坚持公平这一社会政策的基本价值的同时,提升社会政策的"效率",包括福利供给的效率和对于经济发展的支持作用。

自我调整的一个体现,是福利多元主义转向。作为理论,福利多元主义本身有多种派别(如罗斯等将福利提供者分为国家、市场和家庭,奥尔森分为国家、市场和民间社会,伊瓦斯则分为市场、国家、社区、民间社会,约翰逊则分为国家、市场、家庭、志愿组织,等等),但其基本精神或倾向是一致的,那就是福利供给者不是也不能是只有政府公共部门,而可以由公共部门、营利组织、非营利组织、家庭和社区共同负担,政府的角色则转变为福利服务的规范者、购买者、监管者、仲裁者以及使其他部门从事服务供给的促进者。从"效率"的角度看,这个转向中最值得注意的是两点。第一是对志愿结社以及社区、家庭等非正式部门在福利供给中之作用的重视和强调,这些供给主体最接近福利需求者,对他们的需要觉知敏感,反应敏捷。第二是在福利服务的提供上,引入了"准市场",从而在福利服务的提供上引入了竞争机制,也给了福利消费者以选择权。"准市场"的引入大体有两种方式,一是政府向社会组织、市场组织购买服务;二是政府向消费者发放福利券,消费者在不同的福利提供者之间选择服务。

自我调整的另一个体现,是发展型社会政策日益受到重视。着眼于福利与经济之间关系,社会福利可以分为消极的社会福利和积极的社会福利,也即输血式福利和造血式福利,前者一般持有福利与经济发展冲突对立的观念,后者则秉持福利与经济协调融合的理念。正是在积极福利的理念下,发展形成了社会投资理论。在第二讲我们就曾提到,"第三条道路"的倡导者吉登斯认为,今天,社会应当倡导一种积极的福利(positive wellfare),积极福利的基本原则是:在可能的情况下尽量在人力资本上投资,而最好不要直接提供经济资助。为了取代"福利国家"这个概念,从而提出'社会投资国家'(social investment state)这个概念,这一概念适用于一个推行积极福利政策的社会。[2]香港大学教授梁祖彬指出,近年来,一些国际组织(如世界银行、经济合作组织和欧盟等)和政

1　奥菲:《福利国家的矛盾》,第 3–6 页。
2　吉登斯:《第三条道路:社会民主主义的复兴》,第 121–122 页。

策分析家致力于寻求一种融合社会福利政策不同概念的模式。这些理论的一些共同观点是：①社会政策与经济政策应该互相融合、互相补充；②社会政策应该以社会投资为导向，寻求多种方式来发展社会资本与人力资本，从而提高人们参与经济发展的能力；③政府、私营组织和社会组织之间必须围绕社会的整体目标展开合作，分别做出各自的贡献；④社会政策研究者要为社会投资对经济增长的贡献以及社会政策缺失导致社会经济成本上升的这一观点提供有力的证据。[1]内地学者时立荣也认为，社会投资理论在兜底保障的"底线公平"基础上，强调福利的"造血"功能，主张将福利投入转变为社会投资。它强调以下几点：第一，核心价值是"赋能"，对贫困的个人赋能，对社区赋能，政府、个人、企业、社会组织和市场活动都围绕促进参与社会经济活动展开。赋能使个体、家庭、群体和社区得以提升自主工作和变革的能力，从而预防贫困风险，摆脱对福利救助的依赖。第二，进行社会投资，使福利与工作联系在一起，创造各种就业机会并提供工作报酬，增强失业者对劳动力市场需求的反应能力，从而解决贫困群体因失业导致的生活贫困和服务保障不足。第三，通过获取工作的能力，激发个人的自尊心和成就感，提升福利对象的主体性，使之形成内在动力去获取资源和公平竞争的机会。第四，追求社会可持续发展。作为投资，社会投资要有产出，其产出不仅仅要对经济收益有所贡献，更重要的是，对教育等的人力资本投资要有助于劳动力再生产和社会资本产出，如促进互助支持、合作信任、分享，维护社会成员的关系等。[2]

发展型社会政策，正是社会投资理论的政策化、具体化、操作化。它将社会政策视为一种福利性社会投资行为，改变了把社会福利政策作为非生产性的消极社会支出或社会负担的传统观念，以人力资本和社会资本为投资对象，努力促进和实现社会政策和经济政策的融合。它强调两个方面：①经济的发展必须是包容、协调和可持续的发展，其中的核心是要让社会的所有成员能够分享到经济发展所带来的成果；②社会福利应以社会投资为导向，其目的是提高人们参与经济的能力。而要实现经济与社会政策的整合目标，社会福利必须投资到具有促进人力资本、就业、社会资本、劳动技能，以及低成本高效益的社会项目上，并要致力于消除社会成员参与经济的障碍。此外，发展性社会政策还强调个人的职责、非营利组织的参与，以及国家和市场的共同作用。于此，发展型社会政策与福利多元主义汇合了起来。总之，就像吉登斯说的那样："一个积极改革的福利国家——积极福利社会中的社会投资国家——应当是什么样的呢？

1　梁祖彬：《演变中的社会福利政策思维》，《社会福利》2012年第1期。
2　时立荣：《社会企业的发展逻辑》，北京：中国人民大学出版社，2023，第52-53页。

被理解为'积极福利'的福利开支将不再是完全由政府来创造和分配，而是由政府和其他机构（包括企业）一起通过合作来提供。这里的福利社会不仅是国家，它还延伸到国家之上和国家之下。比如对污染的控制从来都不是中央政府一家的事，但这件事无疑是与福利发展直接相关的。在积极的福利社会中，个人与政府之间的契约发生了转变，因为自主与自我发展——这些都是扩大个人责任范围的中介——将成为重中之重。这种基本意义上的福利不仅关注富人，而且也关注穷人。积极福利的思想将把贝弗里奇所提出的每一个消极的概念都置换成积极的：变匮乏为自主，变疾病为积极的健康，变无知为一生中不断持续的教育，变悲惨为幸福，变懒惰为创造。"[1]

第三节　企业的社会责任和企业家的"社会意识"[2]

社会投资、发展型社会政策，是"社会"向"市场"的借鉴；接下来在本节中要讲的，则可以说是"市场"向"社会"的靠拢。当然，不同的社会立法、社会政策，通过相应的税收、规制等手段，会对这种靠拢产生不同的影响。

一、企业的社会责任

在全球第一个针对企业的社会责任认证标准SA8000由总部设在美国的"社会责任国际"发布之后，企业社会责任问题曾引起普遍的热议。不过一直到今天为止，无论在学界还是业界，关于企业社会责任问题一直存在不同的意见和声音。这种不同的意见和声音至少发生在三个不同的层面。

第一，企业需不需要承担社会责任？以密尔顿·弗莱德曼为代表的"传统主义"观点认为，企业的责任就是在一个自由而开放的竞争环境中追求最大的利润，为社会提供最低成本的产品和服务，只要企业不从事欺诈行为，即是尽了其责任。换言之，除了以合法合规的行为为股东争取最大利润，企业不负有其他社会责任。与此相反，以克里斯托夫·D.斯顿、罗伯特·爱默德等为代表的另一派意见认为，企业必须考虑更多的社会因素，必须扩大其社会责任，这是因为：其一，企业承担更多的社会责任对于企业本身有好处，比如通过促进就业增加整个社会的购买力，企业也可从中获利；其二，企业是社会的一部分，如果社会的需求不能满足，企业也必将蒙受其害；其三，如果企业不负社会责任，人们就会要求政府管制企业，甚至打击企业；此外，许多社会问题的产生本身与企业

1　吉登斯：《第三条道路：社会民主主义的复兴》，第132页。
2　本节由浙江省委党校社会学文化学教研部教授冯婷撰写。

行为有关，企业有道义上的责任参与解决。[1]

第二，如果肯定企业必须承担更多的社会责任，那么，这些社会责任具体包括哪些？对此大体存在四种不同的观点。其一，"有限度的超经济主义"观点：在肯定企业的基本责任是利润最大化的同时，认为企业必须在把消费者放在首位的顾客导向、把有意义的就业作为商业首要目标的员工导向和平衡利益相关各方的利益相关团体导向之间作出理性选择。其二，皮特·普拉利的"核心道德责任论"认为：在最低水平上，企业须承担三种责任，即对消费者的关心，对环境的关心，对最低工作条件的关心，此三者为企业"最低限度的核心道德责任"。其三，乔治·恩德勒的"多层次企业责任论"：认为企业的社会责任范围包括经济责任（如利润最大化、提高生产率等）、社会责任（如尊重法律、尊重社会习俗文化传统等）、环境责任（如致力于可持续发展、节省自然资源等）三个方面，而每一个方面又都可分为"最低限度的道德要求""超出最低限度道德要求的积极义务"和"理想的道德要求"三个层次。以环境责任为例，企业的最低责任是不污染环境，积极义务是保护环境，理想责任是改善环境。其四，阿齐·B.卡罗尔的"企业社会责任金字塔"认为：企业社会责任包括盈利之经济责任，守法之法律责任，合乎伦理地做事的伦理责任和成为良好的企业公民之慈善责任，这四种责任构成一个金字塔，经济责任处于最底层，其上依次为法律责任、伦理责任、慈善责任。[2]

第三，企业必须承担社会责任的原因、理由是什么？在主张企业除了利润最大化之外还应该承担更为广泛的社会责任的人之中，对此大体可分为两种立场。其一是从企业出发、以企业为本位的立场，即认为企业之所以必须承担社会责任，乃是企业自身利益、自身发展的需要，如可以塑造企业形象、改善公共关系、扩展消费市场等。这可以称之为一种着眼于自利的工具主义企业社会责任观。其二是从社会出发、以社会为本位的立场，即认为企业之所以必须承担社会责任，是因为企业是作为社会的一个组成部分而嵌入社会之中，企业为社会存在而不是相反，并且，企业的行为会对社会产生经济的、政治的、社会的、文化的、环境的等诸多影响。如我国学者资中筠就认为，之所以要特别强调企业社会责任，是因为大量的社会资源和财富集中在企业手中，他们处于强势，责任与能力应该相应；同时，企业如何使用财富（实际上还应包括"如何赚取财富"——引者），会对包括社会稳定、普通百姓的生活乃至社会风气等等产

1　谭忠诚：《企业社会责任的几个问题》，《武汉科技大学学报》，2003 年第 1 期。
2　龚天平：《企业伦理学：国外的历史发展与主要问题》，《国外社会科学》，2006 年第 1 期。

生很大影响。[1] 这种立场可以称之为着眼于整体社会福利的伦理主义的企业社会责任观。

二、企业家的"社会意识"

不过，需要指出的是，伦理主义企业社会责任观与工具主义企业社会责任观有一点是一致的，那就是都承认、肯定企业与社会之间的紧密联系，都承认、肯定企业的运行既受制于社会、又影响着社会。就此而言，两者实际上都要求作为企业运行之主导者的企业家具有一种自觉的"社会意识"（social consciousness）。所不同之处只在于，工具主义企业社会责任观往往主要着眼于企业的运行在客观上"受制于社会"，因而其"社会意识"所关心的是如何营造一个有利于企业运行发展的社会环境；而伦理主义企业社会责任观则在肯定企业运行受制于社会的同时，更加关注企业行为之客观的社会影响和后果，因而，从"行为者应该对自身行为及其结果负责"的伦理精神出发，其"社会意识"更多地表现为如何警惕、防止、减少、补救自身行为之消极的社会影响和后果，如何以自身的行为、资源来促进社会整体的和谐运行和共同福祉，从而使企业真正成为整体社会的一个有机的和谐因子。

作为一个社会政策研究领域中具有特定含义的概念，"社会意识"最早是由著名社会政策研究专家、阿姆斯特丹大学社会学教授阿布拉姆·德·斯旺在其研究西欧和美国社会政策演进发展的著作《在国家的照护下：现代欧美的健康照护、教育和福利》（1988）一书中提出，特指作为福利国家精英面对贫困、社会不平等问题之心智状态的一系列认识体悟。在该著作中，德·斯旺聚焦于推动社会精英人士投身于反贫困、反不平等的集体行动的进程，将宏观历史进程分析和微观政策决策的考察结合在一起，指出，国家层面上之反贫困、反不平等的集体行动得以采取的一个前提条件，是"社会意识"在社会精英中的形成和发展。后来，德·斯旺及其合作者又将这个概念援用到了对巴西、菲律宾、孟加拉国、海地、南非等发展中国家的精英们对于贫困和不平等问题之认知的研究中。[2] 按照德·斯旺的界定，社会中的精英人士如果具备下述三个方面的认识体悟，就表明他们拥有"社会意识"。

（1）他们意识到，在社会中，各社会群体之间是相互依赖的，特别是，他们意识到贫困的存在对于精英本身具有客观外在的影响，无论他们将这种影响视作威胁还是潜在的机会。

1　资中筠：《资中筠自选集：感时忧世》，桂林：广西师范大学出版社，2011，第80页。
2　Reis, Moore: *Elite Perceptions of Poverty & Inequality*, New York: Zed Books Ltd. 2005.

（2）他们认识到，作为精英阶层的成员，他们对穷人的状况负有某种责任。

（3）他们相信，改善穷人之命运遭际的可行而有效的方式途径是存在的，或者是可以创造出来的。[1]

"社会意识"的上述三个要素涉及精英思想的三个不同的层面：要素1是关于生活于其中的社会状况的事实判断，它要求精英成员具备一种"社会学的"眼光；要素2既包含事实判断（就意识到他们的行动与穷人的生活状况具有因果关联而言），也包含着一种关于他们应该对穷人做点什么的道德评判和意识；要素3则要求精英们接受并支持某些集体或公共机构（政府的或非政府的）之行动的干预，以改变现状，涉及行动。德·斯旺进而指出，精英对于贫困、对于穷人、对于社会不平等的"社会意识"存在三种可能的情况：第一，他们根本没有意识到社会群体之间的相互依赖、相互影响，因而对于这些问题全然冷漠；第二，他们相信这些问题的存在对于他们自身的生活事业而言是一种威胁（如传染病的传播、犯罪、骚动、叛乱等）或潜在的机会（如作为潜在的消费者、后备军、廉价的仆佣等），因而关心这些问题，但是他们不认为有什么真正有效的办法可以解决或改变这些问题，因而在行动上无所作为，只是消极地听凭这些问题存在；第三，他们对于这些问题的关切、他们对于有效行动的信念促使他们去采取行动来解决、改变这些问题。

在德·斯旺及其合作者这里，"社会意识"是用来考察描述一般意义上的社会精英，即处在相当程度上能够掌控政治的、经济的、社会的、文化的等各种资源的位置上、在制定公共政策、采取公共行动的过程中起着主导作用的那些人的心智状态的，而我们在此所特别关注的，是企业家的"社会意识"。当然，企业家无疑是社会精英的组成部分，因此，德·斯旺等关于精英"社会意识"的一些研究判断，如认为精英们体现在前述三个方面的"社会意识"越充分，则其越有可能投身于反贫困之行动等，应该也适用于企业家。但是，企业家作为直接掌控着生产手段和财富的经济精英，毕竟是精英中的一个特殊的部分，其"社会意识"也自有其特殊的体现，如"各社会群体之间的相互依赖"在这里就会特别体现为对于企业家身家性命之所系的企业与社会之关系的意识。同时，从上述伦理主义的企业社会责任观出发，企业家"社会意识"的社会针对也应该有更广泛的对象，而不应只是针对贫困或穷人问题。因此，笔者以为，针对企业家这个特定的群体，不妨对德·斯旺关于"社会意识"的三个要素稍作如下调整。

1　Swaan: *Elite Perceptions of the Poor: Reflections on a Comparative Research Project*, in: Reis, Moore: *Elite Perceptions of Poverty & Inequality*, New York: Zed Books Ltd. 2005, pp.186–187.

（1）企业家们是否自觉地意识到，企业与社会之间是彼此紧密联系相互依赖的，特别是，他们是否意识到，各种社会问题的存在对于他们及其企业具有无法避免的影响，无论这种影响是一种威胁还是潜在的机会。

（2）企业家们是否意识到，作为直接掌控着生产手段和大量财富、主导决定着企业行为的经济精英，他们对社会问题负有某种责任。

（3）企业家们是否认为，解决、缓解各种社会问题的可行而有效的方式途径是存在的，至少是可以创造出来的。

以此三个要素来衡量，中国企业家的"社会意识"又如何呢？基于笔者的一些调查观察，[1] 基本判断如下。

第一，在较笼统、一般的层面上，企业家们都能认识到企业与社会之间乃紧密联系相互依赖的，都肯定作为市场主体的企业乃嵌入于社会，社会的关系结构、运行状况对于企业行为及其结果有着巨大约束作用。不仅如此，不少企业家对于一些具体的社会问题如何影响、约束企业的运行与发展也有比较明确的认识。如，贫富两极分化的态势对于企业所依赖之市场的影响，环境问题对于企业与社区关系的恶化，犯罪、冲突等威胁社会稳定的问题对企业长期发展所依赖之可预期的社会环境的影响，结构性失业对企业转型的约束，以及一些价值、心态方面的问题（如信任危机、怨恨情绪等）对于企业运营成本、企业合作精神的危害，等等。当然，也有一些企业家将某些社会问题的存在（如失业）视作是对自己有利的机会。

第二，绝大多数企业家都不否认企业行为与当前社会上存在的一系列问题是有因果性关系的，典型的如环境污染问题、劳方权益受损问题、腐败问题等（当然，没有人将这些问题具体与自身企业的行为联系起来）。与此同时，多数企业家又都认为，企业家的行为是在既有的环境约束条件下作出的理性选择，在中国，又特别是在政府行为（包括政策）的约束下作出的选择。在资方、劳方、政府三者关系中，企业家们比较回避谈劳资关系，而更多地关注自身与政府的关系；在市场、社会、国家的关系中，企业家们也更多地关注市场与国家的关系。企业家们普遍地觉得，在资本与权力的关系中，资本是相对弱方。与此相应，企业家虽然不否认自身应该、也能够对解决、缓解有关社会问题承担责任，但普遍都认为，决定性的责任主体是政府；而且，不少认为企业应对解决社会问题承担相应责任的企业界人士，包括那些已经投身于公益慈善事业的企业家，都认为政府的行为、政策，国家的法规，很大程度上约束着企业界对于

---

1 冯婷：《社区与社团——国家、市场与个人之间》，第四章、第七章；王小章、冯婷：《精英对贫困问题的认知和精英的社会意识》，《江苏社会科学》，2009 年第 4 期。

解决社会问题的责任意识、责任担当。

第三，关于解决、缓解各种社会问题的可行而有效的方式途径问题，企业家们的认知中比较有意思的，或者说值得注意的有两点：其一，多数企业家都将一系列社会问题的出现和存在归结为"历史性"的现象，即认为这些问题的出现和存在乃是经济社会发展或者说社会转型过程的"必然"现象；其二，企业家们也不完全否认，有些问题在现有的历史条件下是可以解决，至少是可以缓解的，但与上述第二点相联系，那些可以解决、缓解社会问题的方式、手段在多大程度上得以被实际地采取，从根本上取决于政府的意志。

思考题：

试分析社会政策与市场经济的关系。

什么是发展型社会政策？

怎样理解企业的社会责任？

多维关系中的社会政策

　　无论是社会性支付，还是社会性规制，都是对人与人之间关系的调节。假如社会就是靠各种人与人之间的关系结合起来的，关系是社会的本质，那么，社会政策可以说正是通过调节、调整人与人的关系而调节和维护社会及其运行。不同的政策对于各种社会关系、对于社会会产生不同的影响，反过来，以不同类型的社会关系为视角，也可以看出社会政策的不同侧面。在这一讲中，我们将从阶层关系、性别关系、族群关系以及城乡关系这四类关系，来分析讲解社会政策在其中扮演的角色。

第一节　阶层关系与社会政策

社会分层是在社会分化的过程中，不同的社会成员由于所处的外部环境以及自身因素方面的差异，一些成员得以享有更多的社会有价资源，占据更为优越的社会地位，从而使所有社会成员之间呈现出尊卑有序的不同等级、不同层次的现象，它反映了社会成员之间的一种结构性的不平等。狭义的社会分层概念将阶层与马克思主义意义上的阶级分开，而广义的社会分层概念则把阶级分化看作阶层分化的一种特定形态。我们在此处所采用的是广义的分层概念。在这个意义上，则从前面第二讲关于社会政策发展之简要历程的介绍可以看出，现代社会政策正是从调节阶层（阶级）关系发端肇始的。

自有文字记载以来，人类历史上一直有一个引人注目的现象，一方面，人人平等的大同梦想始终萦绕在人类脑际，另一方面，在所有所知的历史和社会中，无不存在着社会分层。于是，在认识社会分层现象方面，就出现了一个问题，既然分层现象不符合大同的人类梦想，那么，为何社会中总存在分层现象，如何看待社会分层在社会历史中的作用？在这方面，功能主义和冲突理论代表了两种对立的立场。功能主义分层理论认为，社会分层之所以发生和存在，是因为分层对社会的存在和发展有积极作用，分层是由社会的需要产生出来的。结构功能主义的宗师帕森斯认为，社会分层是与社会必要性相适应的，是建立在每个社会最高价值之上的等级制度。在一个社会中，究竟哪些工作对社会更重要、更有用，这在很大程度上是由一个社会的价值体系所决定的。而社会的价值体系，帕森斯一方面将其与社会需求或者说社会系统存在的功能先决条件联系起来，认为所有社会的基本需求或功能先决条件都是类似的，因而不同社会的价值体系具有共通性；另一方面，帕森斯又认为，不同社会对于不同需求或功能先决条件之满足的迫切程度或重视程度是有区别的，因此，不同社会的最高价值又是有区别的。这就造成不同社会在分层标准和结果上的区别。在功能主义的基本观念下，戴维斯和摩尔进一步认为，任何社会都要以某种方式将个人分配到不同的地位上，并且引导这些个人完成与这些社会地位相联系的任务。在《社会分层的一些原则》一文中，戴维斯和摩尔表述了功能主义关于社会分层的一些基本观点：①在众多的社会需求中，生存是最基本的需求；②生存需求的满足是通过履行各种社会职业的角色来实现的；③但是，这些职业对社会生存的价值不等；④某些重要的职业需要经过长时间的培训，它们的功能运转直接影响着社会生存；⑤为了生存，社会创造了各种形式的报酬刺激，促使某些人乐于接受重要职业所必需的培训；⑥报酬的不平等分配导致了各种形式的社会分层，从某种意义上讲，社会分层的形式是与社会价值、历史背景等因素分不开的；⑦通常，一个职业与社会生存的关系越紧密，从事这一职业的人领取的报酬就越高，从而他们在社会阶层结构中的地位也越高；⑧除了职业对社会生存之价值的高低，报酬的多寡还取决于"人才匮乏"的程度：对只有极少数人才能够胜任的重要职业的报酬要高，反之，则无需太高；⑨简言之，社会分层是社会进化的一种途径，它保证了社会生存的机会；⑩因此，在复杂社会中，分层是不可避免的，它对社会的生存有着积极的功能。[1]

从马克思的阶级学说中汲取灵感的现代社会冲突理论对于社会分层现象作出了与功能主义截然对立的解释。马克思认为，阶级分化根本不是社会报酬公正分配的结果，因为占有生产资料的阶级总会凭借其对生产资料的占有来剥削、压迫不占有生产资料的阶级，并且还会通过其掌控的国家机器、意识形态来千方百计地维护其统治地位，维护这种剥削、压迫关系。在这种情况下，不占有生产资料的被统治阶级是不可能获得应得的社会报酬的。在这种观点启发下，1953 年，美国普林斯顿社会学教授图明就在戴维斯和摩尔发表上述文章的同一家杂志《美国社会学评论》上发表了同体论文《社会分层的一些原则——评论与分析》，从冲突理论的立场揭示了社会分层的功能弊端，从而否定了戴维斯和摩尔的观点。图明指出，首先，社会分层严重限制了那些非特权阶层的机会，阻碍了社会智力的大规模开发和利用。其次，社会分层具有维护现状的作用，而这种作用在现状不利于社会发展和进步的情况下也依然存在。社会特权阶层可以将他们的观念强加于社会，用规范的形式使人们相信和承认既定社会不平等现象的存在，无论在逻辑上还是道义上都是合理的、正当的。最后，图明指出，由于社会分层制度植根于不公平的报酬分配，因而往往会引发非特权阶层对特权阶层的对立、不满、怀疑和不信任，最终导致社会的动荡和骚乱。[2]

功能主义和冲突理论在对社会分层现象的解释理解上各执一端。伦斯基的理论则代表了一种综合的尝试。伦斯基认为，功能理论和冲突理论都有一定的经验效度，两者应该结合起来，以对社会分层现象做出更准确的分析。一方面，社会的利益与该社会所有成员的利益确实从未协调一致过，因而冲突理论说明了真理的一个方面；另一方面，功能主义也有一部分是真实的，因为任何社会都存在着部分的整合一致，任何社会都隐隐约约地依据某些规范在运转。简而言之，正是因为任何社会都总是存在着整合，而又总是不完全不完善的整合，所以这两种理论都是有价值的，又都是不充分的。社会生活中，既存在共契，也

1　Davis, Moore: *Some principles of Stratification*, American sociological Review, 1945, 10(2): 242-249.

2　Tumin: *Some principles of Stratification: A critical review* , American sociological Review,1953,18(4): 387-394.

存在强制，合作与冲突是现实社会生活的两大组成部分。伦斯基认为，社会分层问题事实上就是社会资源如何在社会成员之间分配的问题。而社会资源事实上可以分为两大部分：一是社会及其成员生存所必需的基本资源，二是除此之外的剩余资源。这两部分资源的分配方式是不同的。前者按需要来分配，使全体成员都拥有不可缺少的一个份额。基本与功能主义所说的契合。后者则通过相互竞争的集团之间的冲突来分配，在此能力和权力很大程度上取代了需要。伦斯基进而指出，我们必须以大历史的眼光，在历史发展进程中来考察分层。因为不同的历史时期，社会资源的丰富程度不同，剩余资源的有无多寡不同，占主导地位的分配方式不同，从而社会分层的特点也不同。在生产力水平十分低下的人类早期狩猎采集社会或某些园耕游牧社会中，几乎没有什么剩余产品，分配基本上是按需要进行的。而随着生产力水平的提高，出现了越来越多的剩余资源，分配剩余资源的问题就显得重要起来，于是人们自然会为分配这些资源而发生冲突。由于人们为参加这种争夺所作准备以及所拥有的条件不同，就难免出现社会不平等。伦斯基承认，一定程度的分层对社会有积极功能，但多数社会中的分层大大超过了它们需要达到的程度，分层形式往往在它们已经变得毫无益处的情况下依然存在。不过，伦斯基又指出，在当今许多比较发达的工业社会中，一方面社会流动在增加，另一方面，不平等的程度也有所缓和。这是因为工业化为人们提供了更多的资源，中间阶层更加壮大，下层阶层则大大缩小，并且这些社会还辅以社会福利、社会救助，以及提高所得税等调节收入差距过大的社会再分配政策。

依照伦斯基的综合理论，实际上可以这样来理解现代社会政策对于现代社会分层的调节。在对于社会成员生存所必需的基本资源的分配上，要坚持按需要来分配，在此，社会政策必需要有强有力的介入，要直接通过再分配来确保全体成员都能平等地满足其基本需要，这也可以说是社会政策维护现代社会的底线公平。而对于除此之外的其他资源，则需要通过公平而自由的竞争来分配。当然，为了维护竞争的公平，为了不至于让竞争导致过于悬殊的分化，在此同样也需要社会政策的介入，只是介入的方式、手段可能有所不同，比如通过教育政策来努力营造公平的竞争起点，通过必要的社会性规制来遏制市场演变成弱肉强食的"丛林"等。

功能理论与冲突理论在看待分层现象上的对立，在某种意义上实际上提醒我们，不能绝对地说社会分层是社会公正的体现，是社会秩序的来源，或者相反，说社会分层是一种社会不公正，因而是社会对抗、社会冲突、社会失序的渊薮。社会分层本身有各种不同的表现和形态，这些不同分层形态的社会意义是截然不同的。因此，正确的提问方式应该是，社会分层这种现象的存在具体在何种情形、何种条件下是社会正义、社会秩序的体现、社会整合的条件和依托，又在何种条件、何种情形下是不正义、不公平的表现，是社会冲突、社会失序的根源？社会分层现象本身又可以分为社会分层的结构形态和社会分层的机制两个方面，前者包括社会分层的性质（开放的分层结构还是封闭的分层结构）、社会分层的形态结构（是金字塔形、橄榄形，亦或如图海纳所言的"一场马拉松"）、分层结构中社会成员之地位的一致性和不一致性（即衡量社会地位的各个维度如收入、权力、教育、声望等之间的相关性），后者即各种有价值而稀缺的资源在社会成员中的分配方式，它导致了社会成员社会地位的不平等。[1]现代社会政策对于社会分层的调节，也就是在现代社会基本的价值共识之下（见第三讲相关讨论）针对现实中具体的社会分层结构形态和分层机制，通过相应的社会性支出和社会性规制手段，来帮助营造合乎现代社会之正义观、公平观，有利于现代社会之良性、有序地运行的社会分层形态。

从社会分层与社会秩序的角度，我们也可以援引罗伯特·默顿关于越轨行为的"结构性紧张理论"，来说明现代社会政策对社会分层的调节对于现代社会整体秩序和正常运行的意义或重要性。默顿指出：文化提出了作为普遍欲求的某些目标（如个人在获得财富上的成功），同时也明确指出了实现这些目标的社会认可的合法手段（如读书求学、努力工作等）。但是，社会不平等广泛存在的环境中，处于下层的人们可能很少或根本没有机会通过合法的途径去实现文化上的目标，结果，他们就有可能失去通过合法途径实现这些目标的兴趣，转而谋求以非法的途径去实现其向往的目标，因此越轨、犯罪行为往往会更多地存在于社会底层成员中。[2]而通过社会政策的调节，使社会底层成员也能够获得良好的教育等机会，同时促进各种竞争机会向所有社会成员开放，则显然有利于帮助消除底层越轨、犯罪的动因，从而有利于整体社会的有序发展。

第二节　性别关系与社会政策

性别关系无疑是人类社会无法回避的一种最基本的关系。在现代早期，市场资本主义推动了家庭和工作场所的分离，进而促进了女性与家庭生活之间的联系。与此同时，还相应地形成了一种支配女性的意识形态，即"家庭意识形态"（ideology of domesticity，即把婚姻和家庭置于从事有经济报酬的工作之上。

1　王小章：《社会分层与社会秩序——一个理论的综述》，《浙江社会科学》2001 年第 1 期。
2　默顿：《社会理论与社会结构》，第 223—296 页（第六章、第七章）。

这种意识形态滥觞于阶级体系的上层，并向下渗透到其他阶级。但是，对社会中不同阶级的妇女来说，所谓"女人的位置在家庭之中"这一观念显然具有不同的实质意义。在那些富有阶层，他们一般雇佣侍女、护士、仆人来料理家务；对于中间阶级的家庭来说，相夫教子的任务就落到了主妇身上，但这些任务却不再被看作"工作"，至少无法与支取薪水的生产活动相提并论；而对于工人阶级家庭中的大部分妇女来说，这一任务异常繁重，因为她们除了必须承担绝大部分琐碎家务外，通常还必须参加工业劳动。从19世纪一直到20世纪早期，从事有薪工作的妇女大部分来自农民或工人阶级家庭。因此，至少在20世纪之前，"在性别区分与阶级体系之间的确存在着明确的联系"。[1]也正因此，在资本主义发展的早期，对于阶级关系的关注压倒了对于性别关系的关注，在马克思主义的理论中，后者只被看作前者的一个从属。但是，随着资本主义本身的发展，特别是到了20世纪后期，随着女权运动和女性主义的高涨，性别关系越来越受到各门社会科学研究的重视。相应地，在社会政策研究中，从性别关系来理解社会政策体系的尝试和努力也越来越具有影响力。

武川正吾认为，现代市场资本主义是以劳动力成为商品为前提的，而着眼于性别关系的分析者指出，劳动力的商品化实际上是建立在薪资劳动和家务劳动区分的基础上的，因此，父权制也即性别差异化的社会关系实际上是现代市场资本主义的一个基础或前提。而现代社会政策体系的设计，则把父权制也即性别差异化的社会关系作为既定的前提，从而反过来又再生产并强化着这种关系。

资本主义以劳动力商品化为前提，但是，即使在资本主义制度下，也不是所有的劳动都被商品化。一方面，有些劳动因经济上的原因不能被商品化，大部分服务性劳动由于生产性较低、价格较高，难以形成有效的需求（如一般劳动者雇不起保姆）；另一方面，有些劳动因道德上的原因无法或被禁止商品化（比如，以前认为应该由家人照顾小孩和老人的社会观念很牢固，因此这些劳动很少被商品化）。由此，就必然产生没有被商品化的劳动，它们与被商品化并相应地获取经济报酬的薪资劳动区分开来，成为家务劳动。薪资劳动和家务劳动的区分是市场资本主义的一个重要的事实性基础。在资本主义制度下，家务劳动不能离开薪资劳动而单独存在（不可能存在独身的专职主妇），在此意义上，家务劳动以薪资劳动为前提；而另一方面，如果没有家务劳动，薪资劳动也不能成立，因为在资本主义体制下，仅靠薪资不可能满足所有的生活需要，特别是没有家务劳动，劳动力的再生产根本无法顺利进行。问题在于，薪资劳动和家务劳动的分化并不

1　吉登斯：《批判的社会学导论》，第94-96页。

是简单的分工，由于父权制的作用，它实际上成为一种压制。父权制是调节薪资劳动和家务劳动之间关系的机制，在父权制下，第一，薪资劳动凌驾于家务劳动之上；第二，人们根据性别被固定分配到两种劳动中去。问题在于，福利国家正是建立在父权制下的这种家务劳动和薪资劳动的区分之上的。有人指出，《贝弗里奇报告》中社会保险的目的就是保证以薪资劳动和家务劳动的性别分工为基础的现代家庭的再生产。也有人批评，福利国家的各种制度是以丈夫从事薪资劳动，妻子从事家务劳动的"标准家庭"为前提而设计的，因此对离婚的单亲家庭或单身老年女性等非标准家庭没有提供足够的生活保障。还有人指出，福利国家的各种制度把女性照顾小孩和老人的劳动视为理所当然而没有制度化。总之，福利国家优待"标准家庭"，并促使其再生产。[1]

美国女性主义学者、政治哲学家弗雷泽也指出，资本主义的经济子系统依赖于其外部的"社会再生产"活动，后者是资本主义运行的基础条件之一。资本主义经济体依赖于，甚至可以说是免费享受着维系社会纽带的照料服务，没有给予它们任何的货币价值。年轻人的生育和社会化是这一过程的核心，照顾老人、维持家庭、建设社区，以及维持支撑社会合作的共同意义、情感和价值观也是这一过程的核心。在资本主义社会中，大部分活动都在市场之外进行——家庭、社区、民间协会、非正式网络和公共机构，而且较少采取雇佣劳动的形式。无薪的社会再生产活动对于受薪工作的存在、剩余价值的积累，以及资本主义的运作都是必需的。若没有家务劳动、育儿、学校教育、情感关怀和许多其他活动，来支持工人培养和维系社会纽带，资本主义根本无法运作。社会再生产是资本主义社会得以进行经济生产不可或缺的背景条件。然而，至少自工业时代以来，资本主义社会便将社会再生产的工作与经济生产的工作相分离。将前者与女性相联系，后者与男性相联系；用"爱"和"美德"来补偿"再生产"活动，与此同时用金钱来补偿"生产性工作"。通过这种方式，资本主义社会创造了女性新形式从属地位的制度基础。它们将社会再生产劳动从更普遍的人类活动中分离出来，并将其归入被重新制度化了的"家庭领域"，掩盖其重要的社会意义。在这个新世界里，金钱成为权力的主要媒介，再生产劳动的无偿性证明：从事再生产工作的人结构性地从属于那些赚取现金工资的人，即使再生产工作是雇佣劳动必要的先决条件。[2]

弗雷泽认为，现存福利国家政策体系正是建立这样一种社会再生产的工作与经济生产的工作相分离的世界基础之上的。这一世界的核心，是"家庭工资

1　武川正吾：《福利国家社会学：全球化、个体化与社会政策》，第29-32页。
2　Fraser, "Contradictions of Capital and Care," *New Left Review*, 2016, vol. 100.

理想"。也即在这个世界中，人们被认为组成异性恋的、男性主导的核心家庭，家庭生活主要依靠男性的劳动市场收入，男性家长赚取的工资，足以供养孩子和全职主妇的需要，主妇则承担没有薪酬的家务劳动。弗雷泽认为，尽管无数的现实生活与这一模式并不相符，但是"家庭工资理想"存在于工业时代多数福利国家的结构之中。这一结构可以分为三层。第一层是社会保险计划，这些计划保护人们免受反复无常的劳动市场的伤害（同时保护经济免受需求不足的影响），从而取代了家计负担者用在疾病、残疾、失业或养老上的工资；许多国家特设了第二层计划，为全职主妇和全职母亲提供直接支持；第三层计划服务于"社会底层"，为那些不适用家庭工资情况而无权要求体面支持的穷人提供微不足道的、需要资产调查的、"羞辱性"的援助。[1]

但是，从 20 世纪后期开始，随着后工业社会的来临，当然，也与女性主义思潮和运动的兴起有关，"标准家庭"逐渐解体，"家庭工资理想"则无论从经验性上还是规范性上也都越来越站不住脚。[2] 于是，建基于"标准家庭"或"家庭理想工资"基础之上的福利国家体系也相应地需要更弦易辙。许多研究者，特别是不同类型的女性主义者，都纷纷提出各自的替代传统福利国家的、更加有利于性别平等的社会政策模式。

有人将女性主义分为主要的三种类型，它们各自有自己的社会政策社会福利观念。[3]

自由主义女性主义站在公正的立场上，主张公平竞争和机会平等，认为男女两性应当拥有同等的竞争机会。它关于社会福利、社会政策的行动纲领要点是：①争取法律改革，消除固有制度上对女性的歧视性措施；②为了确保妇女在社会上得到平等权利，应积极改善妇女的福利，因此必须争取妇女走进行政治决策的位置，以影响政策的制定；③要落实平等机会的原则，应注意妇女的就业训练及再培训的机会，并且推广在工作单位为雇员配备育儿设施；④通过与教育体系中的性别歧视和刻板印象作斗争，努力为育龄女孩提供平等机会。

社会主义女性主义站在历史唯物主义立场，主张把女性的社会地位分析置于传统的对资本主义的分析之中，认为女性社会地位不仅是理解资本主义的维度，也是构成家长制资本主义的一种特殊方式；对于资本主义生产模式的维持的

---

1 弗雷泽：《正义的中断——对"喉舌注意"状况的批判性反思》，于海青译，上海：上海人民出版社，2009，第 42-43 页。

2 武川正吾：《福利国家社会学：全球化、个体化与社会政策》，第 33 页；弗雷泽：《正义的中断——对"喉舌注意"状况的批判性反思》，第 43 页。

3 彭华民等：《西方社会福利理论前沿：论国家、社会、体制与政策》，北京：中国社会出版社，2009，第 170-173 页。

分析不能停留于生产领域中资本和劳动力的关系，而应该进一步考察家庭领域中的再生产过程。它在社会福利领域的行动策略要点是：①确认生产（公众）及再生产（私人）范畴的相互关系；②划分女性的生育及育儿的角色；③在经济及社会组织的过程中，个人的需要应被视为考虑的中心。

激进主义女性主义把男性对女性的统治看作父权制的结果，它不仅仅是资本主义的产物，而是在所有经济制度下都能够产生。在一个父权制的社会体系中，男性和女性属于对立的阶层，男性统治并控制着女性。许多激进女性主义者认为，性压迫问题不是父权制的社会关系如何与资本主义或种族主义相互作用，而是父权制如何创造出能够使其他形式的压迫得以产生的环境。在激进女性主义看来，只谋求法律上的改革并不能解决女性面对的最根本的压迫，因为政府是由男性操控的。女性必须自我组织，对性压迫进行反抗。因而，在社会福利领域中，它在推动女性特殊服务的建立中扮演了积极的角色，例如，建立女性避难所、强奸危机中心、堕胎诊所和女性健康中心，等等。

弗雷泽也提出了自己的替代性方案，相比之下，她的方案比较具有包容性。[1]

弗雷泽认为，站在女性主义的立场，后工业的福利国家体制首先有两种可能的方案。一种她称之为"普遍化家计负担模式"（universal breadwinner model），这种模式下，丈夫和妻子都工作，而靠市场或社会服务实现照护，这是美国大多数女性主义者和自由主义者当前的政治实践所体现的前景，它旨在通过促进女性就业来培育性别公平，其主要特征，是由国家提供有利于女性就业的服务，如托儿所的日托。第二种方案被她称之为"照顾者平等模式"（caregiver parity model），这种模式通过对家庭内的照护提供者支付社会性给付，把他们的地位提高到与在外工作者平等的位置。这是大多数西欧女性主义者和社会民主主义者当前政治实践所体现的前景，这一模式的主要特征，是国家提供照顾者津贴。这两种模式何者更为可取？弗雷泽从她提出的性别平等的七个原则进行了比较。

（1）反贫困原则：社会福利条款的首要和最明显的目标是防止贫困，那些使女性、儿童和男性陷于贫困的安排是不可接受的。

（2）反剥削原则：社会福利要有效防止对脆弱人群的剥削。那些没有其他方式供养自己和孩子的贫困女性，极易受到丈夫、血汗工厂的工头以及皮条客的剥削，而通过获得替代的收入，则将促进从属方在原先不平等关系中讨价还价的能力。

1　弗雷泽：《正义的中断——对"喉舌注意"状况的批判性反思》，第44~66页。

（3）收入平等原则：要实质性地缩减男性和女性收入上的巨大差距。

（4）休闲时间平等原则。在许多女性既从事有酬工作又承担无酬的、主要是家务劳动的情况下，在女性不成比例地遭受"时间贫困"的情况下，这种平等在今天具有极大的紧迫性。

（5）平等尊重原则：排除那些使女性客体化或轻视女性的社会安排，承认女性的人格，承认女性的工作。

（6）反边缘化原则：社会政策应该促进女性像男性一样充分参与所有社会生活领域，包括参与工作、政治和社会的组织生活。

（7）反大男子主义原则：社会政策不应该为了拥有对等的福利水平，而要求女性和男性一样，或要求其适应为男性设计的制度；反大男子主义原则要求男性规范去中心化，这一定意义上需要通过重估那些因为与女性相关而在当前被低估的实践和特点来实现，它既要求改变男性，也要求改变女性。

从上述七个原则比较"普遍化家计负担模式"和"照顾者平等模式"，弗雷泽得出了表7-1所示的结果。

表7-1

原则	普遍化家计负担模式	照顾者平等模式
反贫困	好	好
反剥削	好	好
收入平等	较好	差
休闲时间平等	差	较好
尊重平等	较好	较好
反边缘化	较好	差
反大男子主义	差	较好

在弗雷泽看来，尽管这两种模式相对于现状都意味着重大改进。但是，它们都假设了一些今天并不存在的背景条件：它们都需要重大的政治经济重构，包括对企业的大规模公共控制；都假定能够直接投资以创造高质量的长期性工作；能够对利润和财富进行足够高额度的征税，从而为庞大的、高质量的生活计划提供资金。在此意义上，这两种模式是乌托邦的。不仅如此，弗雷泽还认为，这两种模式实际上都不能很好地实现其承诺的性别平等。尽管两者都能很好地防止女性的贫困和被剥削，但在其他维度上，其效果要么不过尚可，要么不尽人意。因此，费雷泽提出了第三种替代方案，她称之为"普遍性照顾模式"（universal caregiver model）。

这个模式的一个关键，是使女性当前的生活模式成为每个人的规范，使男性在行为上更像现在的多数女性。今天的女性经常将家计负担工作与家务劳动结合起来，应该确保男性也同样行事。采用"普遍性照顾模式"的福利国家，将通过消除家计负担工作与家务劳动之间的性别对立来促进性别公平。它将把当前彼此独立的行为融合起来，消除其性别代码。它意味着摧毁现存的劳动性别分工，减少性别作为一种社会组织的结构性原则的特点。最终，它意味着解构性别。

当然，必须指出，弗雷泽的所谓解构性别，指的是解构今天那种已经被固定化了的社会性别模式；她所说的使女性当前的生活模式成为每个人的规范，也不是否定多样性，而只是在主张消除家计负担工作与家务劳动之间的性别对立。实际上，解构今天那种已经被固定化了的社会性别模式，消除家计负担工作与家务劳动之间的性别对立是一个方面，而在一系列社会政策的具体设计上承认并尊重男女两性在生理、心理上固有的差异从而做出相应的安排是另一个方面，否则，死板的所谓"一视同仁"就难免遭遇"男女有别"的尴尬。

第三节　族群关系与社会政策

在严格的意义上，族群（ethnic groups）应该与种族（racial groups）区分开来。种族是从生物学的标准上来区分的。现代种族主义之父约瑟夫·阿瑟·戈比诺伯爵曾经提出存在三个种族：白种人、黄种人、黑种人，并认为白种人拥有更优越的智力、道德和意志力，而黑种人是最低能的，带有动物的特性，缺乏道德，且情绪不稳定。第二次世界大战以后，这种"种族科学"受到了普遍的质疑。从生物学的角度看，不存在界限分明的"种族"，只有人类身体一定范围的差异。许多社会科学家认为，种族不过是意识形态的产物。这并不是否定人类群体之间存在明显的身体差异，而且其中有些是遗传的，但是，有一个问题，为什么在所有差异中是这些而不是那些被认为是种族分化的标志并引起偏见、歧视等反应？可见，所谓种族差异是被一个团体或社会的成员们挑选出来的、具有社会意义的身体差异。当"种族"被这样理解的时候，它就开始靠近"族群"的概念。族群指的是在文化实践和观点上区别于其他人类群体的群体，族群成员把自己看作在文化上与社会中其他群体不同的人，同样，其他群体也这样看待他们。区分族群可以依据不同的特征，但最常用的是语言、历史或祖先家世、宗教和服饰特点。对许多人来说，族群既是识别个体和群体身份的关键，也是自我认同的关键。因"族群"的含义完全是社会性的，因此社会学家通常使用这一概念，即使偶尔使用"种族"这个概念，实际上在今天也多半是在与"族群"接近的意义上来使用的。

就"文化上与社会中其他群体不同"而言，族群是所有人而非部分人所具有的属性。但是，在现实生活中，当涉及族群和族群差异时，特别是当这种差异意味着与"非族群的"社会规范、行为方式之间的显著差别时，族群往往意指有别于这个国家或社会中的主流民族、主流人群之外的少数族群或少数群体（minority groups）。也正因此，族群关系的核心问题实际上是少数族群与多数主流社会的关系问题，质言之，是少数族群的地位问题。

从近代以来的历史看，主流社会（或者说代表主流社会的国家或政府）在处理与少数族群的关系上，基本上可以分为排斥和接受两种模式，每种模式内部又有不同的具体处理方式。[1] 这些不同的方式，则直接影响着或者说体现在其各种不同取向的社会法规、社会政策上。

1. 排斥模式

排斥模式的根本是不把少数族群看作平等的人类群体中的一分子，而是看作人类的异类或人类中低等的群体。排斥模式的具体处置方式又可分为四种。

（1）消灭与种族灭绝。这是最绝对的排斥模式，即统治群体直接采取杀戮甚至灭绝某个少数族群的方式。这自然也就不会再有什么其他相应的社会政策。

（2）驱逐。强迫一个族群离开某一个地区或社会。通常对于被驱逐者在离开原居住地之后的生活也不会有相应的安排。

（3）政治区划。指某个国家为了使行政区划边界与某些民族区域更加一致的重组过程。例如在结束英国的殖民统治之后，印度为了解决占统治地位的印度人与人口众多的穆斯林少数民族之间的冲突，就采取这种办法。这种办法一般会在某种形式和程度的族群自治下，诸如教育、文化等方面实行该族群相应的政策措施。

（4）隔离。指基于族群特征而将人们在居住地、社会服务或其他设施隔离开来。这是一种国家内部的区隔，只是其确立的边界是社会和法律的，而不是政治的。被隔离的少数族群成员通常被迫生活在城市的一个法律禁止他们离开的特定地方，除非出去工作。而且可能不允许他们参加主导群体的教会或学校，不允许他们参加政府，也不允许他们在自己的族群之外结成任何形式的亲密关系。在隔离措施下，也可能会有一些相应的社会政策措施，但这种措施通常是不公平的、歧视性的。最典型的如美国的所谓"隔离但平等"。"隔离但平等"法律原则，是19世纪美国种族隔离政策的一种表现形式，由美国联邦最高法院在1896年"普莱西诉弗格森"案（Plessy v. Ferguson）中确立。该原则声称：只让白人坐车不让黑人坐车是不平等的，但让黑人不与白人一起坐车是平等的；只

1　波普诺：《社会学》（第十版），李强等译，北京：中国人民大学出版社，1999，第308-312页；吉登斯：《社会学》（第四版），赵旭东等译，北京：北京大学出版社，2003，第318-329页。

让白人小孩上学不让黑人小孩上学是不平等的，但不让黑人小孩与白人小孩一起上学是平等的。因此，在这个原则下，政府也为被隔离的黑人提供某些服务，比如教育。但实际上，黑人的学校和其他公用设施与白人的不可同日而语。该法律原则后来在1954年的"布朗诉教育委员会案（Brown v.Board of Education of Topeka）中被推翻。

2.接纳模式

这种模式试图使少数族群与主流社会群体处在一个平等的地位。具体有三种处置方式。

（1）同化。少数族群放弃自己的文化转而接受主流社会的文化，以此进入主流社会。在同化模式下，主流社会对少数族群的接纳以后者接受认同主流社会的文化为前提，因此，在此模式下的社会政策也多是促进和帮助少数族群学习、适应主流社会的语言、价值观念、生活方式，接受主流社会的文化。不能完全否定同化模式下少数族群对于主流社会的适应和进入对于社会平等的意义，但是，它在文化平等上不具有同样的意义，它不利于文化的多样性。

（2）融合。这种做法不要求少数族群根据主流社会的喜好来改变自己的传统，而是把所有的人都混合在一起，并产生一种新的、进化中的文化类型。在这种模式下，少数族群的传统和习俗没有被抛弃，而且还会促进形成新的社会环境。一定程度上，这个模式是美国文化发展的一种相对真实的描述。在那里，尽管"盎格鲁"文化还是一种最有影响力的文化，但它的某些特征已经反映出构成美国人口的许多不同族群的影响。在这种模式下的社会政策，通常以促进少数族群的平等而自由的社会、经济、文化和政治参与，尽可能取消各种妨碍少数族群自由平等参与和各族群之间交往的排斥性、歧视性规则为取向。

（3）文化多元主义。文化多元主义认为最合适的接纳方式是发展一个多元的社会，在这个社会中各种不同的"亚文化"都能获得承认。少数族群也是社会中平等的一分子，应该享有与主流人群相同的权利。族群差异作为更大范围之国民生活的重要组成部分应该收到尊重并值得赞扬。在文化多元主义理念下，一些国家如加拿大、澳大利亚、瑞典、荷兰，以及美国等尝试推行"多文化公民权"政策，但是，在实践中，作为群体权利的族群文化权利和一直以来占据主导地位自由主义的个体权利之间的关系存在着明显紧张。[1]

着眼于接纳的方面，也有人将国家与少数族群之间的关系建构分为"移民

1　乔帕克：《多文化公民权》，载伊辛、特纳：《公民权研究手册》，王小章译，杭州：浙江人民出版社，2007，第335-353页。

范式"和"族群范式"。[1] "移民范式"通常关注的是族群个体成员方面的特征，这些特征被用来解释少数族群成员相对于主流群体的不利地位，改变这些特征，尽可能使自己变得和主流群体的成员"一样"，就有可能改变自己的不利地位（这实际上有点儿类似于前面所说的"同化"）。"族群范式"则将少数族群看作一个整体，主要聚焦于形成族群不平等的结构性因素（这相当于前面所说的"文化多元主义"）。这两种范式在一定程度常常同时运转，但是哪一种范式占据主导地位，则往往反映出社会政策对少数族群的特别关注点是什么。比如，有的国家更为强调吸收国家规范和学习主流社会的语言是成为公民的条件，社会政策也往往以族群成员是否合乎主流社会的某些特定要求为其能否获得某些福利（如社会保障津贴）的条件，有些国家则采取文化多元主义的政策，推动对少数族群的文化保护。

无论采取何种范式，总体上，国家处理和影响族群关系的法律和政策可以分为两大类。一类是明确以族群为对象而制定的，直接影响族群关系。这一类又可分为两个层次：第一个层次是立法，也是最重要的。如我国《宪法》中的"民族平等"条款，1964年美国国会通过的付出种族隔离的《民权法案》等；第二个层次是在这些基本法律的基础上，为了具体推行或保障这些基本立法的条款而制定的一些比较具体的政策，如我国政府对于自治地区、少数族群的财政补贴、税收优惠、福利政策，针对少数民族的特殊计划生育政策，少数族群学校制度，印度尼西亚长期实行的不准开办华文学校的规定，美国《民权法案》废除在17个州仍然实行的禁止种族通婚的有关法案，等等。另一类是并不直接以少数族群为对象、但会间接影响到某些族群的利益和族群关系的政策。如提高畜产品价格的政策，会有利于主要从事畜牧业的族群。[2]

在族群关系视野下，20世纪下半叶以来的社会政策研究和实践关注了就业、收入、教育、住房、健康等政策领域，发现族群关系的不平等，或者说对少数族群所存在的各种形式的偏见、歧视和排斥，是造成这些领域中不平等的一个重要因素。也是从20世纪下半叶开始，大多数国家开始采取措施努力消除对于少数族群的这种偏见、歧视和排斥（当然其中也存在各种反复）。与此同时，鉴于这些偏见、歧视和排斥长久以来给少数族群（还有作为弱势性别的女性）所带来的损害，一些国家还采取了一系列积极的弥补性政策措施。其中最著名的，就是美国的旨在促进少数族群和妇女之平等权利的肯定性行动（affirmative

---

1 普拉特：《"种族"、少数族群和社会福利》，载阿尔科克等：《解析社会政策》（第五版），第261-262页。

2 马戎：《种族与族群关系》，载李培林、李强、马戎：《社会学与中国社会》，北京：社会科学文献出版社，2008，第329页。

action, 也译作"平权行动"或"平权法案")政策。肯定性行动政策为实现少数族群和妇女在入学、就业等方面的平等权利而设计,其基本观念是,长期的歧视、排斥使少数族群和女性在竞争入学、就业等方面处于不利的处境,因此,政策必须给予特殊照顾,要保证他们在入学、就业等方面的比例与他们在人口中的比例相当。应该说,肯定性行动在改善少数族群的处境方面是有效果的。当然,它也引发了不少争论,比如为了确保大学招生时少数族群成员的比例,从而淘汰了在学业表现上更为优秀的学生,是否公平?肯定性行动是不是只有利于少数族群中的上层而对于其下层则并没有真正积极的影响,也即肯定性行动并没有实质性惠及真正的弱势人群?等等。

第四节　城乡关系与社会政策

工业化带动了城市化,也带来了城乡差别,进而又在进一步的经济社会发展中,这种差别逐渐缩小,这是现代以来之世界的一个普遍的趋势。从社会政策的角度来看,由于诸如贫困、阶级对立等社会问题在城市社会中更为突出、也更为刚性,因此,现代社会政策实际上也是首先在现代工业集中的城市社会中出现,或者说,首先是针对主要出现在城市社会中的问题。不过,将城乡社会以非常刚性的制度几乎完全分隔开,并以此为基础来设计、制定整个社会政策体系的国家,则并不多。而在这不多的国家中,我国则是最为典型的。因此,本节主要针对我国的情形来讲述。

中华人民共和国成立之后,国家首先通过将生产资料的社会所有制(劳动者直接控制生产资料和过程)改造为全民和集体所有制(国家权力和集体代理人控制生产资料和过程),从而为国家权力控制社会奠定经济前提,在此基础上,建立起了严密的户籍制度,将国家赋予个人的各种权利、待遇与人们的国民(公民)身份相脱离,而与他们的户籍身份捆绑联系,从而从制度上高度约束了社会成员可能的社会流动和人口流动。在这样一种城乡分割分治的基本架构下,逐步建立起了我国的社会政策体系。这一政策体系在诸如教育、医疗卫生、社会保障等社会福利上的安排分配,在户籍不同的城乡居民之间是非常不平等的。这种不平等只要从一个数据就可见一斑:2003年,我国城市人均社会保障支出为1612元,占人均GDP的16.7%,同年,我国农村人均社会保障支出为16.7元,占人均GDP的0.18%,城市是农村的96倍。[3] 不过,尽管存在如此惊人的差距,

---

3　杨翠迎:《中国社会保障制度的城乡差别及统筹改革思路》,《浙江大学学报》,2004年第3期;薛兴利等:《城乡社会保障制度的差异分析与统筹对策》,《农村观察》,2006年第3期。

但在改革开放之前，由于城乡居民几乎完全隔绝不相往来，而各自内部又相当平等，因此，农村居民对于这种差距的体验并不是很强烈。以市场化为取向的改革开放不可避免地带来了城乡之间的人口流动，主要是农村人口向城市的流动，但是，户籍制度却没有随这种流动而同步改革，于是就出现了一个规模越来越庞大的农民工群体。正是这个身在城市中却享受不到与城市居民相同权利待遇的群体，最深刻、最集中地体验到了城乡之间的不平等，尤其是社会政策体系对他们的不公平。也正是这个群体，给城乡分割分治的社会政策体系带来了持续压力和最大的挑战，推动着我国户籍制度和基于这种制度的社会政策体系的不断改革。接下来，我们就从针对农民工群体的政策40多年来的大体变革，来看一看城乡关系视野下我国社会政策的演变及进一步改革的方向。[1]

一、改革开放以来农民工政策演变简要回顾

总体上，农民工这个独特群体在改革开放以来的产生与发展，受到农村对于剩余劳动力的推力和城市吸引剩余劳动力的拉力的共同作用，但在不同的历史阶段，这两股力量的作用大小、表现是不一样的，而政府基于我国特定户籍制度的农民工政策，则在这种推力和拉力之间发挥着或堵或疏或拒或迎的调节阀的作用。考察分析40多年来我国政府农民工政策的演变发展，大体上可以将其划分为三个阶段。

1.从严控到松动（1978—1988）

作为混合了社会制度身份、职业身份和经济身份的独特群体，农民工作为社会现象而非个别现象是随着20世纪70年代末80年代初中国农村以家庭联产承包责任制为核心的改革的开启而出现的。随着农村改革的深入推进，农村劳动力过剩的问题由原先的隐性状态日益转为显性状态，农村对剩余劳动力的推力由此显现，日后所谓的"农民工"问题开始以"农村劳动力转移"的问题形式呈现在人们眼前。大量从农业劳动中解放出来的劳动力需要转移到非农产业中。可供选择的转移方式主要有两种，一是"离土不离乡"，就地转移到乡镇企业中；二是"离土又离乡"，跨地区转移到城市务工就业。出于成本和风险的考虑，农民本身的首选是第一种方式，对于第二种方式，绝大多数没有能够被本地乡镇企业吸纳的富余劳动力，一开始基本上处于观望犹豫之中，真正勇下决心试水的人，虽然逐年在增长，但比之现在，可谓凤毛麟角。而此时政府的态度更是积极鼓励第一种转移方式，同时严格控制第二种转移方式。如1980年全

1　以上所述的内容基本出自王小章、冯婷的论文：《从身份壁垒到市场性门槛：农民工政策40年》，该文发表于《浙江社会科学》2018年第1期，《人大报刊复印资料·农业经济研究》2018年第4期转载。

国劳动就业工作会议通过的《进一步做好城镇劳动就业工作》和 1981 年国务院出台的《关于广开门路，搞活经济，解决城镇就业问题的若干决定》这两个文件，都在解开对城镇职工流动的禁锢、鼓励灵活多样的就业形式的同时，强调要严格控制农村劳动力的流动，尤其控制其涌入城镇；对于已经流入城市的农村劳动力，则要尽可能清退。

鉴于 20 世纪 80 年代中期以前城市经济体制改革尚未展开，城市经济对于剩余劳动力的吸纳能力有限，兼之在所谓三年自然灾害之后的人口出生高潮期出生的人口于此时开始进入就业年龄，再加上知青返城的浪潮，当时政府采取这种严控农村剩余劳动力进城的政策选择是可以理解的。但大量农村剩余劳动力需要转移就业同样是一个客观的要求。乡镇企业虽然就地吸纳了不少剩余劳动力，但还有相当数量的农村劳动力需要寻找出路。在经过了初期的犹豫观望之后，农村剩余劳动力中下决心"试水"的人逐渐增多，尤其是那些过去即有外出打工谋生之传统的地区，如浙江省的义乌、东阳、温州等。这种自发的、客观的态势并不是政府的政策举措所能完全遏止的。于是，在这个初期阶段就出现了这样一种情形，一方面是政府严格控制，反复清退，另一方面则是进城农民工不减反增。这种情形加之农村改革的巨大成功和城市就业压力的缓解，促使政府从 20 世纪 80 年代中期开始放松控制农民工进城的政策。1984 年 6 月国务院发布《矿山企业实行农民轮换工制度试行条例》，1984 年 10 月劳动人事部、城建环保部联合颁发《国营建筑企业招用农民合同制工人和使用农村建筑队暂行办法》，1984 年 12 月劳动人事部发布《交通、运输部门装卸搬运作业实行农民轮换工制度和使用承包工试行办法》。特别是 1985 年 1 月 1 日，中共中央、国务院发布了《关于进一步活跃农村经济的十项政策》，其中第九条指出，要"进一步扩大城乡经济交往"，要"在各级政府统一管理下，允许农民进城开店设坊，兴办服务业，提供各种劳务。城市要在用地和服务设施方面提供便利条件。"尽管措辞还比较谨慎，但相比于以前对于农民进城就业基本上都是严格限制的态度，这一文件显然传递了一种积极的信息，因此，可以说是国家关于农村劳动力流动政策变动的一个具有标志性意义的文件。值得一提的是，也正是从 1985 年开始，农村外出劳动力作为统计指标正式纳入统计体系，这也可以看作对农民外出务工这一事实的一个正式承认。

2. 从紧缩阻遏到规范流动（1989—2002）

从 1988 年下半年开始，为了应对控制日益严重的通货膨胀，国家开始了为期三年有余的宏观调控治理整顿，经济增长速度放慢。在此形势下，政府重新加强了对农村劳动力外出的限制。从 1989 年开始，中央在三年里接连下发了一系列文件：1989 年年初，国务院发出《关于严格控制民工盲目外出的紧急通知》；1990 年 4 月，国务院发出《关于做好劳动就业工作的通知》；1991 年 2 月，国务院办公厅发出《关于劝阻民工盲目去广东的通知》；1991 年 7 月，国务院发布《全民所有制企业招用农民合同制工人的规定》。这些文件的措辞精神，在某种程度上恢复到了 80 年代中期以前的状况，即严格控制农村劳动力进城务工，强化对城市企业单位使用农民工的限制，强调解决农村劳动力过剩的根本办法是"离土不离乡"的就地转移。

　　1992 年邓小平南巡讲话推动了我国改革开放的又一轮高潮，经济体制加速向市场经济转轨，城市经济体制改革正式开始全面铺开，与此同时，经济增长加速。如果说，在此前，农村劳动力向城市流动的动力主要是来自农村的推力，那么，从这个阶段开始，随着城市经济体制改革向纵深发展，随着城市经济的迅速增长（以及，在 20 世纪 90 年代中期以后，城乡差距的再次拉大），城市的拉力开始真正大规模地显示出来。正是在这种拉力和推力的共同作用之下，才开始出现所谓的"民工潮"。同时，也正是这种客观存在的拉力和推力，作为我国体制转轨和结构转型所生发的客观力量，彰显出农民工的发展在总体上是合乎社会经济发展的客观需求的，是顺应现代化的潮流的，从而也使政府日益认识到，农民工进城的潮流并不是一味人为地阻止所能奏效的。当然，对于在各种配套制度上尚未完全走出传统体制的、还没有充分做好准备的城市来说，"民工潮"的突然涌现确实造成了各种压力。面对这种压力，政府不能无所作为，一味放任，但这时政府的作为或者说应对方式也不再是一味的严控限制，而是规范疏导、宏观调控，目的是使农民工流动有序化。这一阶段，中央政府为规范农村劳动力跨地区流动，为促使流动的有序化发布了一系列文件，其中重要的如：1993 年劳动部发布的《关于印发〈再就业工程〉和〈农村劳动力跨地区流动有序化——"城乡协调就业计划"第一期工程〉的通知》；1994 年劳动部发布的《农村劳动力跨省流动就业管理暂行规定》；2000 年劳动和社会保障部办公厅发布的《关于做好农村富余劳动力流动就业工作的意见》等。这些文件的基本精神，就是规范、引导农民工有序流动。

　　3. 从城乡统筹走向共享发展的"公平流动"（2002—）

　　进入 21 世纪，特别是 2002 年党的十六大召开以后，我国的经济体制改革进入了全面建设社会主义市场经济的时期，我国的现代化进程也进入了全面建设小康社会的阶段，这就在客观上提出了逐步解决城乡分割分治的二元经济社会结构问题的要求。农民工问题作为这种二元结构的集中表现，开始前所未有地引起社会各界的广泛关注。在这种宏观的经济社会政治背景下，政府的农民工政策有了进一步的调整，开始由前一阶段旨在促使农民工有序流动的管理引导，进一步转向在城乡统筹下的扶持农民工进城就业，具体措施包括：逐步放宽农民工进城条件，降低和逐步撤消农民工进城就业门槛；逐步放松、解除对农民工进城的管制，变管制为救助，并减少对农民工不必要的管理；逐步统一劳动力市场，加强对农民工的就业服务，维护农民工的合法权益等。所有这些，都体现在这一时期国家发布的一系列重要文件中，如 2003 年 1 月国务院办公厅发布的《关于做好农民进城务工就业管理和服务工作的通知》，2004 年 12 月国务院办公厅发布的《关于进一步做好改善农民进城就业环境工作的通知》，2005 年 5 月劳动和社会保障部发布的《关于废止〈农村劳动力跨省流动就业管理暂行规定〉及有关配套文件的通知》，以及 2006 年 3 月国务院发布的《关于解决农民工问题的若干意见》等。

党的十八大以来，政府的农民工政策在继续城乡统筹的基础上拓展了新的内涵。十八大报告提出，要"加快户籍制度改革，有序推进农业转移人口市民化，努力实现城镇基本公共服务常住人口全覆盖。"长久以来停留在学术研究文本中的农民工"市民化"终于成为政策语言频繁出现在一系列重要的文件中，让农业转移人口更充分地共享改革发展成果成为政府农民工政策的基本目标。可以说，这期间的一系列与农民工有关的政策文件，都是围绕着这一目标出台的。这些文件包括：中共中央、国务院印发的《国家新型城镇化规划(2014—2020 年)》(2014)，国务院印发的《关于进一步做好为农民工服务工作的意见》(2014)、《关于进一步推进户籍制度改革的意见》(2014)、《关于实施支持农业转移人口市民化若干财政政策的通知》(2016)、《关于统筹推进县域内城乡义务教育一体化改革发展的若干意见》(2016)，国务院办公厅印发的《推动 1 亿非户籍人口在城市落户方案》(2016)，人社部会同国家发改委等部门印发的《关于做好进城落户农民参加基本医疗保险和关系转移接续工作的办法》(2015)，文化部等部门印发《关于进一步做好为农民工文化服务工作的意见》(2016)，以及 2016 年 1 月 1 日开始实行的《居住证暂行条例》，等等。

某种意义上，农民工"市民化"作为政府政策目标的正式提出，实际上意味着"农民工的终结"问题提上了议事日程。

二、改革开放以来农民工政策取向的演变

进一步考察分析上述 40 年来我国政府农民工政策的发展演变，可以发现政策对于农民工这个群体的认识和态度取向大体上走过了一个从"问题农民工"到"农民工问题"，再到将"农民工的终结"提上议事日程的历程。

在 20 世纪 80 年代中期之前，政策对于农民工可以说基本上持"问题农民工"的认识。也就是说，当时政策所持的基本看法，这些离开家乡的土地进城务工的农民，不是正常的农民，而是一些思想行为上有问题，甚至伦理品行上有缺陷的人。因此，对于这个群体的基本政策措施，就是反复清退，也就是强行将他们驱离城市，赶回老家。在这个"清退"的过程中，伴随着各式各样明显包含惩戒意味的"管理"措施。从城乡关系看，这实际上意味着城市对农民的"排斥"。

不过，这个持"问题农民工"认识的阶段并不长。进入 20 世纪 80 年代中期，政府的农民工政策从总体上就进入了"农民工问题"的阶段（当然，这只是"总体上"，并不意味着此后没有任何反复）。也就是说，不再将构成农民工这个群体的那些人本身看作有问题的，真正作为问题而存在、需要认真研究和应对的，是大量户籍身为"农民"的人纷纷离开农村家乡而进城打工这一经济社会现象。这个阶段一直持续到十八大召开之前。不过，这个阶段又可以分为认识取向上有所区别的先后两个时期，即"经济视角"时期和"社会视角"时期。"经济视角"时期大体持续到党的十六大。在这个时期，有关农民工的政策基本上将农民工单纯地看作一个经济要素(劳动力)，将农民工问题单纯看作一个"农村剩余劳动力转移"的问题，主要从城乡经济发展（特别是城市经济发展）需要的角度来分析认识和处理这一问题，这一点，从这个时期出台的有关农民工政策的文件名称可看出。

十六大以后，在日益强调以人为本、包容发展的科学发展观下，在建设和谐社会的理念下，"经济视角"下的农民工观念开始逐步转向"社会视角"下农民工观念，即不再将农民工单纯地看作劳动力经济要素，而是有着物质（经济）、社会、政治、精神文化等各种需求的社会生活的综合主体。于是，相关的农民工政策也开始着眼于如何推动在现有条件（包括现有户籍制度）下尽可能地解决、满足农民工这个特殊群体的这些多方面的需求。这集中地体现在 2006 年出台的《关于解决农民工问题的若干意见》中。在这一由国务院发布的文件中，针对农民工在就业、生活、子女教育等方面存在的突出问题，提出了一系列的政策应对措施，包括抓紧解决农民工工资偏低和拖欠问题，依法规范农民工劳动管理，搞好农民工就业服务和培训，积极稳妥地解决农民工社会保障问题(包括工伤保险、大病医疗保障、养老保险等)，切实为农民工提供相关公共服务(包括把农民工纳入城市公共服务体系，保障农民工子女平等接受义务教育，加强农民工疾病预防控制和适龄儿童免疫工作，进一步搞好农民工计划生育管理和服务，多渠道改善农民工居住条件等)，健全维护农民工权益的保障机制(包括保障农民工依法享有的民主政治权利，逐步地有条件地解决长期在城市就业和居住的农民工的户籍问题，保护农民工土地承包权益，加大维护农民工权益的执法力度，做好对农民工的法律服务和法律援助工作等），等等。

不过，总体上说，持"农民工问题"认识的这个阶段有一个基本特点，那就是，无论是"经济视角"下的政策还是"社会视角"下的政策，都将农民工看作一群在总体上不能、不会成为城市永久居民，其中的大部分终有一天必将、必须回归乡下老家的特殊暂住人口。这方面一个明显的表现就是，尽管农民工的市民化问题在学界已经受到相当多的关注，但是，却很少作为政策概念出现在正式的重要官方文件中。虽然，2006年国务院发布的《关于解决农民工问题的若干意见》中确实讲到了"户籍管理制度改革"，但在农民工的城市落户方面，表述是极其谨慎的：要"逐步地、有条件地"解决长期在城市就业和居住的农民工的户籍问题，"小城市"和"小城镇"要"适当"放宽农民工落户条件；大城市要积极稳妥地解决符合条件的农民工户籍问题，对农民工中的劳动模范、先进工作者和高级技工、技师以及其他有突出贡献者，应优先准予落户。从这种极其谨慎的表述方式可以看出，"落户"在当时更多的只具有一种象征意义，而不具有可以让农民工们普遍期待的普遍意义。而且，正如"户籍管理制度改革"这一表述本身所明确表示的，这种改革所着意的是户籍"管理"制度，因此，即使"落户"了，也只意味着落户者户籍"管理"关系的变动，而不一定意味着"同城同待遇"的完全市民身份的获得。

党的十八大以后，这种情形有了明显的变化。首先，长久以来停留在学术文本中的农民工(农业转移人口)"市民化"概念开始作为政策概念频频出现在党和政府的一系列重要文件中，从党的十八大报告《中共中央关于全面深化改革若干重大问题的决定》，到《国家新型城镇化规划(2014—2020年)》《关于进一步推进户籍制度改革的意见》，再到十九大报告；与此相应，"暂住证"从2016年开始也改为"居住证"。其次，作为推动这种"市民化"的根本性举措，"户籍管理制度改革"终于转变深化为"户籍制度改革"，前者属于狭义的社会管理的范畴，而后者则直指户籍身份与权利待遇之关系这一户籍制度的核心本质问题，也即"户籍制度改革"实际上意味着要逐步将国人的权利待遇与其户籍身份脱钩；也正因此，在一系列相关文件中，凡论及"户籍制度改革"，必与基本公共服务的"全覆盖""均等化"等联系起来，这实际上也就意味着国家必须拿出大量的"真金白银"为"户籍制度改革"，为推动这种"市民化"提供财政保障(这也就是为什么2016年国务院要出台《关于实施支持农业转移人口市民化若干财政政策的通知》的原因)。第三，党的十八大以来的"农民工市民化"政策以及与此紧密相连的"户籍制度改革"是联系着"以人为核心"的"新型城镇化"战略的推进而展开的。所谓"以人为核心"的"新型城镇化",就是说,城镇化的核心是人的城镇化,而人的城镇化在目前中国的当务之急,就是农民工的城镇化或者说市民化。所有上述这些变化实际上都表明,党的十八大以来,我国的农民工政策开始进入了一个通过推动大规模的、实质性的"农民工市民化"而走向"农民工终结"的新阶段。换言之,如果说在持"农民工问题"阶段,政府的农民工政策基本上是专门针对农民工这个特殊群体而出台的特殊政策(这某种意义上有点儿类似于把农民工看作城市中的特殊"族群"),那么,党的十八大以来的农民工政策则呈现出了一种新的取向,即更着意于如何有序地撤除阻碍这些"农业转移人口"进入以社会政策体系为核心的普遍性城市公共服务体系的户籍身份壁垒,推动他们和城市原住居民一样平等地共享城市经济、社会、文化生活的机会。当然,这里所谓的"农民工的终结",并不意味着从此城市居民(乃至全体社会成员)中将不再存在底层成员,更不意味着城市(社会)中将不再有职业分化、阶层分化,而只意味着这种分化将不再建基在户籍身份这样一种刚性的身份性壁垒之上,而是市场性选择机制作用的结果,也就是说,这种分化是建立在身份平等、机会均等的基础上的。

三、从"身份壁垒"到"市场性门槛",以及相应的政策配套

"户籍制度改革",进而以此为基础的大规模的农业转移人口的市民化,所引发的一个突出的担忧,就是城市,特别是大城市、特大城市的人口规模的急剧膨胀,进而带来城市社会生活、社会治理方面的一系列问题。应该说,这种担心是可以理解的,毕竟,只有当城市的人口规模与它的经济社会发展程度基本适应时,城市才能正常运行,城市社会生活才能保持正常的、良好的秩序。但是,从另一个角度说,这种担心也不是完全必要的,因为,"户籍制度改革"以及紧随而来的"市民化"并不意味着对人口涌入城市失去调节和控制,而只意味着变换一种控制和调节方式,换成一种更加符合现代社会的基本价值观的控制和调节方式。

如上所述,"农民工的终结",并不意味着从此城市居民中将不再存在底层人员,不再有职业分化、阶层分化,而只意味着这种分化将不再建基在户籍身份这样一种刚性的身份性壁垒之上,而是市场性选择机制作用的结果。同理,从控制和调节城市人口规模的角度说,户籍制度改革、充分的市民化所导致的"农民工的终结"同样也不意味着调节和控制方式的阙如,而只意味着调节和控制的方式的转变,即从主要依赖于刚性的"身份性壁垒"转变为主要通过"市场性门槛"来实现。一个正常的、运行良好的市场首先必须是开放的,也即它

允许而不人为地排斥任何一个愿意进入的主体；但是，允许所有主体进入并不意味着所有主体都真正能够现实地进入并成功立足，只有那些具备必要的资源、能力，愿意付出相应的努力的人，才有可能现实地进入相应的市场并成功地立足于其中，缺乏这种必要的资源、能力和相应的努力，即使勉强进入了，最终也必将被淘汰出局。类似地，所谓调节、控制城市人口适当规模的"市场性门槛"，也就是，城市首先必须是开放的，允许所有愿意进入的国民进入；但是，允许所有愿意进入的国民进入并不意味着所有这些人都能在实际上如愿，同样只有那些具备必要的资源、能力，做好各种必要的准备，从而能够在城市找到体面或不那么体面的工作、拥有舒适或不那么舒适的栖身之所、能够适应迥异于农村的现代城市社会生活方式的人，才能最终在城市真正生存扎根下来，否则，就像市场会淘汰不适者一样，进入城市的这种"市场性门槛"也会自然地使那些不适应城市中生存的人们离开城市。须知，人既有梦想，也有理性；人们之所以希望进入城市，归根结底是希望能够获得更好的生活，因此，一旦他们中的某些人发现自己不能适应现代城市经济社会的运行方式，无法在城市中获得他们希望的更好的生活时，不需要有关部门来驱赶，他们自己就会去寻找更加适合他们的生存之地。正是基于"市场性门槛"的这种自然的调节作用，笔者以为，我们没有太大的必要担忧"户籍制度改革"和紧随而来的大规模"市民化"会带来城市人口的过度膨胀以及伴随而来的各种城市社会问题——当然，这并不是说不会有城市社会问题，只是说，这些问题未必与"户籍制度改革"和大规模的深度市民化政策有关。而之所以说上述"市场性门槛"是一种比"身份壁垒"更加符合现代社会的基本价值观的控制和调节方式，是因为这种方式不是基于先赋性的出身，而是主要基于自治性的能力和努力，更体现了作为现代社会之基本价值共识的自由和公平精神。可以这么说，在"身份壁垒"不消除的前提下，"农民工政策"的最好结果是"出得去，回得来"[1]，即农民既能走出农村进城打工谋生，也能在年老体衰或由于其他原因而不能在城里生存下去的时候返回农村老家，这"出去、回来"的主体，都固定在"农民工"身上；那么，"市场性门槛"作用的结果应该是"进得去，出得来"，即农村居民既可以进城寻求生活机会，城市居民(不管是出于喜爱农村生活还是因为在城市中谋求不到好的生活机会)也能够出城到农村寻求生活机会，这是一种更加公平、自由的城乡流动。

当然，必须说明的是，强调"市场性门槛"的作用不是要豁免政府的相关

---

1 贺雪峰：《乡村的前途》，济南：山东人民出版社，2007，第7—8页。

责任，更不是提倡"社会达尔文主义"。恰恰相反，为了社会的正常运行，也为了"市场性门槛"能够健康地发挥作用，政府必须通过一系列政策举措承担自己的责任，发挥自己的功能。举其急而要者，包括以下四点。

第一，政府必须为城乡全体社会成员提供能够满足其最基本的生存需要(是need而不是want)的平等的基本社会保障，城乡居民获得这种保障是基于其生存权利，因而不仅与其任何先赋性的身份(如性别、民族以及如今在我国正在消除但尚未最终消除的"户籍身份"等)无关，而且也与其自身通过市场获取生存资源的能力无关。

第二，政府必须花大力气维护、健全市场性秩序。就目前而言，这种努力须包括正反两个方面：反面是要进一步撤除各种目前在诸如就业等方面事实上依旧存在的各种身份性壁垒；正面是要在撤除身份壁垒的同时尽可能同步地确立适当的市场性进入门槛，包括各种行业之从业者的准入标准、城市公共行为(公共道德)标准等，从而一方面将不合格、不适应者挡在门槛之外，同时保障城市经济社会生活的基本正常秩序。

第三，在上面第一条所述的为城乡全体社会成员提供平等的基本社会保障之外，政府还必须进一步大力以更加公平的社会政策体系推动基本公共服务的城乡均等化。而鉴于长期以来政府为农村提供的公共服务、公共产品明显不足，与城镇差距极大，因而在推动基本公共服务的城乡均等化方面，重点无疑是要强化农村公共服务、公共产品的供给，大力发展农村的教育、卫生、文化等公共事业。事实上，影响不少城市居民出城意愿的一个重要因素是农村教育、卫生、文化等公共事业的落后，而农村教育的落后更是导致农民及其子女缺乏跨越进城的市场性门槛的能力的一个重大因素，就此而言，公共服务的城乡均等化乃是"市场性门槛"发挥正常作用，从而实现"进得去、出得来"的公平、自由的城乡流动的重要前提。

第四，进一步推进和深化农村土地制度改革。这里的关键是要逐步地确立农民(无论是作为集体还是个体)对于名义上作为其财产的土地的自由支配权，从而使这宗资产成为农民自由流动的可灵活利用的资本，而不是牵制其自由流动的因素。

思考题：

社会分层与社会政策的关系如何？

如何看待女性主义关于社会政策的观点？

试从社会政策角度分析我国城乡关系。

公民身份与社会政策

　　上一讲我们从各种不同的社会群体间关系出发分析了社会政策。当我们从阶层关系、性别关系、族群关系、城乡关系中来审视社会政策时，背后显然有着一个重要的规范性理念，那就是平等。也就是说，在面对这些不同的群体时，社会政策应该努力以切实有效的相应举措去促进它们之间的平等，而不应该抱着各种固有的或新的偏见、歧视，以排斥性的政策举措去固化甚至加大它们之间的不平等。但这里面临的一个问题是，就像我们在第一讲中已经提示的，平等是一个非常复杂的概念。一方面，它本身的内涵具有多面性，有起点平等、机会平等、规则平等（参与竞争的都遵循相同的规则）、结果平等，等等；结果平等有一个平等的边界问题：是普世无差异吗？还是满足需要（need）上的平等？而且，这些不同方面的平等之间常常是相互紧张冲突的。另一方面，平等作为一种价值与其他价值，特别是与自由存在着紧张冲突，如何协调平衡它们之间的关系是又一个久久困扰着人们的难题。要想在理论上彻底清理围绕平等这个概念存在的那些众说纷纭的意见，并进而统一人们的理解，那几乎是不可能的事。但是，维护和促进平等的实践却需要一个参照的标准，这个标准不能等待理论的研究给出最终的答案，况且实际上不可能有最终的答案。在现实实践中，近代以来在民族国家的范围内逐步发展起来的公民身份制度就充当了这个参照体系。[1]公民身份以及与此身份相关联的公民权利成为社会政策的规范性基础，公民个体则凭其公民身份正当地享有社会政策所提供的各种福利待遇。

1　当然，这并不是说围绕平等的理论探讨没有现实意义。实际上，理论界对于平等的研究和诠释是在社会历史变迁进程的各种具体社会语境（social context）中不断地持续、调整，这种研究与诠释联系于具体社会历史境况，同时也与公民身份制度发生互动，理论、制度、现实在历史进程中不断地发生着相互作用。

第一节　何为公民身份？

在近代以来的政治实践中，公民身份（citizenship，也译作公民权、公民资格、公民权责等）是一个非常核心的概念，它既表达出公民个体与政治共同体（国家）、统治者的关系状态，也折射出统治者与政治共同体（国家）的关系状态，还反映出个体的公民身份与其整体人格（personhood）之间的关系以及公民的权利与义务的关系状态。在近代历史上，公民身份也是一个多变的概念。在实践中，西方各国的公民身份一直在宪法、制度、人口和国际关系变化的过程中发生着改变。而理论上的变化就更大了：从新古典共和主义之"公民"理想，到主权理论的"属民"概念，再到革命立宪的"人权"和"公民权利"，乃至康德"世界公民"的观念，公民身份概念的内涵一直处于流变之中。即使到今天，自由主义、共和主义、社群主义等不同的理论取向对于这一概念的理解也依然各有不同。不过，撇开这些歧异，我们无疑也可以看到包含在近代以来各种公民身份理论和实践中的共同意涵。

都将公民身份看作个人在某一政治共同体中的成员资格。自现代以来，这个政治共同体通常主要是指民族国家，但也常常被用来指各种跨民族国家和次民族国家层次的政治体。在后者的情况下，像美国的州、我国的省乃至县都可归入其中。[1]

与这种在特定政治共同体中的成员身份资格相联系，社会成员（公民）享有该共同体所赋予的一些基本权利和相应的义务。义务是因为权利，而权利需要由义务来支撑。在总体上，公民权利和公民义务之间必须保持平衡，这种平衡是个体安全、自由、独立与社会有序运行、和谐繁荣的条件。值得特别指出的是，这种公民权利与相对抽象的"人权"不同，它们是由现实的政治共同体（特别是民族国家）所赋予的，并且载入该政治共同体的法律法规而生效的权利。而人权本质上是一种道德权利，通常被用作对良知或同情心的呼吁，尽管人权通常是公民权利的道德基础，但在被特定政治共同体的法律法规认可之前，被某些人认为是基本人权的权利并不属于这个政治共同体的公民权利。例如，《世界人权宣言》共列举了28项人权，但它们并没有同等地进入世界上所有政治共同体的公民权利范围，同等地受到所有共同体的支持和促进。

1　自上个世纪以来，人们也越来越多地在另一种含义上使用"公民"一词，即以此意指归属于任何人类结合体的人们，从而，非政治性的公民身份已日益成为这个词的一种新的，但同样有效的意义。（史密斯：《现代公民权》，载伊辛、特纳：《公民权研究手册》，第143页。）

公民权利是具有一种普遍性的平等的权利，也就是特定政治共同体以法律法规的形式平等地赋予所有具有该共同体成员身份的人的权利。从上述公民权利的基本含义可以看出：享有公民权利的主体是特定政治共同体的成员，而承诺和担保公民权利的责任主体是现实存在的政治共同体，特别是民族国家及其各级政府；公民之享有公民权利是诉诸和通过法律的手段和形式，而不像人们享有其他的救助（如慈善和帝王的赈灾）那样主要诉诸道德；公民权利作为相对于特定政治共同体的权利，有其排斥性的特征和功能，但是在这一共同体之内，创设公民权利的基本宗旨是促进所有成员的平等，增进社会的公平正义。

这些权利和相应的义务既反映也规范着上述公民、政治共同体（国家）、统治者三者之间以及个体的公民身份与其整体人格之间的基本关系：统治者不再是政治共同体（国家）的化身，彼此不再是"朕即国家"式的浑然不分，而是相互分离的；无论是对于政治共同体（国家），还是对于统治者，公民都不再是完全隶从的关系（即使是霍布斯主权理论下的"属民"概念，也肯定个人享有私域自主；即使是黑格尔之"国家"中的"普遍性"，也包容了个人在"社会"中发展了的"特殊性"）；与这种非隶从的关系相联系，公民身份不再等于公民个体的整体人格，个人在公民身份之外还有个人身份，而在这种个人身份之下或多或少不受干涉的独立自由则是法律肯定和保护的一项公民权利（甚至可以说是最基本的公民权利）。

显然，这样一种公民身份观念，不仅在中国和其他东方国家不存在，而且，只要我们稍微熟悉一点诸如贡斯当的《古代人的自由和现代人的自由》等文献，那么，就会发现，它与西方古代（包括古希腊、古罗马）的公民身份概念也相当不同。那么，这样一种具有独特意涵的现代公民身份概念是从哪里产生的？实际上，"citizenship"这个词本身已向我们指明了追溯的方向：尽管今天通常把与公民身份对应的政治共同体看作国家，但是，就其起源而论，现代公民身份（citizenship）与城市（city）有着不解之缘，"公民"乃是由"市民"成长发展而来。而如果我们仔细关注一下韦伯关于城市的研究，就会发现，孕育、型塑了别具个性的现代公民身份之雏形的，正是西方中世纪晚期的工商业城市。

按照韦伯的考察分析，与东方城市和西方古代城市相比，欧洲中世纪晚期工商业城市具有一系列特征，正是这些特征使其成为了现代公民身份的策源地，从而型塑了现代公民身份的基本性格。与东方城市相比，西方城市的一个突出特点是，它是一个作为一系列权利之担纲者的"特别的市民身份团体"。这个"市民身份团体"具有一系列特征，而就其对现代公民身份的影响而言，其最可注意的是：第一，由于基督教等因素的作用，西方城市很早就摆脱了一直束缚着东方城市的巫术及泛灵论的种姓与宗族的限制，以及随之而来的禁忌，从而，市民是以与所有其他个体平等的个人身份直接加入城市共同体的，而非通过宗族或作为后者的成员而获得加入城市共同体的资格，宗族以及个人作为宗族成员的身份对城市共同体而言，没有任何实际意义。这一点十分重要，它在很大程度上确立了现代公民身份之个人本位性特征的前提。现代公民身份观念的一个基本精神即："在此，个体的社会生活不再像在其他场合那样，被按照他所拥有的特定职业和家庭地位，联系其各个不同的物质和社会处境来认识，而纯粹地仅仅被作为一个公民来看待。"[1] 第二，由于西方特殊的军事制度，即长久以来一直维持着的军队自行装备原则，而不是像东方那样由君主或领主提供武器，从而，西方城市一开始就是一个由有能力在经济上自行武装、自行训练的人所结合成的团体。相对于城市之上的更高的政治势力，这个团体具有很强的自主性。第三，西方城市笼罩在一个"法的天空"（firmament of law）之下。西方城市在法律上具有"法人团体"的地位，作为法人团体，它的一系列自主权利，无论是通过"特许状"的形式从君主或领主那里取得，还是通过"革命式的篡夺"而获得，都具有法律形式上的肯定。并且，这个团体与其成员（市民）之间的关系同样受到法律的约束。正是借助于法律的形式，"纯粹私人且暂时性结合的誓约团体，转化成了一个永久性的政治团体。"[2]

不过，"近代资本主义与近代国家都不是在古代城市的基础上成长起来的；而中古城市的发展……却是这两者之所以成立的最具决定性的一个因素。尽管古代城市与中古城市的发展有种种的相似性，但我们必须要分辨出其间相当深刻的差异"[3]。就对现代公民身份形态的影响而言，这两者之间的差异中最需要注意的就是古代城市的政治性格和中世纪晚期工商城市的经济性格。古代城邦是个"战士行会"，市民是"政治人"，而中世纪城市的市民是"经济人"。作为"战士行会"之成员的"政治人"，其基本的义务是政治参与，其最重要的品德是纪律；而作为行会支配下的经济（职业）共同体之成员的"经济人"，其基本义务是纳税，而其最基本的性格则是自由。也就是说，正是在中古城市中首先出现的这些"经济人"市民身上，诞生了不同于"古代人的自由"的"近代人的自由。"对于古代城邦"市民"而言，参与城邦政治生活是其作为人的生活之全部、至少是主体部分的话（这也就是亚里士多德为什么说"人是政治动物"的原因），那么，对于中世纪晚期工商业城市的市民而言，参与政治、参与公

1　Weber: *Political Writings*, Cambridge: Cambridge University Press，1994，p.103.
2　韦伯：《韦伯作品集·非正当性的支配——城市的类型学》，康乐、简惠美译，桂林：广西师范大学出版社，2005，第66-67页。
3　韦伯：《韦伯作品集·非正当性的支配——城市的类型学》，第158页。

共生活已不再是其"属人"的生活的全部，而只是一个方面，并且是从其作为"经济人"的个人利益关怀中派生出来的一个方面（也即，各个"经济人"市民之共同的或相互关联的利益关怀构成了公共的关怀）。换言之，在中世纪晚期的工商业城市中，市民在政治社会中的身份资格、在公共领域中的所作所为尽管也是其人格的一个重要方面，但已不再涵盖其整体人格之全部。而这又喻示出，在中古城市中，已隐隐显示出了作为现代民主政治、也是现代公民身份理念之基本前提之一的政治社会和"社会"相分离的潜在倾向。

个人的本位地位，城市共同体的相对自主自治，法治文化及其制度体系，政治社会和"社会"或者说市民的公共身份和个人身份的相对分离，所有这些，再加上政教分离的传统，可以说是中世纪晚期工商业城市的基本特征。正是这些特征，为现代公民身份的发生提供了前提条件，并从根本上型塑了现代公民身份的基本特征。[1]

如果说，中世纪晚期的工商业城市孕育了现代公民身份的基本雏形，那么，随后的一系列发展，特别是英国、美国、法国等国的资产阶级政治革命，则为这种既有别于古代公民身份，也有别于中世纪封建领主之属民的现代公民身份举行了"加冕礼"，给予了正式的承认。在随后的发展中，尽管不可避免地存在一系列的曲折回复，但总体上，公民身份的内涵（即相应的权利和义务）和外延（即覆盖的人群）都处在不断的拓展中。就外延而言，尽管其中充斥着种种排斥和争取承认的斗争，但总体上，在资产阶级政治革命、工人运动，以及20世纪的民权运动、妇女运动等的压力下，公民身份日益覆盖到了越来越多的人口身上，等级身份、财产，以及种族、民族、性别、宗教等因素逐渐不再影响公民身份的获得。与外延的扩展相伴随，公民身份的内涵也不断丰富和深化。对此，许多学者都曾以不同的方式做过分析叙述。而其中影响最大、在很大程度上可以说为半个多世纪以来的公民身份研究提供了一个基础性范式的，无疑要数英国社会学家马歇尔那兼具规范性和经验性的分析模式。

第二节　马歇尔的公民身份理论及修正与补充

马歇尔的公民身份理论对于公民身份以及相应的公民权利（citizenship rights）的分类和分析是结合几个世纪来英国社会中公民权利的历史发展而做出的。

1　关于中世纪晚期工商城市与现代公民身份起源之更详细分析考察，见王小章：《中古城市与近代公民权的起源：韦伯城市社会学的遗产》，《社会学研究》，2007年第3期。

马歇尔将与公民身份相联系的公民权利划分为"民权"或基本的法律权利（civil rights or legal rights）、政治权利(political rights)和社会权利(social rights)三类。

基本的法律权利包括：受法律保护的自由权利（言论自由、信仰自由、各种选择自由等）、人身安全权、法律面前人人平等和可靠的适用法律裁定程序等。它意味着等级制度在法律上的寿终正寝，意味着人身依附等束缚在法律上的解除。

政治权利包括选举和被选举权、结社自由、舆论自由、集会和抗议的权利等等。政治权利是通往政治公开性的入场券。

社会权利是对实际收入的普遍权利，这种实际收入不按有关人员的市场价值来衡量。从消极的角度说，现代社会权利的发展是为了应对，并最大限度地降低社会成员在面临那些存在于现代社会中的问题时所遭遇的风险，如贫困、严重的不平等，以及与此相关联的健康和社会排斥问题等；而从积极的角度说，它们意指一系列积极的应享权利，即将下面这些方面看作个体终生的权利：如获得足以维持生计的收入（失业补偿、低收入补偿、养老金、残疾人救济金等）、拥有工作，获得健康服务，拥有能够满足基本需要的住房，享受基本的义务教育，等等。显而易见，社会权利是与现代社会政策最为直接相关的，现代社会政策的各项举措所直接要保障的就是社会权利。甚至，在一些学者和事务人员那里，社会政策与社会权利常常是不做明确区别的。

社会政策直接保障社会权利，但这并不意味着社会政策只对社会权利有意义。在现代公民权利的发展演进过程中，社会权利是和基本的法律权利和政治权利紧密相关的。如上所述，马歇尔是结合了几个世纪以来英国社会中公民权利的历史发展而作出上述分类的。他认为，18世纪是法律权利的时代，19世纪是政治权利的时代，而20世纪（上半叶）则是社会权利发展的时代。尽管有些学者已经指出，马歇尔的分类在今天已经显得不够精致，并且他以英国社会为基础的历史叙事所具有的普遍性已受到了许多质疑。但是，毋庸置疑的是，马歇尔道出了一个历史发展的基本趋势。而如果我们稍稍深入地考察分析一下，就能发现，这个历史发展的基本趋势实际上又是合乎逻辑的，因此可以说体现了黑格尔、马克思所说的"历史与逻辑的一致"。公民基本的法律权利所肯定的核心事实上是形式的、消极意义上的身份平等和自由。这是（资本主义）自由市场所必需的。因为只有在人们能够作为身份平等的、自由的市场参与者进入市场的情况下，市场才能发挥作用。但是，公民基本的法律权利的显而易见的弱点在于，体现它们的法律本身可能是片面的。"法律虽然应该作为游戏规则而发挥作用，但是，有时游戏规则对一方比对另一方更为有利。"[1] 劳动合同是一个典型的例子：如果缔约的一方必须为生存而劳动，而另一方却可以选择缔约对象，并且可以随意雇佣和解雇他们，则"自由和平等"何在？（这也正是马克思为什么说对于工人来说所谓自由只是出卖劳动力的自由的原因）只要不是一切公民都有机会把他们的利益、意见纳入制订法律的过程，法治国家就会放过一些严重的应得权利的差异。正是在此，选举权和被选举权、结社自由、舆论自由等政治权利成了对公民基本的法律权利的一种必要的补充，或者说为捍卫后者的真实有效性提供了一种必要的前提条件。

但是，政治权利作为公民基本的法律权利的条件尽管是必要的，但并不充分，原因是"公民的基本权利不仅受到享有特权者的政治权力的限制，而且也受到很多人在经济上的软弱乏力的限制，尽管法律和宪法承诺他们享有公民的基本权利。"[2] 与此同时，政治权利本身也不是自足的。如果缺乏负担打官司的费用的经济能力，人们就无法在法院中有效地捍卫自己的权利甚至名誉；如果陷于深重的贫困之中，人们就可能出卖自己的选票；如果缺乏必要的教育，人们也无法有效地行使自己的政治权利；如果缺乏必须通过必要培训而掌握的一些基本技能，人们不可能拥有使其自由权利得以有效使用的能力（如缔约谈判能力）；妇女如果不获得工作的权利，她们就很难摆脱父权夫权的控制而真正拥有自己的独立意志，而即使获得了工作权利，但如果没有根据其身为女性的一系列特殊需要而赋予特殊的权利的话，她们同样也就不可能在以男性为标准的世界中真正和男人平起平坐。"只要不是每一个人的生活都不受基本的贫穷和恐惧的困扰，宪法权利就依旧是一项空洞的许诺，甚至更糟糕，它们会变成厚颜无耻的借口，用来掩盖享受特权者的事实。"[3]（想想马克思所说的资产阶级政治革命所完成的政治社会同"社会"分离，实际上无非是从政治等级到社会等级的转变过程，以及"现代国家承认人权跟古代国家承认奴隶制是一个意思。"）于是，正是在这里，社会权利作为法律权利和政治权利的又一个必要的补充和前提而出现和发展起来了。也正是在这个意义上，我们说，直接满足和落实公民的社会权利的现代社会政策体系实际上所支持的是整个公民权利体系。

在某种意义上，从基本的法律权利、政治权利到社会权利的发展进程，其在政治理论上的反映可以说就是从古典放任自由主义到新自由主义的演变。在基本立场上，新自由主义与放任自由主义一样，崇尚个人的基本权利，主张人

1　达仁道夫：《现代社会冲突》，林荣远译，北京：中国社会科学出版社，2000，第 54 页。
2　达仁道夫：《现代社会冲突》，第 55 页。
3　同上。

人拥有不可侵犯的自由。但它比后者更强调"每个人"都应享有同等的自由，因此它更重视平等。就像德沃金所说的那样，（新）自由主义的目标是要实践"自由的平等"（liberal equality），也就是要保障每个人都获得平等的关怀和尊重。新自由主义于是吸取了一些社会主义的因素，认为自由社会必须以人人都有机会实践其潜能为前提，因此，它主张政府可以也应该通过课征累进税、扩大公共支出，以及建立完善的社会保障、社会福利制度来帮助弱者。只要能够帮助弱势者缩短他们与既得利益者的差距，使他们能够在平等的基础上"自由地"追求各自理想的人生，那么，政府职权的扩大不仅没有问题，而且政府应该为了确保每个公民切实有效的自由权利而发挥更积极的作用：从提供基本的医疗服务，到尽可能地延长义务教育，再到贯彻一系列"肯定性行动"（affirmative action），等等。[1]

必须指出的是，社会权利和法律权利、政治权利的关系并不是单向的。也就是说，并不仅仅只是前者支持后者，并不仅仅只是社会权利"保障"公民有效地行使、实现自由权利、政治权利。同样也存在相反的影响或者说支持。正如有人指出的那样，无论从历史发展的角度看，还是从规范性的角度看，公民的社会权利都是身处在特定的背景脉络之中的，也即都是与"基础性的法律和政治权利之以往的历史、制度化状况以及当今的实践紧密相连的。……公民权是一种复合的、联系于特定脉络关系的身份，表达的是现代社会（即马歇尔所认为的"民主-福利-资本主义"复合体）中个人自主和社会公正、平等与包容的观念。"[2] 换言之，作为与"公民身份"（有别于"臣民"）相联系的公民权利的法律权利、政治权利和社会权利是一个有机的整体，任何一种权利都不能脱离其他权利的发展、剥离特定的脉络关联而孤立地作为"公民权利"而得到健康发展，社会权利同样如此，作为一项公民权利，它的存在在理论上已经预设了法律公民权和政治公民权。确实，纯粹从技术的角度看，社会权利也许可以脱离法律权利和政治权利而孤立地从其自身出发得到发展和施行。事实上，在20世纪，一些社会（如法西斯主义统治下的德国）中的统治者就曾这样剥离特定的脉络关联而孤立发展社会权利，其目的正是要"诱买"公民对于法律权利和政治权利、进而对于完整的公民权的要求，即通过给予"社会权利"（福利）来引诱或诱惑公民放弃法律权利、政治权利。但是，问题是，一旦剥离了基本的自由权利、政治表达和政治参与的权利等，社会权利作为"公民权利"的性质就会发生变化。也即，它很容易由一项现代公民所稳定地拥有的"应享权利"蜕变为系于统治者的仁

1　江宜桦：《自由民主的理路》，北京：新星出版社，2006，第155–160页。
2　罗奇：《社会公民权：社会变迁的基础》，载伊辛、特纳：《公民权研究手册》，第98页。

慈恩德的恩赐施舍。而直接保障"社会权利"的现代社会政策所传送的各种福利和救助，也就会在事实上再度建基在统治者的"善良"意志之上，而非"公民权利"的理念之上。上面提到，新自由主义重视国家政府为每个公民提供社会福利的功能，强调政府应该发挥更积极的作用。但是，它依然坚持自己是自由主义，而不是国家社会主义或别的什么。原因一方面固然是因为，它主张国家应该发挥更积极的作用，是为了实践"自由的平等"的目标；但从另一方面看，也是因为，由法律所肯认的基本自由权利和其他政治权利，既确保了公民对于社会福利的享有具有"应享权利"意义上的正当性，也为公民主动争取更多的应享权利提供了手段意义上的可能性。考诸20世纪的历史，在许多发达国家中，正是由于公民们先期拥有了基本的法律权利和各种政治表达、政治参与的权利，他们才得以通过各种正式的政治渠道或社会运动而兴起和推动"争取应享权利的革命"（revolution of rising entitlements），并进而推动担负着社会福利等公共财政开支的"公共家庭"也越来越扩张。[1] 当然，这种"争取应享权利的革命"所带来的各种困难则是另外一个问题。

　　总之，作为公民权利之有机整体的组成部分，法律权利、政治权利和社会权利紧密相联，并且互为前提和条件，当然，必须承认，不仅仅是公民权利的观念，而且还有公民义务的观念。如上所述，与公民身份相联系的，不仅仅是权利，还有相应的责任义务，在理论上，权利必须、也必然要和义务平衡，因为，从逻辑上讲，权利必须要由义务来支撑和促进，若无相应的义务作保障，任何权利都无法存在。马歇尔明确指出："如果说公民权意味着捍卫权利，那么就不能忽视相应的公民义务。"[2] 确实，在前面的叙述中，我们把享受权利的主体定位于公民个人，而将提供权利保障的责任或义务主体定位于国家及其各级政府。但是，国家及其各级政府在理论上只是公民总体的代表，因此，将责任义务赋予国家，也就是赋予总体意义上的公民。说国家及其各级政府有义务为公民的权利提供保障，无非是说它们必须"取之于民，用之于民"，必须作为总体公民利用其掌握的资源为全体公民提供各种基本的服务和保护，而这种资源本身，归根结底必然来源于其治下的公民自身。作为与公民义务的平衡，马歇尔指出公民必须承担纳税、服兵役等义务以及对国家的其他服务。[3] 在《公民与文明社会：自由主义政体、传统政体和社会民主政体下的权利与义务框架》中，美国肯塔基大学社会学教授雅诺斯基则具体分析陈述了四类公民义务，即法律义

1　贝尔：《资本主义文化矛盾》，赵一凡等译，北京：生活·读书·新知三联书店，1989，第六章。

2　Marshall, *Class, Citizenship* and Social Development. Chicago: University of Chicago ,1964, p.123.

3　Marshall, *Class, Citizenship* and Social Development. pp.123-126.

务、政治义务、社会义务以及参与义务，以对应平衡于法律权利、政治权利、社会权利以及他在马歇尔的分类基础上所增添的参与权利。暂且撇开参与义务不谈，雅诺斯基认为：法律义务包括：人际义务（尊重他人自由权、财产权，尊重合同法、结社法、平等对待法等），组织责任（促进普遍福利、尊重个人权利等），强制及实施方面的义务（为法律系统出力、协助治安、尊重并配合警察确保法律权利等）；政治义务包括：人际义务（投票和参与政治、熟悉并合理行使公民权、尊重民主），组织责任（在政治活动中与其他群体合作、遵守政治方面的法规等），强制及实施方面的义务（为民主制度的保护及运作出力、服兵役、对破坏公民权利的政府抗议或将其推翻等）；社会义务包括：健康及防病责任（接受适当的卫生保健、供养和睦家庭、保持环境安全等），经济义务（接受失业救济者应当找工作、尊重他人的社会权利及转账需要等），强制及实施方面的义务（为社会权利出力、志愿参加政府和社团发起的服务以帮助不幸者等）。[1]

不过，在肯定公民享有的权利必须由其义务来平衡支撑的同时，在理解权利与义务之间的对应平衡上，还必须注意非常重要的一点：说公民权利必须与义务保持平衡，是指在公民总体水平上的平衡，而不是公民个体水平上的直接平衡。用雅诺斯基的话来说，权利和义务之间的平衡主要是发生在"单向受惠"的"总体交换"的水平上，而不是"彼此受惠"的"有限交换"的水平上。[2]因此，两者之间的平衡是立法和制度设置的事，而不是个体行为选择的事。在个体水平上，公民享有权利，包括社会政策所直接保障的各项社会权利，并不以他一定承担某种义务为前提，只要他具有该政治共同体（国家）的成员资格并符合享有特定社会政策的条件（如失业、疾病、残疾、处于义务教学年龄等等），他就可以享有该权利。换言之，除了公民身份和特定的境遇，对于个体而言，"应得权利的存在是无条件的。它们既不取决于出身和社会地位，也不取决于某些特定的行为举止方式。凡是涉及应得权利的地方，诸如'谁不劳动，他也就不应该接受社会救济''不纳税者不得参加选举'或者'谁若违法，他就无

1　雅诺斯基：《公民与文明社会：自由主义政体、传统政体和社会民主政体下的权利与义务框架》，柯雄译，沈阳：辽宁教育出版社，2000，第40页、第70-71页。从另一个角度，雅诺斯基又将公民义务分为以下五类：第一，支持性义务，包括纳税、为保险基金出钱、以及从事有效的工作；第二，关怀性义务，包括关怀他人和自己、尊重他人的权利、关怀儿童、维持和睦家庭、尊重自己（接受教育、就业、接受适当的医疗照顾等）；第三，服务性义务，包括有效地发挥各种服务的作用并实际参加服务，如选民登记工作、老人健康照顾、为公共利益的各种无偿或志愿服务等；第四，保护性服务，包括服兵役、协助警察维持治安、参加社会活动以保护民主制度等。（同前，第69页。）
2　雅诺斯基：《公民与文明社会：自由主义政体、传统政体和社会民主政体下的权利与义务框架》，第97-107页。

权要求援用法律手段'之类说法都是不可接受的。"[1] 这就像对于作为个体的公民来说，他必须在其能力范围之内承担公民义务也是无条件的，而并不以他获得某种具体权利报酬为条件一样（即一个公民不能因为自己没有领失业救济、没有生病等而拒绝纳税一样）。也就是说，在个体水平上，公民权利和义务是独立的，而不是直接互倚的。因为如果是直接互倚的话，那么，就我们这里所说的享有社会政策所传递的各种福利和救助而言，那些由于各种客观的原因而无法履行公民义务的人就会根本与这些权利无缘，而在现实中，我们知道，这些人往往恰恰是社会政策要救助的首要对象。事实上，之所以要将享有社会政策所规定的福利定义为公民的基本权利，而不是将其看作对于公民的某种付出或贡献的报酬，原因就在于此。

在分析现代公民身份与相应的公民权利时，马歇尔的理论模式是无法绕过的。当然，这并不意味着对这个模式没有异议。实际上，对于这个模式，许多学者在承认其杰出贡献的同时，都纷纷提出自己的批评性或修正性的意见。概括起来，这些意见大体有以下几种。

对马歇尔的第一个持续不断的批评是，他的公民身份研究太过于以英国为中心，他所提出的公民权利分类和发展适合于英国，但是，当把它运用到其他国家时却是误导的。[2] 比如迈克尔·曼认为，马歇尔所描述的英国公民身份策略仅仅是发达工业国家所追求的五种策略之一，即自由主义的策略，其他还有改良主义、威权主义、法西斯主义和威权社会主义四种策略。[3] 不过，对于这种批评，也有人做了回应。比如，德里克·希特就说："认为其他国家的公民身份并没有以英国的方式发展的说法，只有在假定了马歇尔的目标是旨在建立一种普遍有效的类型学的前提下才是有效的。但他显然没有这种意图。他只集中考察他那个时代的发展，某种程度上也是一种深思熟虑和不可避免的事情：他毕竟没有能够匹配洞透一切的水晶球。"[4] 实际上，当我们在前面指出，虽然马歇尔以英国社会为基础的历史叙事所具有的普遍性已受到了许多质疑，但这个模式体现了黑格尔、马克思所说的"历史与逻辑的一致"时，某种意义上也是从另一种角度（逻辑的角度）在为这个模式辩护。

对于马歇尔的第二个批评是，他把公民身份的发展叙述成了一种直线发展的进程，这一方面过于简单，另一方面也过于乐观。我们认为，这个批评是基

1　达仁道夫：《现代社会冲突》，第 46 页。
2　马歇尔、吉登斯等：《公民身份与社会阶级》，郭忠华、刘训练编，南京：凤凰出版传媒集团、江苏人民出版社，2008，第 208 页。
3　曼：《统治阶级的策略与公民身份》，马歇尔、吉登斯等：《公民身份与社会阶级》，第 262 页。
4　希特：《何谓公民身份》，郭忠华译，长春：吉林出版集团有限责任公司，2007，第 21 页。

本中肯的。

对于马歇尔的第三种批评是认为他把公民权利分为民权、政治权利和社会权利过于简单、过于粗糙，同时忽视诸如经济权利、文化权利等权利维度。于是有人从另外的角度进行了重新划分，比如霍菲尔德基于权利主体在行使权利时与他人的关系将权利分为自由权、要求权、支配权和豁免权；雅诺斯基则在马歇尔的基础上加上了"参与权利"。"参与权利"是"国家为公民参与市场或公共组织等私人领域而创设的权利。正像政治权利是公共行动权一样，参与权利是国家保证的私人行动权。它包括个人和群体通过他们对市场、组织和资本的某种监控措施，参与私方决策的权利。"[1] 从逻辑上看，参与权利可以看作政治权利向市场领域和社会组织领域的透入，而从内容上看，参与权利事实上可以看作社会权利的扩充。

与这种认为马歇尔的分类不够细致从而加以修整补充不同，还有一些学者也在马歇尔的权利分类基础上做了补充，但他们的补充是基于现实社会本身的发展。比如德里克·希特虽然对许多针对马歇尔的批评为马歇尔做了辩护，但是，他也认为由于环境及相关问题的现实状况，必须在马歇尔的清单上再添加"环境公民身份"[2]；还有许多学者认为"文化公民身份""性公民身份"是公民身份不可忽视的内涵。

对于马歇尔的又一种批评是针对他的模式中所隐含的"单一公民身份"形态。在检讨了对于马歇尔之思想遗产的种种批评之后，美国著名社会学家布雷恩·特纳指出："马歇尔理论中的问题所导致的困难最终成为是否存在着一种单一的公民身份（权）概念，抑或在不同的社会和文化传统中，存在着许多不同的公民身份表述原则。"特纳自己则认为，通过考察公民身份是自下而上发展还是自上而下发展，是在私人领域中得到发展还是公共领域中得到发展，至少可以发现四种相当不同的公民身份形态。如果公民身份发展于一个为争取权利而进行革命斗争、展开社会运动的背景下（如在法国或美国），那么，就形成一种积极的公民身份；而如果公民身份仅仅是自上而下地被给予的，那么就形成一种消极被动的公民身份。此外，在肯定、弘扬公共领域、公共精神的地方和在疑忌公共领域、公共精神或一味强调私人领域和道德优先性的地方，公民身份的发展形态也相当不同。"当政治空间受到限制的时候，公民身份就是被动的和私人的。"[3]

1　雅诺斯基：《公民与文明社会：自由主义政体、传统政体和社会民主政体下的权利与义务框架》，第41页。
2　希特：《何谓公民身份》，第27—30页。
3　特纳：《公民身份理论的当代问题》，载特纳：《公民身份与社会理论》，郭忠华、蒋红军译，吉林出版集团有限责任公司，2007，第10—11页。

关于特纳所说积极公民身份，不妨再多讲几句。特纳对于积极公民身份的分析叙述主要出于历史性的比较研究，出于经验性的考察[1]，不过从规范性的角度讲，相比于公民身份的消极形态，它应该也是一种更加值得肯定、更加可欲的形态（在这一点上，特纳和其他许多学者实际上也都一样这样认为），特别是从今天我们置身于其中的历史语境来看更是如此。这是因为：第一，消极公民身份之下，也即当公民身份仅仅是自上而下地被给予的时，"权利"极容易蜕变堕落为上对下的一种随时可以我予我夺的"恩赐"。第二，积极公民身份赋予并体现出人的主体地位。在消极公民身份形态下，公民是各种社会法规、公共政策的被动承受者，是保障、福利和各项社会事业的被动消费者。在积极公民身份形态下，公民是"正当需要""社会问题"的定义者，是公共领域积极的行动者、介入者，是地方性或全国性公共事务的主动参与者（既有行动的意愿，也有行动的能力，并具有行动的权利和空间），进而是社会生活及其意义的创造者。第三，积极公民身份是促成有活力、有生机的公共生活，进而促进社会交流、互动、合作、整合、团结，防止社会涣散的重要条件。确实，一个好的社会应该能让人们享受不受别人干扰的私人生活，一个好的公民应该知道享受私人生活。但是，一个人人只知道耽于一己的私人生活而不关心、不积极参与公共事务的社会一定不是一个有生机、有活力、有凝聚性的好社会，而必然是一个沉闷的、涣散的社会。对于形成一个既有自由又有团结的社会来说，其最大的威胁甚至不是冲突与敌对，而是不介入、不参与的冷漠。而这种积极参与、介入是以对积极公民身份的承认和尊重为前提的。第四，在全球风险社会或风险全球化的时代，更需要激活积极公民权以使每个人都能积极投入到应对、控制风险的行动中来。今天，作为自反性现代化产物的风险已经渗透到全球的每一个角落，已没有哪个地方、哪个民族、哪个群体、哪个个体能确定无疑地自外于风险，因此，也就没有哪个人可以自外于或被排斥于应对风险的努力，无论这种参与和行动是作为责任还是作为权利。也许，正是由于上述这些原因，今天，"人们已不再仅仅关注作为法定权利的公民权，而一致认为，公民权必须被理解为一种社会过程，通过这个过程，个体和社会群体介入了提出权利要求、扩展权利或丧失权利的现实进程。政治上的介入意味着实质性的公民实践，而这反过来又意味着一个特定政治体下的成员总是努力去主动地塑造它的命运。"[2]

---

[1] 特纳：《公民身份理论概要》，载马歇尔、吉登斯等著：《公民身份与社会阶级》，郭忠华、刘训练编，凤凰出版传媒集团、江苏人民出版社，2008。

[2] 伊辛、特纳：《公民权研究：导论》，载《公民权研究手册》，王小章译，浙江人民出版社，2007，第6页。

第三节　国家、市场、"社会"与公民身份

当代社会科学在考察分析社会的运行时常常将整体社会划分为国家（政府组织）、市场（企业组织）、"社会"（社会组织）三个领域或部门，或三类行动主体。而从维护、促进公民身份的健全和发展的角度，这三者的作用实际上都存在可能的正反两重性。

先来看国家。对于公民身份以及与之相联系的公民权利来说，国家权力的作用具有两重性，既可以是一种"保护性"的力量，也可能沦为一种"胁迫性"的因素。国家的保护性体现在，在其自身权力受到必要的制约（如民主宪政）和建立在充分广泛的经济社会基础之上从而能代表全社会的公共利益的前提之下，它首先能够通过法律来规定公民的基本权利，并运用其公共权力（如警察、司法等）来保护这些基本权利不受侵犯；其次，它还可以通过一系列社会经济政策和法规以积极的姿态来保证每一个公民，特别是在社会中处于弱势的公民，具备能够积极有效地行使和实现其公民权利的基本经济社会条件（也即保障马歇尔所说的每个公民的基本"社会权利"），从而抵消、至少是一定程度地抵消下面要谈到的来自市场的压迫性、排斥性。

而对于公民权来说，国家的胁迫性体现在，①当国家权力没有必要的限制，如像近代民主宪政国家兴起之前的绝对君主制国家或现代全能国家那样，则它天然具有的扩张性将可能侵害个体的自由和其他基本的社会政治权利；②当国家就其社会经济基础来说只是社会中某个处于强势地位的阶级或阶层的代理者，从而其政策和行为受到该阶级或阶层利益的左右而在事实上失去了独立性、自主性时，则它通过它的政策和行为（无论这种政策和行为在形式上不是对所有人平等的，如维护等级制或种姓制的国家，还是在形式上貌似公正的，如马克思所批判的资产阶级国家）所维护的无疑也只是该阶级或阶层的特殊利益，这时，对于社会中其他阶级或阶层的成员来说，来自国家权力的压制将会和"社会"内部的阶级压迫发生重叠；③国家权力剥离、割裂与公民身份相联系的各种权利（如基本的法律权利、政治权利、社会权利等）之间特定的脉络关联而孤立发展所谓社会权利或曰"社会福利"，以此"诱买"或者说"诱夺"公民对于法律权利和政治权利、进而对于完整的公民权的要求。而如前所述，一旦剥离了基本的自由权利、政治表达和政治参与的权利等，社会权利作为"公民权利"的性质就会发生变化，它很容易由一项现代公民所稳定地拥有的"应享权利"蜕变为系于统治者的仁慈恩德的恩赐施舍。

实际上，当代的许多政治和社会理论家（可能只有"经济自由主义者"或

称"自由至上论者"例外），虽然其具体的思想立场取向各不相同，但都或多或少地认识到了国家必须发挥更积极的作用。例如，以罗尔斯为代表的政治自由主义者指出，一个人能否真正享有公民权利与其社会经济地位息息相关，而社会经济地位的不平等主要又系私有财产积累之先天差异所造成，因此除非以国家公共权力对贫富不均的现况进行调整，否则自由主义的理想永远是空中楼阁。[1]

同样，与罗尔斯的思想观点不尽相同的哈贝马斯也指出，为了使他所开列的一系列公民权利能真正被所有公民平等地加以运用，还必须保障公民"生活条件的基本权利"。[2]

再如与哈贝马斯的立场也不尽相同的丹尼尔·贝尔，他自称"在经济问题上持社会主义立场"，他所说的社会主义即指国家预算（他名之为"公众家庭"）应该把社会资源优先用来建立"社会最低限度"，即保障每个社会成员都能有可以满足与其生活的社会时代相应的基本生活要求的收入，从而能过上自尊的生活，同时限制富人把财富转换成与之无关的领域内的过分特权，即限制基本权利的不公平现象。[3]

所有这些都表明，要真正切实地保障每个公民都能实质性平等地行使公民权利，国家公共权力不能仅仅像极端经济自由主义者所认为的那样只发挥"消极的"作用，即作为"守夜人"为自由市场经济提供法律和秩序框架，也即维护自由市场社会的自发秩序，还应该发挥更积极的功能，即通过一系列社会经济政策和法规来确保每一个公民得以有效行使其权利的基本条件。

对于公民身份及相应的公民权利，市场的作用同样具有两重性，既有解放的功能，也有分化、排斥、压抑的作用。其解放性质在于，它促使个体摆脱了身份等级等的束缚，肯定了个人利益的正当性，从而解放了每个人的创造力；换言之，它以消极的形式肯定个人的基本权利，即每个人都可以通过市场不受干涉地追求和拥有各自的利益。质言之，对于马歇尔所说的"civil right"而言，它与市场实际上是一种相互促进的关系。在西方中世纪晚期，实际上，首先正是出现在工商业城市中的"市场"，使大量农奴纷纷脱离对领主的人身依附而获得

<hr />

1　江宜桦：《自由主义哲学之回顾》，载《自由主义与当代世界》（"公共论丛"第六辑），北京：生活·读书·新知三联书店，2000，第14-15页。

2　哈贝马斯开列了一份公民权利清单，即①处于平等地位主体的最大限度自由；②公民在自由联合中的成员资格；③可以实际操作的权利和各种法律保障；④平等的参与意见或意志的形成过程，在这过程中公民行使其政治自由，通过这过程产生出具有合法性的法律。而所有这些权利的实现都要求有：⑤生活条件的基本权利，这些权利是社会性地、技术性地和生态学性地得到保障的，这些保障使得上述的权利能被平等地加以运用。（Habermas, Between Facts and Norms: Contributions to a Theory of Law and Democracy, Cambridge, MA: MIT Press, 1996., pp.122-123）。

3　贝尔：《资本主义文化矛盾》，赵一凡等译，北京：生活·读书·新知三联书店，1989，第21-23页。

自由，所谓"城市的空气使人自由"[1]，实际上乃是市场的作用使人摆脱了封建制下的人身束缚。而所谓资产阶级政治革命带来的"政治解放"，实际上乃是对这种自由的正式的、制度性的肯定。同样，在我国改革开放的进程中，对于"农民工"而言，之所以能够脱离土地，而进入城市追求其向往的生活，首先也是市场机制作用的结果。正是市场的需求，为农民工提供了离开土地进城谋生的机会，哪怕最初是以"盲流"的身份（也即没有得到国家的承认）。而市场的分化、排斥、压抑作用首先表现在，它的运行以人与人之间既有的（自然的和社会的）不平等为始基，以"自由竞争"为基本原则，其自然运作的结果必然导致贫富强弱的分化对立，于是，对于处在底层社会的贫者弱者来说，许多基本的权利直至生存权都可能得不到保障，即使在法律形式上被赋予了这些权利，也会由于缺乏行使它们的社会经济条件而没有实质意义，甚至还可能轻易地为富者强者所诱卖剥夺。

换言之，作为一种形式上普遍的、平等的法定权利，社会成员被赋予公民权利是无条件的，除了要获得特定政治共同体的公民身份这一唯一的前提。但是，公民权利，尤其是基本的法律权利和政治权利要真正对个体生效，却是有条件的。而这种条件在社会成员中间的分布是不均匀的。需要指出的是，在现代社会中，除了其他一些因素，市场正是形成这种条件分布不均匀的一个十分重要的机制。对此，黑格尔、马克思关于"社会"的理论已给我们作了充分的说明。[2]

市场的分化、排斥、压抑作用还表现在，它仅仅将人看作"生产要素"，只关注他在市场中能产生的经济效用，而罔顾人性的丰富性、价值多样性。于是，那些其天赋特性、价值并不体现为经济效用，从而不能得到市场机制的充分肯定承认的人，在市场中也就不免沦为弱者。即以女性而言，市场不可能照顾到女性在生理、心理、社会诸方面的特点，因此，如果没有市场之外的力量介入，女性必然在市场机制下沦于不利的地位，尽管从人类发展而不仅仅是市场效益的角度看，她们的贡献并不弱于男性。总之，市场机制作用的原则是普遍主义的（因而具有形式上的公正性），但它的价值取向又是单维的，狭隘的，它不会顾及社会成员在生理、心理、社会等方面所存在的实质上的差别和所具有的特殊价值，因此，它作用的结果必然导致社会成员在实质性权利享有上的巨大不平等，导致对某些社会成员之权利的实质性剥夺。

---

1 韦伯：《韦伯作品集·非正当性的支配——城市的类型学》，康乐、简惠美译，桂林：广西师范大学出版社，2005，第40-41页。
2 王小章：《国家、"社会"和公民权利——兼评我国近年来的"社会"话语》，《浙江大学学报（人文社会科学版）》，2003年第5期。

对于公民身份及相应的公民权利,"社会"（civil society）也具有两重性。现今所说的"社会",是有别于国家、也有别于市场的第三部门或领域,其"核心机制是由非国家和非经济组织在自愿基础上组成的。这样的组织包括教会、文化团体和学会,还包括了独立的传媒、运动和娱乐协会、辩论俱乐部、市民论坛和市民协会,此外还包括职业团体、政治党派、工会和其他组织等。"[1] 达仁道夫指出,"社会"有三个基本特征:第一,它的要素的多样性,"社会"包含了很多的组织和机构,人们在其中能够实现他们各方面的生活利益;第二,很多组织和机构的自治;第三,"社会"成员的行为举止是"有礼貌的、宽容的和无暴力的"。[2]

实际上,我们可以从静态和动态两个维度来理解"社会"。从静态的角度看,"社会"是利益、关怀互不相同阶级、阶层或集团构成的结构,代表着这些阶级、阶层或集团的各种"非国家和非经济"的社会组织支起了"社会"的基本骨架。从动态的角度看,"社会"始终是这些利益、关怀各个不同的阶级、阶层或集团通过其各自的组织相互斗争、博弈的场域,辩论、冲突、社会运动等,是这种斗争、博弈的表现形式。这样的"社会",当其在民主和法治的制度框架下健康发展的时候,对于公民身份和相应的公民权利的维护和发展是有重要积极功能的。第一,作为志愿性的组织,可以在比较具体的层面上有效地为组织成员以及需要帮助的其他社会成员提供各种服务,从而促进其成员的福利。第二,可以有效地抵御凌驾于个体之上的权势——无论是政府当局的权力还是市场组织的强势——对于个体的可能侵犯和压迫,从而保护个人的正当权利和独立自由。在现代社会中,个体的力量实际上非常有限,非常软弱。在这种情况下,如若社会成员陷于原子化的状态,当局的权力就很容易成为专横的权力,个体的权利则很容易成为脆弱的权利。而结社,则可以在一定程度上弥补现代社会中个体的软弱无力,从而有效地维护个体的正当合法权利和独立自由。第三,公民组织不仅可以有效维护社会成员的自由独立和其他正当权利,它还有更积极的功能,即它是培养公民的公共精神的重要途径。公民组织为社会成员参与公共事务、进入公共领域提供了渠道。由于结社是自由、自愿的,社会成员的这种参与、进入也就是独立自主的。尽管最初人们往往是出于对自己利益的关心而参与公共事务,但是,通过这种独立自主的公共参与,人们逐渐会感觉认识到,除了那些使他们与其他个体分离开的利益外,还有能够使他们彼此联系、联合起来的利益,而且这种共同利益,完全依赖于他们每个人共同参与

---

1 哈贝马斯:《公共领域的结构转型》,曹卫东等译,上海:学林出版社,1999,第29页。
2 达仁道夫:《现代社会冲突》,第58—59页。

的努力。由此，人们逐步地就会像关心自己的利益那样关心公共利益，从而培养出仅仅通过几年一次的、在对于切身利益的感觉上无关痛痒的选举投票所永远不能真正培养出来的公共精神。这种积极的公共精神，是前面所说的"积极公民身份"的必不可少的条件。但必须指出，要想"社会"发挥出上述积极功能，它本身必须是在民主法治的现代政治架构下健康发展和运行的。民主即政治公开性使各种志愿组织能够进入公域从而促进公共精神的发展而遏制其"私性"，法治则规范其与外部社会的关系以及自身与内部成员之间的关系，从而防范它成为一种对社会的伤害性因素和对个体的压制性因素。而如果缺乏这种条件，那么，所谓"社会"很容易扭曲变样，从而像著名学者林毓生指出的那样，演变成一个"西西里式"的、"拟似的或半吊子的"社会""，或者直截了当地说，演变成灰色甚至黑色的社会。这只要想一下中国曾经常见至今也没有绝迹的帮会就可以明了。而这种"西西里式"的、"拟似的或半吊子的"社会""，对于公民身份和相应权利的正常运作和发展，无疑就不是积极的因素，而是消极的因素，是威胁。

既然国家、市场和"社会"对于公民身份以及相应的公民权利都有肯定、承认、保护作用和否定、排斥、压制作用的两重性，那么，从争取和扩展公民身份，或者说，从维护和保障公民权利的角度出发，无疑就要尽可能利用、发挥市场、国家和"社会"各自的肯定、承认、保护作用，并以之来克服和消解它们彼此的否定、排斥、压制作用。事实上，如果回头看一下公民身份在西方几个世纪以来的发展历史，就会发现，它事实上大体也正是这么发展起来的；从而，人们公民身份的获得及其权利的扩展过程，也就表现为人们既从国家权力的限制、束缚、压迫、排挤中解放出来，也从完全受市场力量的控制、摆布中解放出来的过程，表现为从以市场契约关系瓦解、终结封建的等级结构及其法律规定的特权和排他性开始，一直到以国家力量来克服市场中很多人因贫困而造成对其公民权利的排挤、限制的过程。[1]当然，也表现为作为工会、妇女组织、民权组织、环保组织，作为社会运动的"社会"积极地自我保卫和争取权利的过程。公民身份以及相应的公民权利的发展进程，是国家、市场和"社会"相互作用的过程，或者更精确地说，是国家、市场和"社会"的两重性相互作用的进程。

最后值得说一下的是，上述关于国家、市场、"社会"对于公民身份之双重性意义的叙述，很容易让人联系到社会政策研究中的"福利三角"理论，尤其是杜非模式。福利三角理论最早由伊瓦斯提出，不过，不同的学者对于福

---

1 王小章：《国家、市民社会和公民权利》，《浙江大学学报》，2003 年第 5 期。

利三角有不同的理解。在伊瓦斯那里，福利三角是市场、国家和家庭；市场体现选择与自主的价值，提供就业福利；国家体现平等和保障的价值，提供正规福利（再分配）；家庭体现团结和共有的价值，提供非正规福利（互助）。在阿布瑞汉森那里，福利三角是提供权力的国家，提供财源的市场，和提供团结的"社会"。在对福利三角的理解上，杜非与阿布瑞汉森一致，但是在对具体每一角的价值或功能的认识上，杜非在阿布瑞汉森的基础上都分别添加了另一面，即，他将后者福利三角中提供权力的国家、提供财源的市场和提供团结的使命社会改变为提供保障和被动性（security and passivity）的国家、提供机会和风险（opportunity and risk）的市场、提供团结和分离（solidarity and fragmentation）的"社会"。由此，就形成了图 8-1 所示的这样一个福利三角组合。[1] 杜非提出这个福利三角模式，是用来分析不同取向的社会政策体系所产生的社会排斥和社会融合作用。实际上，从公民身份与社会政策的角度说，所谓排斥与融合作用，也就是不同取向的社会政策体系通过对国家、市场和"社会"之作用的不同安排，从而对公民身份以及与之相联系的各项公民权利的发展和实际运行产生不同的影响。

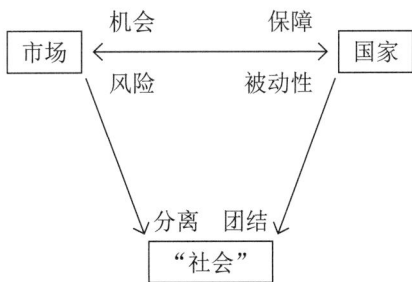

图 8-1 福利三角与社会排斥研究框架

思考题：

何为公民身份？

怎样理解和看待马歇尔的公民身份理论？

怎样理解国家、市场、"社会"与公民身份的关系？

简述福利三角理论。

---

1 彭华民等：《西方社会福利理论前沿：论国家、社会、体制与政策》，北京：中国社会出版社，2009，第 2-7 页。

社会政策的分化

社会政策的形成和发展受到各种因素的影响和约束，包括人类需要、价值观、社会结构、意识形态、政治制度、经济体制和经济发展水平、国际环境等。如果说，这些因素的共同普遍的一面，造就了现代社会政策之共同普遍的一面：如从目标上看，所有社会政策体系都旨在保障人类基本需要的满足（虽然对何为基本需求的界定会有所不同，实际满足的水平也有所差别），控制社会不平等（虽然实际效果各有不同），维护社会的和谐稳定与活力等，从手段上看，所有的社会政策体系都包含社会性给付和社会性规制，都必须与经济发展水平匹配等，那么，这些因素在不同的国家和地区的差异，则形成了社会政策的分化殊异。

第一节　社会政策的比较研究

社会政策的跨国比较是社会政策研究的一个重要构成部分，也是认识、理解社会政策的一条重要途径。社会政策的比较研究可以帮助确定不同社会政策体系的共性、差异以及它们可能产生的影响，促使人们思考社会政策体系的起源、特定国家社会政策的特点、变化方向、驱动因素和约束条件等问题；进而帮助人们认识到不同国家间在社会政策上相互借鉴的可能性和限度。

社会政策的比较研究既关注空间维度的要素，也关注时间维度的要素，相应地，它的分析方法或技术包括截面研究（cross sections research）、时间序列分析（time series analysis）、时间序列和截面的合并分析（pooled time and cross sections analysis）、事件历史分析（event history analysis）等。[1]

跟任何研究一样，社会政策的比较研究或隐或显地包含着两个层面，即经验的层面和规范的层面。经验层面的研究是对不同国家的具体社会政策或社会政策体系做事实上的考察比较。如，它们分别是如何发生、形成的？具体包括哪些内容？发生了什么影响？经验层面的比较通常不会止步于"什么"，而是会进一步进入"为什么"，也即还会包含对不同国家的社会政策何以如此的解释。威尔斯金比较了1966年64个国家的社会保障开支占GNP的比重，得出结论，经济发展水平，也就是人均GNP，从长远来看是对社会保障结果进行预测的决定性因素；而埃斯平－安德森通过使用7项衡量福利制度的可及性、涉及范围和再分配效果的项定量指标，和4项衡量福利国家政治经济特征的定量指标，考察比较了18个经济合作与发展组织成员国，结果发现，福利制度（社会政策体系）的特征与政治体制模式之间存在密切关系。[2] 不同的解释实际上联系着不同的理论视角，威尔斯金的解释与他所采用的结构功能主义分析视角有关，而埃斯平－安德森的结论则与他接近于"阶级动员"理论的视角有关。对于政策的起源、政策的后果，从不同的理论出发，所作出的解释会呈现明显的不同。

规范层面的研究是对不同国家的具体社会政策或政策体系做出评价性的比较分析。有不少研究直接就是着眼于某种或某几种价值维度而对不同国家之社会政策体系展开比较，如有人着眼于公平和效率这两种价值对瑞典和美国的社会福利制度模式进行了比较分析[3]，有人则着眼于性别平等这一价值维度对瑞典与北欧其他国家的社会政策进行了考察比较[4]，等等。实际上，即使看似经验性的解

1　彭华民等：《西方社会福利理论前沿》，第399–400页。
2　金斯伯格：《福利分化：比较社会政策批判导论》，第20–21页。
3　刘玉安：《公平与效率不可兼得吗——美国、瑞典模式的比较与借鉴》，北京：中国书籍出版社，2013。
4　李思然：《瑞典社会政策视域的性别平等政策研究》，第8–10页。

释，通常也蕴含着评价性的或意识形态性的意涵（比如对于贫困问题的揭示和文化解释）。这种意涵不可避免地联系着评价者的价值立场。当然，我们在第一讲、第三讲中就已经肯定现代世界存在一些普遍得到承认的价值观念，但是价值在不同人群、不同文化之间的分化同样是一个显著的事实。女性主义者与自由主义者或保守主义者对于同样的社会政策的评价一定会非常不同。因此，在这个层面，社会政策的比较研究有可能陷入观念之争，考虑到前面所说的即使看似经验性的解释通常也蕴含着评价性的或意识形态性的意涵，研究者需对此保持一种自我反思的意识和精神。

实际上，社会政策的比较研究面临着不少困难[1]，而这个价值分化的问题在一定程度上是造成困难的原因之一："社会政策研究无论是在解释层面，还是在研究的操作过程中，都不可能是'文化中立'的。"不过，从另一方面看，只要将价值的这种文化差异看作一个外部经验性的事实，那么它恰恰也显示出社会政策比较研究的一个有益之处："它在一定程度上使人们知道，在一个社会中可能是迫在眉睫的问题，在其他地方可能有着不同的理解或者不被重视。"[2]

社会政策的比较分析有不同的类型。有人将其分为两大类。一类是按"特定领域"展开的研究，这类研究通常会对大量相关的要素加以对比，包括：

"需求"/"问题"的规模与特性；

整体福利背景；

政策制定过程；

项目、服务和津贴的目的；

项目起源及其随着时间的发展；

获得资格的标准；

供给者/行政管理结构；

资源库；

监管体系；

递送和分配过程；

当前供给的"功效"/"效果"；

改变的压力；

政策目标。

另一类比较研究则采用宏观路径，致力于对一系列国家中的"福利系统整

1　彭华民等：《西方社会福利理论前沿》，第 400 页；梅：《比较分析》，载阿尔科克等：《解析社会政策》（第五版），第 531–532 页。
2　梅：《比较分析》。

体"进行比较分析。这类研究通常会涉及一些核心议题，包括：

总体福利环境；

政策制定"风格"和过程；

福利"投入"或"努力"的核心形式；

福利分配的主要模式；

主要福利产出和效果。[1]

实际上，所谓"核心议题"，也就是比较研究中进行比较的事项或指标。在各种具体的实际研究中，研究者们关注和考察的事项或指标并不止上面所罗列的这些，无论是社会政策的起源，还是内容，抑或影响（效果），都可以进一步产生形成诸多的比较事项或指标。正是在这些比较事项或指标上的不同表现，形成了不同社会政策模式各自的特征。

第二节　社会政策体系的诸模式

一、早期的社会政策体系分类模式

通过对不同国家社会政策体系的比较研究，学者们得出了各种社会政策体系的分类。早期有影响的分类模式，是由美国的伟伦斯基和勒博以及英国的蒂特马斯提出的。

在 1958 年出版的《工业社会与社会福利》一书中，伟伦斯基和勒博认为，划分福利模式的方式有四种，一是根据接受福利服务的人群种类来划分；二是根据资金来源渠道来划分；三是根据管理的层次来划分；四是根据福利服务的性质来划分。综合这四种分类方式，他们将福利体系分为补缺型（剩余型）福利和制度型福利两种模式。补缺型（剩余型）福利模式是在福利提供的正常结构即家庭和市场不能起作用时，国家（政府）的福利供给才起作用，也即国家（政府）的福利供给不是代替家庭和市场，而是补前两者之"缺"。这种模式的特点在于：以市场为基础的供给和选择；基于家庭经济状况调查的"安全网式"的公共补贴和服务。在这种模式下，领取福利通常被认为是不体面的。美国是补缺型（剩余型）福利模式的代表。制度型福利模式把福利国家提供福利服务看作"正当"的，天经地义的。这种福利模式的基本特征是：福利是国家（政府）履行的再分配职能；福利是以权利为基础的普遍福利，领取福利是正当权利因而是不羞耻的；福利被看作工业社会的一项正常功能。

1　梅：《比较分析》。

同样在 1958 年，英国学者蒂特马斯出版了《福利国家论集》，书中表达了与伟伦斯基和勒博基本相同的看法。1974 年蒂特马斯出版《社会政策》，在该书中，它发展了之前关于福利国家（社会政策）模式分类的思想，将福利国家（社会政策）模式分为三种类型：

（1）补缺型（剩余型）福利模式。这种模式基本与维伦斯基和勒博所述相同，即社会福利机构主要在市场和家庭这两个部门不能正常发挥作用时才发挥作用。

（2）工业成就型福利模式。在这种模式中，国家福利政策综合平衡满足社会价值需要、维持地位差异、激励工作表现和促进生产力诸方面的作用。其突出特点是以工作为基础的津贴和服务，将国家福利功能看作经济运行的一个附属品。工业成就型福利模式的代表国家是德国。

（3）制度性再分配型模式。这种模式大体上与伟伦斯基和勒博所述的制度型福利模式相似，社会福利是根据需要的原则来提供的，不过它更重视普惠性（universal）要和选择性（selective）相结合，其目标维护社会平等和社会团结等。蒂特马斯认为坦桑尼亚是制度性再分配型模式的代表。

二、埃斯平－安德森：福利资本主义的三个世界

伟伦斯基和勒博与蒂特马斯的分类代表了早期关于社会政策体系模式分类的研究。近期这方面研究的代表性成果则是丹麦学者哥斯塔·埃斯平－安德森的理论。在 1990 年出版的《福利资本主义的三个世界》这一著作中，埃斯平－安德森批评了对于福利国家的传统理解："教科书中的通用定义是，福利国家指国家承担保障其公民享有某些基本福利的责任。这样的定义没有回答社会政策究竟是否具有解放性，是否有助于体系的合法性，与市场过程相左还是有助于市场过程，所谓'基本'的实际含义，是否可以要求福利国家提供基本的或最低福利以外的内容等诸多问题。"[1] 哥斯塔·埃斯平－安德森尤其批评了认为单凭福利支出就可以认识和评价国家对福利的承诺的观点，因为，福利支出并不是均衡分配的。他主张要在福利体制这个概念下对福利国家采取全景式的研究。福利体制的概念不是仅仅从福利支出的规模、范围或福利资格权来考察资本主义国家的福利，而是进一步从福利国家（社会政策）的决策模式、过程、阶层形成的潜在模式、政治结构等来认识分析福利国家。从福利体制的透镜来考察不同国家的社会福利状况（他主要分析了世界经济合作与发展组织 18 个成员国的福利状况），就可以发现"依体制类型而成簇分布"的福利国家的三种基本变体，

1　埃斯平－安德森：《福利资本主义的三个世界》，苗正民、滕玉英译，北京：商务印书馆，2010，第 27 页。

这些变体之间的差异则主要呈现以下三个交织在一起的维度。

（1）去商品化：指人们在多大程度上可以不依赖于市场而获得和维持社会普遍接受的生活水平。"当服务被视为一种权利，并且一个人不必依赖市场就能够维持生活时，就出现了去商品化。"[1]

（2）福利分层：分层是阶级和地位的差异、分化和不平等；福利分层（或者说"福利国家作为一个分层体系"）指的是"社会政策究竟促进了什么样的分层体系。福利国家不只是一个干预，也可能是修正不平等结构的一个机制；其本身即是一个分层体系。它是一个安排社会关系的积极力量。"[2]

（3）公共－私人部门的混合：指的是国家、市场和家庭在福利供给中的相对作用。"当我们调查社会权与福利国家分层的国家变体时，会发现国家、市场与家庭之间制度安排的性质有所不同。"[3]

埃斯平－安德森划分出的、在上述三个维度上表现互不相同的三种福利体制类型是[4]：

（1）自由主义福利体制。这是一种严格的家计审查式救助为主，辅以有限的普惠式转移支付或社会保险计划的福利体制。福利主要针对低收入者，通常是工人阶级、对国家有依赖的人的需要。在这个模式下，社会改革的进程受到传统的自由主义工作伦理准则的严格束缚：福利的限度划定在福利接受者选择福利而不工作的边际倾向（就此而言，它继承了"济贫法"的制度思路）。由此，在这种模式下，领取福利的资格规定是很苛刻的，福利的给付水平一般是比较低的，且往往带有羞辱性。国家通过消极的（只保证最低限度的给付）和积极的（私人部门福利计划予以补贴）两种手段来促使市场机制发挥作用。自由主义福利体制将去商品化水平降到最低，遏制社会权利的扩张，由此建立和维系一个分层化的秩序。自由主义福利体制的典型代表是美国、加拿大、和澳大利亚。

（2）保守主义/法团主义福利体制。这种福利体制奉行强制性的国家社会保险，并有相当严格的领取条件。社会权利以工作业绩为基础，即以参与劳动市场和社保缴费为前提条件。在保守主义/法团主义福利体制的福利国家中，崇尚市场效率和商品化的自由主义通常没有什么市场。保守主义/法团主义所关注的，是对既有的阶级分化的保护，权利是附着于阶级和地位。法团主义与国家结构相结合，取代市场而成为福利的提供者，私人保险和职业性额外给付所起作用是很次要的。另一方面，既然国家维护社会阶级地位差异，那么，再分配对于分层

1　埃斯平－安德森：《福利资本主义的三个世界》，第 31 页。
2　埃斯平－安德森：《福利资本主义的三个世界》，第 34 页。
3　埃斯平－安德森：《福利资本主义的三个世界》，第 37 页。
4　埃斯平－安德森：《福利资本主义的三个世界》，第 37–40 页。

的影响往往可以忽略。保守主义/法团主义福利体制重视保护传统的家庭关系。社会保险一般将没有工作的家庭主妇排除在外，但家庭福利又鼓励传统母职，日托以及其他类似的国家服务得不到发展。保守主义/法团主义福利体制强调"辅助性"原则，即只有当家庭不再有能力满足其成员需要时，国家才会进行干预。保守主义/法团主义福利体制的典型代表有奥地利、法国、德国和意大利等。

（3）社会民主主义福利体制。这种福利体制将普惠主义原则和去商品化的社会权利扩展到了新中产阶级，这种福利国家体制不能容忍国家与市场之间、工人阶级和中产阶级之间的二元化局面，它追求的不是其他体制所追求的最低需要层次上的平等，而是最高水平上的平等。福利领取资格的确认基本与个人需要或工作表现无关，而主要取决于公民资格或长期居住资格。作为高度去商品化与普惠性的混合，所有的社会阶层都纳入到一个普惠的保险体系之中，而福利给付则根据设定的收入而累进。与法团主义的辅助性模式不同，社会民主制福利模式不是等到家庭不再有能力扶助时国家再出手，而是先行将家庭关系的成本社会化，其理想不是使个人对家庭的依赖最大化，而是使个人的独立能力最大化。因此，这个模式可以说是自由主义和社会主义的独特结合。其结果是由福利国家直接向儿童提供转移支付，承担照顾儿童、老人和孤寡者的直接责任。福利国家肩负起社会服务的重任，不仅要满足家庭的需求，还鼓励妇女选择工作而不是操持家务。相比于其他两种体制，社会民主制的一个最突出特征是融合兼顾福利与工作。它既承诺保证充分就业，又依赖充分就业所取得的成就。一方面，劳动的权利与收入受保护的权利同等重要。另一方面，维持一个社会团结的、普惠主义的、去商品化的福利体系需要巨额支出，这意味着国家必须将社会问题最小化，而将财政收入最大化，显然，要出色地做到这一点，必须让更多的人工作，更少的人靠社会转移支付来赡养。而其他两种体制都没有将充分就业作为福利国家承诺的一个有机组成部分。属于社会民主主义福利体制的国家较少，主要是丹麦、芬兰、荷兰、挪威、瑞典等斯堪的纳维亚式国家。

埃斯平-安德森指出，没有哪一个国家的福利体制纯粹属于上述三类中的某一类，至多只是靠近哪一类。也就是说，上述三种类型实际上乃是韦伯所说的"理想类型"。

埃斯平-安德森对于福利体制的分类模式引起了广泛的关注，产生了巨大的影响。在获得一系列好评的同时，也引发了一些批评和进一步的讨论。这些批评和进一步讨论主要包括：第一，认为埃斯平-安德森的模式忽视了性别维度。第二，虽然它的公共—私人部门之混合的维度意指国家、市场和家庭在福利供给中的相对作用，但实际上对于家庭在提供福利服务及照顾的角色的重视是不够的。第三，认为埃斯平－安德森的模式不能适当地解释某些国家：如，澳大利亚、新西兰是非常特殊的，因为尽管它们的福利体制高度依赖对福利申请者的家计调查，但它们还是比其他自由主义福利体制更加慷慨，但埃斯平－安德森还是宣称它们是自由主义福利体制；荷兰有着与保守主义势力一样强烈的社会民主主义特征，日本有着与众不同的自由主义和保守主义的混合特征，西班牙、意大利、希腊等南欧国家实际上已形成了一种不同的福利体制，但埃斯平－安德森则宣称所有这些国家本质上都是保守主义的；此外，在资本主义世界之外，还有一些地方是埃斯平－安德森的模式不能解释的，包括后共产主义国家或转型国家，以及发展中国家或第三世界国家。

有鉴于此，一些学者在埃斯平－安德森的基础上提出了一些修正性、补充性的分类方式。比如高夫、伍德等特别针对第三世界国家作出的分类：他们将第三世界的福利体制分为四种类型，即福利国家体制、生产主义体制、非正式保障体制和无保障体制。[1]有一种比较典型的修正性分类是英国学者诺尔曼·金斯伯格在《福利分化：比较社会政策批判导论》中的分类。该书的基本认识是，福利国家是由国内政治、文化、社会和经济环境所型塑的，同时，社会政策也是由富裕的西方国家，特别是男权主义与种族主义结构下的资本主义背景所决定的。所有福利国家都在阶级、种族和性别分化上有着自相矛盾的影响。各福利国家都将福利国家的起源归结为按阶级、性别、种族区分的社会结构所决定的支持力量与反对力量之间调和的结果。社会政策的内容是由一系列维持现代资本主义的存在所必需的意识形态的、社会学的和宏观经济的要求所构成，这些要求是在变动的经济和社会环境中历史性地形成的。福利国家会在国际经济危机时期经历明显的重构。在这些基本认识下，金斯伯格对四种福利国家模式进行了比较研究，这四种模式分别是，瑞典代表的社会民主主义福利国家，德国代表的社会市场经济福利国家，美国代表的法人市场经济福利国家，英国代表的自由集体主义福利国家。他集中在五个维度上对这些不同模式的福利国家展开比较分析，这五个维度分别是，意识形态与福利开支，收入支持政策及其结果，少数族群与福利国家（福利的族群不平等），女性与家庭政策，医疗保健制度。金斯伯格认为，采用这样一种比较分析方式，既可以显示福利国家的多样性，也可以显示多样性中的共通性，还可以将批判的视野纳入进来（将批判的视野纳入进来可以说是《福利分代：比较社会政策批判导论》的一个突出特点）。收入支持（社会保障）、家庭政策、医疗保健是三个受到关注的政策领域，其中尤

---

1 迪安：《社会政策学十讲》，第40-41页。

其是收入支持（社会保障）政策在整个福利国家中居于核心位置。对于批判性的政策分析来说，必须考虑收入不平等、贫困与劳动力市场过程中的阶级、种族和性别维度。他的研究揭示了不同福利国家在这些维度上的差异，也显示了普遍的趋势。如，家庭政策最清晰地反映出福利国家的男权结构，诸如堕胎、单身母亲以及日托等问题已经成为当代妇女运动的焦点；由于各国不同的财政和管理模式，医疗保健制度更具跨国差异性；相对富裕的中产阶级和有技能的劳动阶级比较成功地捍卫了他们在福利国家中权益，但少数工人阶级则遭受着相对于他们需求的社会福利份额的下降；在获取和对福利收益与服务的需求上的种族不平等在四个国家（美国、英国、瑞典、德国）都依然严重，但是这个问题在美国和英国已经开始进入社会政策议程，而在瑞典和德国则还没有。[1]

三、福利的五种路径

在第八讲中，我们曾指出，在现实的社会政策实践中，民族国家范围内逐步发展起来的公民身份制度充当了社会政策的规范性参照体系。诺尔曼·金斯伯格的批判视野无疑是一种规范性的视野，而柯文·布朗、苏珊·珂尼、布雷恩·特纳等人则直接将公民身份与福利（社会政策）的分类结合在了一起。[2]

柯文·布朗等先根据公民权责定位于个体还是社群，而将公民身份分为消费者公民身份和社群主义公民身份。他们指出，自洛克以降的个人主义理论传统一直强调公民与国家之间的一种工具主义的关系，公民的权利和义务被视为个人与国家之间谈判的产物；消费者公民身份是一种特定类型的个人主义公民身份，在强调工具主义观念与个人的权利和义务方面，消费者公民身份与个人主义公民身份是完全一致的，只是前者是在市场化社会中发展起来的，个人的权利和义务主要是作为消费者的权利和义务。社群主义公民身份则主张，个体是社群的派生物，社群则是共享传统的领域，作为一种成员资格的公民身份必须在进入和归属于社群的过程中获得。

在区分了消费者公民身份和社群主义公民身份之后，布朗等又将公民身份的形态分为积极公民身份和消极公民身份，前者是自下而上的公民身份发展的产物，后者是自上而下地被"赋予"的结果。

根据各种福利（社会政策）安排或实现路径在这两个维度上的组合，他们将福利路径或者说制度模式分为五种类型。

（1）社会民主型福利：社群主义主义的、消极的公民身份。这是社群主义

1　金斯伯格：《福利分化：比较社会政策批判导论》，第30-31页、第210-211页。
2　布朗等：《福利的措辞：不确定、选择和志愿结社》，第206-213页。

公民身份与消极公民身份的结合。各个层次之集体的权利和义务都得到强调，但国家掌握着最终控制权。社会民主型福利模式通过集中供给和行政管理来确保再分配的公平，为此，消极公民身份则和社群主义公民身份结合了起来。由于坚持统一的理念和机制，在这种模式下，一般难以听到不同的声音。这种模式需要一种长期的危机管理方式，以便一方面遏制和部分解决来自外部的后福特主义压力下的推拉挤压，另一方面则应对源自内部的信任度下降问题，以及边缘群体权利要求问题。社会民主型福利模式的典型是斯堪的纳维亚式国家。

（2）合同型福利：消费者/社群主义的、消极的公民身份。合同型（契约主义）福利在社群主义公民身份和消费者公民身份之间居中取位，同时结合了消极公民身份。合同型福利模式是一种折中方案，它至少在两种拉力之间折中平衡：一方是与消费者公民身份联系在一起的试产和选择自主权（在此，外包制被认为可以为人们提供更多的对于福利供给的"选择权"），一方则与此正好相对，是社会民主型福利相联系的那种通过国家对合同和投标过程的调控而实现的自上而下的控制。合同型福利模式目前是澳大利亚及其他许多西方民主国家广为采用的福利路径。它的这种折中方案努力规避主流媒体所不断警告的两种情形，即不受约束的市场和保姆式的国家，但最终能否成功还是一个未知数。

（3）麦当劳式福利：消费者的、消极的公民身份。在《社会的麦当劳化》中，瑞泽尔指出，通过采用效率原则、可计算原则、可预期原则和可控制原则来增强获利能力的驱动力，已经启动了这样一个进程，该进程极有可能将按照快餐店的形象来重塑整个世界。在一个完全市场化的环境下，"审计社会"[1] 的福利道路会导致一种"麦当劳式的福利"（Mc Weifare）。在此，消极公民身份与消费者公民身份结合在一起，通向大众标准化福利消费，这种标准化福利一般由受规模效应是市场原则驱动的大型垄断性供应者所提供。在合同型福利模式中所约略包含的选择性观念，在麦当劳式福利模式中获得了"更充分"的表达。而通过与跨国公司共同分担提供福利的责任，现代国家在与福利的关系上就要不要"完全撤退"这个问题所面临的两难困境，也得到了解决，尽管对于公司而言，其对于避免"一切人反对一切人的战争"的承诺纯粹是出于经济的动机，但就维持稳定的客户群而言，这也是理性的。举例来说，失业者可以与他们选择的职业中介签约，在那里，他们将被引向始终开放和不断循环着的通往"麦当劳化工作"（Mc Jobs）的通道，在这里，某人所选择的职业中介，是与咨询服

1　"审计社会"是 M.Power（*The Audit Society: Rituals of Verification*. Oxford: Clarendon Press,1998）提出的概念，意指风险社会中组织的变迁和不稳定性已经引发了一系列力图通过审计手段和会计机制对这些变迁和不稳定性加以调控的低效性力量。

务机构、保健中心、连锁超市、银行和信用体系等联系在一起的，所有这些机构都会给它们的客户成员以优惠折扣。这些提供福利服务的科特尔，竞相争取市场份额，并提供各种令人眼花缭乱的选择。但是所有这一切都囿于审计社会的消极公民身份的模式之中，而且内在于这种模式的大众生产也要求大众消费。这反过来表明，其所提供的"选择权"实际上仅仅是一种幻想，最终所有的选择都会被融合为一，被诟病的国家在福利提供中的同质性问题在此以改头换面的方式重新出现。不过，相比于国家，市场似乎更能说服消费者接受这种同质性，是他们相信，这种同质性是选择机制作用的结果。

（4）互联网式福利：消费者的、积极的公民权。这是积极公民身份与消费者公民身份的一种结合。麦当劳式福利模式的一个潜在问题，就是同质化趋向，这种趋向会削弱选择权。但这个问题在互联网式福利模式中通过各种针对特定客户群的"定制"市场（"niche" markets）的创建而在一种准资本主义市场模式内得到了解决，这种"定制"市场赋予了个体将他们各自量身定做的福利套餐组合到一起的手段。互联网式福利模式与数字技术密不可分，数字技术不但使量身定做福利套餐成为可能，而且还使得去中心化的虚拟志愿结社的形成成为可能。在这种模式下，公民权责依然是高度个体化的，但选择权的真正生效提供了一种可以避开麦当劳式福利模式之标准化陷阱的方式；国家与公司的关系依然类似于麦当劳式福利模式下的关系，但因地因时因事而质疑的灵活性使其更加去中心化。

（5）结社主义福利：消费者/社群主义的、积极的公民身份。结社主义又称结社民主，这种观念认为，现代民主制的健全依赖于多种多样的自治团体、志愿结社和公共群体的存在。这些群体和社团外在于国家。同时，它们的存在对于"辅助原则"[1]的作用也非常重要，按照辅助原则，领导权应该运作在层次尽可能低的公共组织。结社主义又有两种类型或者说两种发展路向，一种是"约束国家"（state-bounded associationalism）的结社主义，一种是社会市场型的结社主义（social market associationalism）。[2]结社主义福利模式主要是指在福利分配和供给确

1　辅助原则（the Principle of Subsidiarity），或称补充原则、补助原则、附属原则，本是罗马教廷认为处理个人、社会、国家乃至国家内部各级政府之间复杂关系所应遵循的基本原则。一般认为，对此原则较全面清晰的阐述，是1931年教宗庇护十一世（Pius Ⅺ，1857 — 1939年）为纪念《新事物通谕》颁布40周年而宣告的《四十年通谕》："褫夺个人凭自己的创意、用自己的办法所能够做到的事情，将之移转给某个群体去做是不合法的，同样，将下一级或较小群体能做的事情移转给上一级或较大群体承揽也是不公正的，同时也严重损害和搅乱了社会秩序。一切社会实体都应当辅助属于社会整体的成员，而不是吞并它们，也不是摧毁它们。"因此，辅助原则的基本观念是，个人首先要对自己负责，在个人无法解决的时候，可以通过自愿合作来解决共同的问题；在自愿合作无法解决的时候，才需要强制，即公权力的介入；而进入公权力的范围之内，也应当由较小的共同体承担解决共同问题的责任；只有在下层共同体需要更高一层支持的时候，更高一层才能予以干预，个人、社会、国家乃至国家内部各级政府之间形成递升的辅助关系。第二次世界大战后，天主教的辅助原则逐渐地世俗化，转化为一般公法原则。

2　布朗等：《福利的措辞：不确定、选择和志愿结社》，第15-21页。

立起社会性市场的系统形式。这种福利模式将公民身份的积极形态同消费者公民权和社群主义公民权之间的某种中间状态结合了起来。尽管目前看来，这种福利模式在总体上还只是初露端倪，但它为积极公民身份提供了令人鼓舞的希望。

在柯文·布朗、苏珊·珂尼、布雷恩·特纳等看来，以上五种福利路径，已然成熟的是第一、第二两种，第三、第四种则是正在开始出现和流行的，而第五种从促进积极公民身份的角度看则是最值得肯定和希望的。

柯文·布朗、苏珊·珂尼、布雷恩·特纳等还进一步分析了在这些福利路径或模式下，志愿结社或部门的发展空间和路向。在社会民主型福利路径下，志愿部门可能仍将主要关注非福利领域，但势必也会出现一些新的组织，来应对边缘群体那些尚未得到满足需求。这些规模较小的、集中关注福利的组织，最有可能在中央集权的法规放松的时候涌现。在合同型福利路径下，志愿福利部门有可能不断壮大，而志愿组织的分岔将可能出现在那些以合同方式承包国家订单的组织和其他组织之间。在麦当劳式福利路径下，志愿福利部有可能沿着两个方向分化：有的组织会通过寻求某些"社群"纽带而使自己联合挂靠于大公司，而其他一些则直接由公司主动创造，即"人造草根"组织（"astro-turf"organizations）；至于这两类组织之外的其他结社，在麦当劳化福利背景下，则将退居到边缘。在互联网式福利路径下，志愿结社以许多不同的方式分化：第一，大量的结社将在公司的支持下生存，这些结社将可能主要是一些提供诸如健康照料、老人照顾、儿童照料和大众教育等服务的组织；第二，有一些边缘化的结社，它们服务于那些麦当劳化的福利所不及的人群；第三，一些主要在各种专门的中产阶级福利市场中经营运行的虚拟社团，这种专门的中产阶级福利市场与借助于沟通技术而成为可能的、新的、比较松散的联系形式联系在一起，包括经过改造而变得可以量身定做的麦当劳化福利的变体（customizable versions of McWelfare）。至于结社主义福利，则它本身就依赖于多种多样的志愿结社的存在与发展。

第三节　趋同或路径依赖

在关于福利国家（社会政策）体制形成和发展的理论和研究中，有两种学说，一种为趋同论（convergence theory，也译为"收敛论"），一种为路径依赖说。前者聚焦于福利国家（社会政策）形成和发展中的一般性规律，而后者则聚焦于个别、具体、特殊的侧面。

武川正吾认为，伟伦斯基是趋同论的代表性学者伟伦斯基建立了以人均GNP、自由主义国家、集权主义国家、65岁以上人口比率、制度的实施年数、社会保障支出占GNP比重为变量的因果模型，进行了路径分析。结果发现，在这些变量中，政治变量并不重要，而经济发展、人口构成、制度实施年数才是三个重要变量。其结论是，随着人均GNP的增长，人口出现老龄化，人口老龄化促使社会保障制度的发展，从而提高各国的社会保障比率。与趋同论不同，路径依赖论认为，各国的制度遗产对福利国家（社会政策）的形成和变化具有重要影响。一个时点的决策受以前时点的决策的制约，福利国家（社会政策）的形成和发展也是如此。制度形成的初始条件对随后的发展起决定性影响。路径制约的程度有大有小，其中最强有力的制约被称为"锁定效果"。在这种情况下，制度一旦形成就不能改变。路径依赖论强调历史的偶然性、个别性和特殊性，与趋同论形成鲜明对比。不过，武川正吾认为，趋同论和路径依赖论有一个共同点：它们都重视福利国家（社会政策）形成和发展的国内因素。趋同论重视国内经济发展、人口结构和制度的实施年数，路径依赖论重视过去和现在的国内政治过程。但解释福利国家（社会政策）的形成和发展还有"第三条道路"，那就是强调国际环境这一变量。武川正吾于是将国际环境纳入对于福利国家（社会政策）之形成和演变的考察中，提出并通过对日本、韩国、英国的比较研究验证支持了三个假设。这三个假设分别为：假设1，国内因素决定福利国家的起飞时期（趋同论式前提）；假设2，起飞时期的国际环境成为福利国家形成的初始条件（重视国际环境）；假设3，这一初始条件制约随后的福利国家发展（路径依赖论式前提）。[1]

埃斯平-安德森同样也关注福利国家（社会政策）的趋同或路径依赖的问题，他发现，在全球化的背景下，社会政策的趋同和分散化（路径依赖）都可以找到实例。关于前者，他指出："世界一体化几乎不言而喻地预示着开放的经济。瑞典、澳大利亚和新西兰、智利以及欧洲前共产主义国家，全都放弃了以前各自支持福利制度安排的保护主义措施。"关于后者，他说："我们的研究证明了国家制度传统的持续支配。它主要体现在两个重要方面。第一，尽管战后西方福利国家都表现出大体相似的目标，但是，他们实现目标的雄心以及怎样实现目标这两个方面都不相同。第二，同样是福利国家，在当今寻求调整之时，做法迥异。其主要原因与制度遗产、沿袭下来的体制特征，以及由此所滋生的既得利益都有关。"[2]

英国学者玛格丽特·梅列举了政策分析家们围绕着展开讨论的六个论题，也

1　武川正吾：《福利国家社会学：全球化、个体化与社会政策》，第208-242页。

2　埃斯平-安德森：《黄金时代已逝？全球经济中福利制度的困境》，载埃斯平-安德森：《转型中的福利国家——全球经济中的国家调整》，杨刚译，北京：商务印书馆，2010，第6-8页。

即影响、制约政策形成和演变的六个方面因素。对于在这些论题上福利国家（社会政策）的形成和演变是表现出趋同还是路径依赖（分殊），学者们看法没有不同，不过从玛格丽特·梅的介绍也可以看出，在各个论题上哪种看法相对占多数。这六个论题是：（1）经济对社会政策形成和演变的影响，在这个论题上，学者们相对更多地看到经济的趋同性影响。（2）社会结构对社会政策之形成和演变的影响，在这个论题上，学者们同样更多地看到了人口特征、构成、家庭模式等方面的相似性对类似的福利设计的促进作用。（3）政治对社会政策形成和发展的影响。在这个论题上，一方面，早期的论者强调民主的传播、工人阶级动员和集体主义之间的关系，马克思主义取向的学者尤其认为国家福利是工业–资本主义社会中阶级斗争的产物，虽然他们也强调国家福利在强化劳动纪律和社会稳定方面的作用（趋同论）；另一方面，包括埃斯平–安德森在内的另一些学者则认为，不同社会群体之间的冲突和他们各自拥有的权力资源，既可以用来解释福利国家制度的起源，也可以用来解释不同制度之间的基本差异，比如，剩余型福利体制就反映了工人阶级组织的虚弱（分殊）。（4）福利国家（社会政策）的制度性影响，在这个论题上，路径依赖不言而喻地占据主导地位。（5）价值观念对福利国家（社会政策）的影响，在这论题上，认为公共价值体系、文化、宗教等由来已久的、根深蒂固的差异造成了福利国家（社会政策）之间的分殊的观点是主流。（6）福利国家（社会政策）所受的跨国影响，在这论题上，学者们关注到了传统福利国家和南部国家（不发达国家）在抗拒跨国影响之压力的能力上的差异，前者要高于后者。[1]

看来，在福利国家（社会政策）的形成、演变和发展中，既有趋同的一面，也有因路径依赖而维持甚至强化跨国差异的一面，只是，在社会政策以及政策影响因素的不同方面，或者说，在政策分析和讨论的不同论题上，趋同和路径依赖（分殊）有不同的表现。

思考题：

试分析埃斯平–安德森的福利资本主义三个世界理论？

试分析社会政策形成和演变中的趋同和路径依赖。

1　梅：《比较分析》。

全球化、风险社会与社会政策

现代意义上的社会政策是社会的现代转型也即现代性的产物。现代性本身不是凝固不变的，而是处在不断地流变和扩张之中。随着现代性本身的这种流变和扩张，社会政策不可避免地也要随之相应地做出调整和变动，无论这种变动表现为趋同还是路径依赖。全球风险社会是现代性之演变、扩张在今日世界的一个突出表现，这对社会政策意味着什么？前面的有关章节段落实际上对此已有所触及，在这最后一讲，我们不妨再来集中讨论一下这个问题。

第一节　全球风险社会

社会学家贝克、吉登斯等指出，现代化的持续发展已经导致当今社会进入了"风险社会"，在现代性的这个阶段，工业化社会道路上所产生的威胁开始占据主导地位，社会、政治、经济和个人的风险越来越多地脱离工业社会中的监督制度和保护制度。而这一局面的出现，正是"现代性方案"展开过程本身所带来的。

按照哈贝马斯的观点，现代性作为自觉的"规划"或"方案"，在 18 世纪首次进入启蒙思想家的聚焦点。当然，我们可以说，经济、文化、社会、政治诸领域中的现代性起源或发端，可以追溯到更早，但启蒙思想家们将发端于西方社会的现代性追求自觉化、系统化了。"就启蒙运动的思想家们自身而言，这种规划是一种非凡的知识上的努力，'根据它们的内在逻辑去发展客观的科学、普遍的道德和法律、自主的艺术。'这种观念就是要把许多个人自由地和创造性地工作所产生的知识的积累，运用于人类的解放和日常生活的丰富。科学对自然的支配使摆脱匮乏、愿望和自然灾害肆虐的自由有了指望。合理的社会组织形式和理性的思维方式的发展，确保了从神话、宗教、迷信的非理性中解放出来，从专横地利用权力和我们自己的人类本性黑暗的一面中解放出来。只有通过这样一种规划，全人类普遍的、永恒的和不变的特质才可能被揭示出来。"[1] 也就是说，包含在启蒙思想中的现代性方案所表达的，是一种以对人类理性力量之绝对信仰为核心，以对历史之全面的、无限的、必然的"进步"的坚定信念为基础，寄托着对于自由、富裕、幸福的未来社会的希望和憧憬的价值理想。"现代精神的梦想是一种完美的社会。"[2] 而步入现代时期以来的各种试图改善人类状况、试图实现"美好社会、健康社会、有序社会之梦想"的宏大的"现代社会工程"，正是在这种现代精神的鼓舞推动下展开的。至于包括社会学在内的各门社会科学，其任务就是要以精确、可靠的经验研究成果，来服务于这种社会工程。

从历史上看，这种现代社会工程滥觞于法国大革命。正如托克维尔所描述的那样，"（法国）大革命正是本着卷帙浩繁的评论治国的抽象著作的同一精神进行的：即本着对普遍理论，对完整的立法体系和精确对称的法律的同一爱好；对现存事物的同样蔑视；对理论的同样信任；对于政治机构中独特、精巧、新颖的东西的同一兴趣；遵照逻辑法则，依据统一方案，一举彻底改革结构，而不在

1　哈维：《后现代状况——对文化变迁之缘起的探究》，阎嘉译，北京：商务印书馆，2003，第 20-21 页。
2　鲍曼：《生活在碎片之中——论后现代道德》，郁建兴等译，上海：学林出版社，2002，第 227 页。

枝节上修修补补的同一愿望而进行的。这是何等骇人的景象！"[1] 不过，法国大革命仅仅是现代社会工程的发端。尽管托克维尔在此称法国大革命为一种极端"骇人的景象"，认为，那种以为借助理性、光靠理性的效力就可以对如此复杂、如此古老的社会进行一场全面而突然的改革的观念，将带来的是一场"最为危险的革命"[2]，但是，在现代性价值理想的牵引下，在力图实现"美好社会、健康社会、有序社会"之现代梦想和精神的鼓舞下，在此后近一个半世纪的历史中，以同样的建构理性逻辑来展开和实施的各种现代社会工程遍及了世界各国。在斯科特、鲍曼这些学者看来，这些宏大的现代社会工程或项目包括科学林业、清晰而简单化的农业、完全的土地所有权、巴西利亚式的规划城市、集体农庄、乌贾玛村庄（坦桑尼亚）、对异文化的同化政策和实践，等等。[3] 而所有这些宏大的现代社会工程或项目（及其灾难性结果），斯科特认为，都产生于四个因素的致命结合：一是国家出于自身的目的对社会和环境的简单化、清晰化处置和重塑；二是极端现代化的意识形态，即相信，随着科学地掌握自然规律，人们可以理性地设计社会的秩序；三是独裁主义的国家，它有愿望也有能力使用它所有的强制权力来使那些极端现代主义的设计成为现实；四是软弱的公民的社会，这样的社会缺少抵制这些计划的能力。"总之，社会的清晰性提供了大规模开展社会工程的可行性，而极端现代主义的意识形态提供了愿望，独裁的国家则有实现这一愿望的决定权力和行动能力，而软弱的公民的社会则提供了等级社会作为其实现的基础。"[4]

不能说，所有的现代社会工程都"失败"了，比如，在现代公民身份，特别是社会公民身份的观念下建立起来的、国家主导的全国性社会政策体制在提高公民应对各种生活风险的能力方面曾起过很大的作用。但是，毋庸讳言，正如斯科特、鲍曼等所指出的那样，许多在"现代性方案"下实施和展开的、其初衷是要改善人类状况的社会工程或项目，其实际后果是不尽人意的、失败的，甚至是灾难性的。何以如此，斯科特认为，原因在于上述四个因素的结合。实际上，这四个因素既是这些工程之所以得以实施的原因，也是它们之所以失败或带来灾难的原因。而就之所以失败或带来灾难而言，其中最值得注意的是极端现代化意识形态的理性设计信条。那些工程的设计、推动、实施者相信，凭借自身的理性能力，完全可以在全新的基础上实现乌托邦式的计划。但实际上，

1　托克维尔：《旧制度与大革命》，第 182 页。
2　托克维尔：《旧制度与大革命》，第 179 页。
3　斯科特：《国家的视角——那些试图改善人类状况的项目是如何失败的》，王晓毅译，北京：社会科学文献出版社，2004；鲍曼：《现代性与矛盾性》，邵迎生译，北京：商务印书馆，2003。
4　斯科特：《国家的视角——那些试图改善人类状况的项目是如何失败的》，导言、第 7 页。

理性的行使离不开各种现实的约束条件。这些约束条件既包括"社会工程"必然在其中展开的各种历史地、自然地形成和延续下来的客观外在因素（如按照建构式理性，两点之间，直线最短，但如果要这样来修一条公路，则必须毁坏粮田、古迹或自然美景，则又当如何），也包括这些工程所必然影响到的人们的各种不同、彼此殊异的动机和目标。而那些工程的设计、推动、实施者们的"理性"实际上既无力了解掌握所有的外在因素，更无力协调统一人们各种不同的动机和目标。如果他们不问这些复杂的因素、无视人们各自的动机和追求，一味凭借手中掌握的权力而强行推行他们的计划，其结果常常就会背离他们的初衷，脱离他们的掌控，而带来始料未及的灾难性后果；即使其原先的目标在一定意义上得到实现，它们所带来的意外后果或者副作用也往往令其"成果"失去意义。换言之，即使是"成功"的社会工程，就其对风险的应对而言，也往往是在应付了一种旧的风险的同时，带来可能是更加麻烦的新的风险。

许多现代社会工程是"失败"的。而尤其值得注意的是，它们的"失败"，并不是由于其理性设计未能得到贯彻实施，而恰恰是其理性设计成功得到贯彻实施的产物。要么是由于建构式理性设计在强行贯彻实施的过程中所产生的意外后果直接背离了设计的初衷，走向了反面；要么是所产生的副作用毁灭了其"成就"。而无论哪种情况，都说明了一个事实：即这里所出现的那些不美好的甚或灾难性的结果，都是企图给人类带来福祉的、理性设计的现代社会工程自身的产物，而这正是贝克、吉登斯等所谓"风险社会"之风险的首要的、也是根本性的特性，也即所谓"自反性"（reflexivity）。在其合著的《自反省现代化——现代社会秩序中的政治、传统和美学》的"前言"中，贝克、吉登斯、拉什指出："今天的社会世界和自然世界充满了自反性的人类知识，但这并不可能使我们成为自己命运的主人。正好相反：未来日益有别于过去，而且在某些基本方面变得十分具有威胁性。作为一个物种，我们的生存已不再有保证，即使是短期内也是如此，而且这是我们人类集体的自己的所作所为的后果。现在'风险'的概念成为现代文明的中心，这是因为我们的思维大多只能建立在'似乎'的基础上。在我们——无论个人还是集体——生活的很多方面，我们必须经常建构潜在的未来，但我们知道这种建构实际上可能妨碍这些未来的出现。新的不可预测领域的出现往往是由企图控制这些领域的努力所造成的。"[1]

贝克认为，现代化的持续发展已经导致人类社会进入了"风险社会"，在现代性的这个阶段，工业化社会道路上所产生的威胁开始占据主导地位，社会、

---

[1] 贝克、吉登斯、拉什：《自反省现代化——现代社会秩序中的政治、传统和美学》，赵文书译，北京：商务印书馆，2001，第2页。

政治、经济和个人的风险越来越多地脱离工业社会中的监督制度和保护制度。风险社会"出现在对其自身的影响和威胁视而不见、充耳不闻的自主性现代化过程的延续性中。后者暗中累积并产生威胁,对现代社会的根基产生异议并最终破坏现代社会的根基。"一方面,"工业社会、民众的社会秩序,特别是福利国家和保险国家必须能够使人类的生存状况可由工具理性控制并使之可制造、可获取、(单个地、合法地)可解释。另一方面,风险社会中难以预见的一面以及控制的需求的滞后效应反过来又引出了原以为业已克服的不确定的领域、矛盾的领域——总而言之是异化的领域。"[1] "不确定性以自律的现代化之胜利的不可控制的(副)作用的形式回归了。"[2]

"风险社会"之风险,是现代化的胜利所带来的不可控制的意外后果或副作用。因此,现代性的全球扩张必然带来风险的全球弥散。这就形成了风险社会之"风险"形态的又一个特征,即全球性。吉登斯曾经指出,现代性的扩张有三个动力机制或者说三个动力来源。即"时—空伸延、脱域机制和自反特性"。[3] "时—空伸延"指的是由时间的标准化而导致的时间和空间的分离,以及它们在形式上的重新组合,由此进而导致"场所完全被远离它们的社会影响所穿透并据其建构而成",[4] 造成不在场的东西日益决定在场的东西。"脱域机制"指的是"社会关系从彼此互动的地域性关联中,从通过对不确定的时间的无限穿越而被重构的关联中'脱离出来'。"[5] 有两种脱域机制在现代社会中扮演着重要角色,一是"象征标志",二是"专家系统"。全面的自反性不可预测地改变着我们行动的环境,从而将我们置于一种普遍的不确定感中。在这三个现代性的动力来源中,吉登斯认为第一个是最为关键的,其他两个在某种意义上是由它所派生的。[6] 正是在这三个动力来源构成的动力机制推动牵引下,现代性得以向全球扩张。全球化意味着人、物和资本超越民族国家国境的移动的增加,以及由此而来的各国社会之间相互依赖性的加深,当然意味着风险的全球性弥散渗透。"风险社会"必然是全球风险社会。从某种意义上讲,在当今"风险社会"中,没有哪个地方、哪个民族、哪个群体、哪个个体能确定地脱离于风险之外。

---

1 贝克:《再造政治:自反性现代化理论初探》。

2 贝克:《何谓工业社会的自我消解和自我威胁》,载贝克、吉登斯、拉什:《自反省现代化——现代社会秩序中的政治、传统和美学》,第232页。

3 吉登斯:《现代性的后果》,田禾译,南京:译林出版社,2000,第56页。"reflexivity"原译"反思性",此处改为"自反性"。事实上,"自反性"和"反思"(reflection)是有重要区别的,贝克对此作了明确区分。参见:《自反性现代化:现代社会秩序中的政治、传统与美学》,第9-12页、第223-226页。

4 吉登斯:《现代性的后果》,第16页。

5 吉登斯:《现代性的后果》,第18页。

6 布朗等:《福利的措辞:不确定、选择和志愿结社》,第15-21页。

关于"风险社会",最后还应该指出的是,在现代性的全球扩张将它所产生的风险推向全球的同时,同样作为现代化胜利或者说现代性建构的产物,现代社会在结构上已经"个体化"了。这种作为现代社会结构特征的个体化,一方面固然使个体成为权责的主体(笔者认为这是必须坚持和肯定的),但与此同时也将风险的承担责任推向了个体。有人指出,现代性方案所依凭的启蒙理性在两个维度建立了把责任推向个体的机制。一个是实在论维度:建立在实证主义基础上的个人主义风险评估理论认为,各种招致风险的独立变量是具体的,其发生概率在统计学上是可测量的,只要管理权威按照这种测量方法采取必要的措施,就能够确保安全;在这个前提下,随后发生的任何风险都不是专家或管理权威的责任,而是个人的原因。另一个是自由主义维度:声称在合乎启蒙理性的公正普遍的制度面前,风险的发生取决于个人的努力、道德、知识以及其他因素;新自由主义的国家最小化、反对社会福利、个人对风险规避和管理负责的主张是这种观点的典型。[1]特别值得一提的是,前面指出,在现代公民权,特别是社会公民权的观念下建立起来的、国家主导的全国性社会政策体制,作为现代社会工程中少有的"成功"例子,在提高公民应对各种风险的能力方面曾起过很大的作用,但是,在上述新自由主义主张下展开的所谓"第三波市场化"潮流则对劳工权利和社会权利发动了猛烈进攻,从而在很大程度上消解了这种体制的成就。[2]

第二节　面向不公平与不确定的社会政策

在"风险社会"来临之前,把促进社会"公平",并且是侧重于实质性"平等"意义上的公平,看作社会政策所致力的主要任务或者说目标,是大多数人的观点。绝大多数与社会政策(福利国家)这一概念相关的实践与思考,基本上都以公平为基本取向,基本上都属于"向不平等开战"的范畴。在实践方面,缩小不平等、促进社会公平无疑是"福利国家"的核心价值,这既体现在作为战后"福利国家"基石之一的"贝弗里奇报告"中,同样也体现在左右两翼对于"福利国家"的批判中:无论是右翼从公平与效率的角度批评"福利国家"的无效率,还是左翼从资本主义国家"招安"工人的角度批判"福利国家"是稳定资本主义社会的一套装置,实际上都肯定了"福利国家"的实践乃是在资本

1　肖瑛:《作为风险的认同和作为认同的风险——认同视角下的风险社会生产机制研究》,载《社会理论论丛》(第四辑),北京:北京大学出版社,2009,第15页。
2　布洛维:《公共社会学》,沈原等译,北京:社会科学文献出版社,2007,第64—70页。

主义体系内部控制社会不平等的一种努力。在理论方面，最典型的自然还是马歇尔的公民身份理论。如前所述，在马歇尔的公民身份理论中，与我们的"社会政策"之内涵最相对应或者说直接关联的无疑是"社会权利"，马歇尔认为，先后于18、19世纪发展起来的民权和政治权利对于社会不平等几乎没有产生直接的影响，一直到社会权利兴起，社会不平等才开始实质性地减小。我国学者李培林说得更明确："社会政策的最终目标是要把社会政策成一种不同于政府和市场的资源配置的权力，这样才能使市场中的一部分资源和财富流向穷人那里，由此形成资源配置上的完全公平合理。"[1]

当然，也有个别思想者表达了不同的看法，如鲍曼。鲍曼指出，随着传统社会中由联系密切的社群和组织所构成的社会保护网被现代革命撕毁，个体迎来了前所未有的自由，但"随着自由选择一同到来的是数不胜数的失败的风险；很多人发现或怀疑其个人能力不足以应对这种风险，因此觉得这种风险是无法承受的。对大多数人来说，除非以社群的名义签发一份保单，让他们在遭遇不幸时可以有所信任与依靠，从而减轻对失败的恐惧，否则自由选择将永远是一个难以捉摸的幻影，毫无价值的空想。"因此，"现代国家自建立之初便面临着管理恐惧的艰巨任务。……现代国家矢志发展成为'社会国家'。与普遍的看法不同，'社会国家'的核心任务是'保护'（对抗个人厄运的集体保障）而非'财富的再次分配'。……第一种（保护性）社会网络包括福利机构与福利供给，国家运营或支持的医疗服务、教育、住房保障，以及阐明劳动合同中各方的相互权利与义务、并以此保障雇员的福利与权益的工厂法规等。而第二种社会网络的典型范例是车间、行会与职业联盟，它们植根于'福特主义工厂'，在那种相对稳定的环境中'自然地'繁荣发展起来。"[2]也就是说，在鲍曼看来，现代"社会国家"，主要是围绕现代社会中的不确定性而展开的，其核心任务是帮助人们应对风险，是保障安全。当然，在上面的引文中鲍曼也明确承认，这只是他个人的观点，而不是"普遍的看法"。普遍的看法依旧是，现代"社会国家"的核心任务是"财富的再次分配"，也即控制社会不平等。

不过，鲍曼的话却可以促使我们重新思考社会政策所要面对和解决的根本问题，重新认识社会政策的任务取向，特别是当今天的我们已经无可回避地进入了"充满不确定性的年代"。

上一节指出，现代化的持续发展已经导致当今社会进入了"风险社会"，在

---

1 李培林：《当代中国社会政策中的组织载体》，载陆学艺：《中国社会政策与社会管理：对话·争鸣》，北京：社会科学文献出版社，2011，第20页。
2 鲍曼：《流动的时代：生活于充满不确定性的年代》，第71–72页、第79页。

这个"未来日益有别于过去","风险"业已成为文明的中心概念的不确定性时代，社会中每个成员的生活状态、心理情态都不可避免地改变了。其中特别值得注意的是，面对愈演愈烈的不确定性以及与之紧密相连的对自身命运和未来的不可预期感、失控感，焦虑已逐步成为当今人们的一种最基本的社会心态。与风险社会中这种普遍弥散的焦虑相应，一种新的基本需求，或者说，一种新的价值系统隐隐然正在孕育、躁动之中。这种需求或者说价值，就是安全。贝克认为，随着"阶级社会"向"风险社会"转变，社会的价值体系也将发生改变。阶级社会在它的发展动力上与平等的理念相联系，风险社会则与安全相联系。在风险社会，"不平等"的社会价值体系相应地被"不安全"的社会价值体系所取代。"阶级社会的驱动力可以概括为这样一句话：我饿！……风险社会的驱动力则可以表达为：我害怕！焦虑的共同性代替了需求的共同性。在这种意义上，风险社会的形式标示着一个社会时代，在其中产生了由焦虑得来的团结并且这种团结形成了一种政治力量。"[1] 当然，在随后的文字中，贝克表达了对于焦虑能否以及如何促成和维持一种新的社群的不确定，但是，风险社会中普遍的焦虑必将催生对于安全的普遍需求，从而促使一种围绕安全的价值体系的形成，则是合乎逻辑的。

由此，人类相应地需要重新思考社会政策所要面对的根本问题，需要重新认识社会政策的任务取向或者说目标定位。质言之，我们的社会政策一方面还需要继续面向不平等、增进公平感（对于在收入、财富、保障、福利、教育以及各种机会依旧存在着显著的不平等，特别是，在"底线公平"依旧没有得到完全保障的我国来说尤其如此），另一方面，面对我们已无可避免地置身于其中的"风险社会"中那日益增长、四处弥散的不确定性，社会政策必须比以往更加自觉地面向不确定、提升安全感。也就是说，今天的社会政策必须同时面向"阶级社会"的不平等和"风险社会"的不确定性。

面向不平等的社会政策与面向不确定性的社会政策真的有什么实质性的不同？首先，面向不平等的社会政策主要关注的是贫困问题，而面向不确定性的社会政策关注的则是脆弱问题，贫困者不一定脆弱，而脆弱者也不一定贫困。

其次，虽然面向不平等、强调"再分配"的社会政策并非完全没有顾及现代社会里人们生活中的不确定性，在某种意义上甚至可以说，之所以要实行"再分配"，一个重要的目的就是要提升人们应对生活中可能遇到的"危机"或者说"风险"的能力，这也是鲍曼之所以从今天的角度回顾现代"社会国家"

1　贝克：《风险社会》，第 57 页。

的实践时能够说"'社会国家'的核心任务是'保护'"的原因。不过，从根本上讲，两者在性质上是存在明显区别的。面向不平等、强调"再分配"的社会政策之主要和最直接的受益者，无疑是社会的底层，或者说弱势群体，而它所要帮助这些社会弱势群体成员应对的所谓"风险"，无非是贝克所说的"第一现代社会"中之"标准生命史"下诸如生、老、病、死以及失业等问题，虽名曰"风险"，但实际在很大程度上是可预期的，其应对方略是可事先规划安排的。而面向不确定性的社会政策所要"保护"的，则是全体社会成员，因为在今天这全球性"风险社会"中，没有任何一个人能确保自外于四处弥散、无孔不入的风险，而它所要帮助和推动人们应对的，主要也已经不是"标准生命史"下那些可预期的危机，而是从根本上讲不可预期的"风险"，如一种突发的新的传染病，一种新的网络病毒，一场突如其来的环境灾难或经济风暴，一次不知如何发生的技术事故或不清楚其社会后果的技术革命，甚至一场恐怖袭击……在这些冲击面前，任何人都可能是脆弱的，而且对它们的应对方略很难事先规划安排，而只能事后处置。

与可以事先规划安排和只能事后应对处置的区别相联系，面向不平等的社会政策与面向不确定性的社会政策之间的另一个区别，是对行动主体之侧重上的区别。面向不平等的社会政策，需要在以"民主"和"法治"解决政府权力来源之正当性和权力行使之规范性的基础上，更多地强调政府的责任。当然，这并不是否定其他行动主体，特别是"社会"的作用，但是，在维护现代社会之基本的公平，包括底线公平方面，最后的保障必须由政府提供，第一点，我们在第二讲中已经做过说明。与此不同，面向不确定性的社会政策则必须更多地强调"社会"这个行动主体的权能与作用。当然，这也不是否认政府的作用。但是，由于面向不确定性的社会政策所要帮助人们应对处置的那些风险在根本上是不可预期的，无法在事先规划安排应对的方略，而只能事后处置，这就对处置这些风险的行动主体之反应的敏感性、灵活性、高效性提出了特别的要求。而政府，由于其不可避免、中外皆然的科层化或者说官僚化倾向，在对风险的反应处置上必然是不灵敏的、低效的。与此相反，各种社会组织，包括社区，由于其本身与人们日常社会生活的"零距离"，因而其对于人们社会生活中所遭遇的各种风险、问题就要比政府敏感得多，回应也要灵敏得多，这就是为什么在面向不确定性的社会政策中必须更多地强调"社会"这个行动主体的原因，同样，也是为什么贝克要将控制四处弥散的风险的希望更多地寄托在以政府之外的各种"亚群体"和个人为主体的"亚政治"之上的重要原因。贝壳所说的"亚政治"区别于"政治"的地方主要在于，政治体系之外的代理人也可以出现在社会设计的舞台上："亚政治意味着从下方塑形社会。……从前未卷入实质性的技术化和工业化过程的团体有了越来越多的机会在社会安排中取得发言权和参与权，这些团体包括公民，公众领域、社会运动、在岗工人；勇敢的个人甚至有机会在发展的神经中枢'移动大山。'"[1]

第三节　新的可能：全球社会政策与"世界公民"

一、全球化对民族国家社会政策的冲击

现有社会政策（福利国家）的有效性，实际上有赖于两个前提：第一，它所要应对的风险和问题在一定程度上的可预见性，唯有如此，国家才能事先做出政策安排；第二，它所要面对和解决的那些问题和风险，必须是在民族国家的力量所及的范围之内，至少是基本上在国家力量所及的范围之内，逾越了这个范围，作为国家行动的社会政策就会无能为力。如果说不确定性所带来的不可预见性是风险社会对于社会政策（福利国家）的突出挑战，那么，社会政策（福利国家）所要应对的种种问题逾越出民族国家权力的控制范围，则构成了全球化对于现有社会政策（福利国家）体系的主要威胁，无论这些问题是属于不平等性问题，还是属于不确定性问题，抑或两者兼而有之。前面已经提到，全球化意味着人、物和资本超越民族国家国境的移动的增加，以及由此而来的各国社会之间相互依赖性的加深，也意味着风险的全球性弥散渗透，而既有的社会政策（福利国家）体制，则是在民族国家的基本架构内确立起来并运行的，因此，全球化不可避免地导致将有许多政策问题超出现有政策体系的控制范围，用鲍曼的话说，在全球化时代，"权力与政治的密切关系即将解体，很多从前对于现代国家来说可以令其行为行之有效的权力，都逐渐转移到了国家政治权力无法控制的全球空间。"也就是说，从现代国家的初始直至最近，"权力"和"政治"一直是夫唱妇随，共享民族国家这个家庭。但是现在，很多从前使现代国家的行为行之有效的权力，逐渐转移到了从政治上无法控制的全球空间；由于缺乏政治约束，这些脱缰的权力产生了难以驯服的不确定性。而政治，作为决定方向和目的的行为方式，却依然局限于民族国家的范围之内，由此，现存的政治机构及其作为与人们的生活日益不相关，换言之，国家机构不得不将越来越多曾归于其下的职能丢弃、转移。这些职能被丢弃后，"或者成为反复无常并

1　贝克：《再造政治：自反性现代化理论初探》；贝克：《风险社会》，第八章。

且不可预知的市场力量的游戏场，又或者只能留给社会个体"。[1] 这些被丢弃的职能中，就包括社会政策的保护职能。

劳动和资本的全球移动给各国社会政策所带来的影响最典型地体现了全球化对社会政策的挑战。劳动的全球移动给社会政策带来的一个问题是，民族国家的社会政策对外籍劳动者是否适用？全球化带来的劳动的跨国移动导致在一个国家内公民权持有者和非持有者的并存，目前，这意味着在同一个社会里存在两种居民，即能享受社会政策的人和不能享受社会政策的人（当然，在具体不同的国家中，这方面的表现有所不同）。于是，就出现这样一种现象，生活在同一个社区中的人，尽管在需要社会政策这方面，大家都是同样的，但现实中有的人可以享受社会政策而另一些人却不能。资本的全球流动给现行社会政策带来的突出挑战是，经济全球化对于各国企业来说意味着获利机会的增加，也意味着卷入到激烈的大竞争（Mega-competition）。对于这种竞争各国政府不能视而不见。要想维持和强化国内资本的竞争力，各国政府就不能为了社会政策而对国内企业课以过重的财政负担，福利国家实行的对劳动条件的种种规制也不得不放松。否则，政府将面对的不仅仅是国内企业竞争力的下降，还有资本的外逃。在今天这个信息化世界，资本的转移比劳动的转移要迅捷容易得多。[2]

二、全球社会政策与世界公民

面对全球化的上述挑战，社会政策（福利国家）目前大体有两种回应方式。一种被称为全球主义社会政策（social policy of globalism），另一种被称为全球社会政策（global social policy）或世界主义社会政策（policy of cosmopolitanism）。[3]

全球主义社会政策是一种从民族国家的经济竞争力出发而顺从、屈服于全球化时代资本自由流动的社会政策取向。这种政策取向无论对于社会政策的社会性给付还是社会性规制都有深刻影响。对社会性给付的影响主要体现为，为了提升民族企业的竞争力，或为了吸引资本、留住资本不使其外逃，放松对企业的课税，降低对企业所负担的社会保障费的要求等。在这种情况下，要想维持社会政策以前的开支水平，就只能通过财政赤字，从而加强对公债的依赖。但在全球化的世界经济中，这一做法是不能长期维持的，因为如果对公债依赖度增强，就会被认为该国政府无法履行债务的风险会增大，于是，一方面公债的利率就会上升，另一方面，无法从评估机构获得信任的政府会陷入筹资困难。

1 鲍曼：《流动的时代：生活于充满不确定性的年代》，第2页。
2 武川正吾：《福利国家的社会学：全球化、个体化与社会政策》，第89—94页。
3 武川正吾：《福利国家的社会学：全球化、个体化与社会政策》，第96—108页；迪安：《社会政策十讲》，第47—50页。

因此，全球主义社会政策必然导致减少公共开支，降低社会性给付。现今，许多国家都加入了削减年金、医疗等费用的"合唱"。

全球主义社会政策取向对于社会性规制的影响主要表现为对资本规制的放松。社会性规制通过对市场准入、定价、最低工资、解雇条件、工会制度等的规定，有效地保护消费者权益、中小资本利益和劳动者权益，但是在全球化条件下，能够自由流动的资本在各国给政府施加压力，要求保障其自由活动。于是，这些规制纷纷被指责为妨碍经济发展。为了防止资本外逃，放松规制或去规制（deregulation）成为全球化时代的经济政策口号。其中，尤其是最低工资和解雇规定成为去规制化的集中攻击目标。

全球主义社会政策取向对于社会性规制和社会性给付的影响，最终表现为一种所谓的"逐底竞争"（race to the bottom）风险，即各国政府竞相以更低的社会政策标准来吸引国际投资和提升民族资本的竞争力。

全球主义社会政策实际上是立足于民族国家的经济竞争力而对经济全球化的一种政策性"顺应"。与此相反，全球社会政策或世界主义社会政策则立足于全球风险社会的全球性问题只能在世界范围内来解决的基本立场，谋求通过跨国的或者说超越民族国家的全球性、世界性社会政策来应对全球性社会问题。在全球社会政策或世界主义社会政策看来，全球主义社会政策本身也是全球规模的社会问题之一，需要世界主义社会政策来解决。当然，必须指出，目前社会政策的全球主义取向在现实运行中可能还是占据主导地位的，而全球社会政策或世界主义社会政策则还处在探索尝试之中。这种探索尝试主要发生在三个层面。第一个层面是，像国际货币基金组织、世界银行、WTO等主要致力于推进经济全球化的国际机构能不能增设社会条款？比如，在WTO的贸易规则中要不要添加有关环境保护和劳动条件的事项规定。第二个层面是通过联合国、国际劳动组织等国际组织推进有关社会政策的国际条款，确立世界主义的社会政策。比如，确立每个人作为全球社会的一员必须受到保障的全球适用的最低生活限度等。第三个层面是在像欧盟这样的超越民族国家的区域范围中制定共同的社会政策。目前，这个层面的跨国社会政策已显示出比较强大的现实影响。

在第八讲，我们曾指出，民族国家的公民身份构成了现代社会政策的现实规范性参照，那么，全球风险社会的来临以及对此的全球社会政策回应，是否意味着一种新的可能，或者说，有没有可能唤起一种新的公民身份即世界公民身份呢？长久以来，"世界公民"的观念一直是关于公民身份、关于人类共同体思想传统中的一个乌托邦想象。它隐含于奥古斯丁关于"上帝之城"的观念中；它是康德"永久和平"观念的有机部分；它也是歌德试图超越当时正在出现的德意志军国主义之狭隘观念的"世界社会"思想的有机部分……但是，一直以来，支撑"世界公民"观念的，主要是一种要么系于对上帝的信仰、要么诉诸人类"普遍的同情心"或普遍的天赋人权的普遍主义的道德信念，而缺乏使这种观念转化为行动实践的足够的现实驱动力，因而，尽管这种观念对于唤醒作为人类之分子的组织和个人对于世界整体的关心和责任是有意义的，但却始终停留于乌托邦的想象，而未能走向现实实践。但是，今天的情形已大大不同了。作为客观历史进程的全球化浪潮已经使人类每一个分子的命运都彼此紧密地联系在了一起，人类已在现实生存的客观处境上成为名副其实的"命运共同体"。由此，今天支撑"世界公民"观念的，也已不仅仅只是某种属于主观价值范畴的普遍主义的道德信念，更有源于现实情势的客观驱力。

　　如前所述，在今天这个全球"风险社会"中，已没有哪个地方、哪个民族、哪个群体、哪个个体能确定地置身于风险之外，于是，即使仅仅从关心自己的安全和利益出发，人们也应该关心如何管控并应对这些四处弥散的风险。从责任的角度说，在这个紧密关联一体化世界中，虽然我们无法明确弄清每一个人的行为作为一个因子如何相互作用而导致最终的风险性结果，但是这最终的风险性结果无论如何都是这些因子共同作用的产物，因此，也就没有哪个人或群体可以置身于参与管控、应对风险的责任之外；从义务的角度来说，同样在这紧密联系的一体化世界中，在能否有效管控、应对风险上，所有的人在总体上都是相互依赖的，管控应对得成功，是大家的"福"，否则，是大家的"祸"，因此，也就没有一个人可以置身于这种义务之外；当然，我们也可以从权利的角度说，既然在今天，某个国家的某个政治或经济决策已越来越可能影响到世界各地的人们，那么，也就没有任何理由可以将这些受影响的人们排除在以不同的形式关注、参与这种决策的权利之外，排斥在他们面对全球性风险时应该得到的保护之外。在"人类命运共同体"下，没有，也不应有"他者"的存在。

　　当然，说在"人类命运共同体"下没有"他者"存在，并不是要每一个人类分子都彻底摒弃地方性的、民族—国家的归属与忠诚："同时作为英格兰人、不列颠人和欧洲人并且拥有某种世界公民的整体感的个体公民，有可能会把上述身份中的某一种作为自己的主要归属，但这并不会妨碍他们也承认其他身份。"[1] 以为世界公民的意识必然、必须要求摒弃民族—国家公民身份的观念，与那种要求个体将民族—国家作为唯一的、排他性的归属和忠诚对象的"排外式民族主义"同样是错误的；以这样的方式来构建世界公民也必然归于失败[2]。还需

1　吉登斯：《第三条道路》，第 135 页。
2　托克维尔：《旧制度与大革命》，第 179 页。

要指出的是，同上述问题相联系，与世界公民身份的观念纠缠在一起的还有一个世界（全球）政府（国家）的问题，从奥古斯都的"上帝之城"，到康德的"国家共同体"，都涉及了这个问题；并且一直到今天，"世界国家与世界公民间的关系也还是一个完全有待探讨的、尚无具体定论的问题。"[1] 确实，一些人以公民身份总是一个明确的政治实体（民族—国家）内的公民身份的传统观念出发，而反对世界公民身份的观念[2]，因为，在世界政治中并没有民族—国家的对应物。但是在此要说明的是，在今天这个全球化的时代之所以肯定、强调"世界公民"的观念，并不是要为世界政府作准备（尽管一些全球性制度的确立和发展是必要的），而是为了强化这样一种认识：我们每一个人在归属于地方、归属于民族—国家的同时，这都归属于一个人类命运共同体，而这个"命运共同体"的"命运"与我们每一个人出于全球性的关怀而采取的行动紧密相关，而这种行动，从其目前呈现出来的现实看，与其说是通过"世界（全球）国家（政府）"，不如说，主要是通过"世界社会"。总之，我们是"世界公民"，因为，"共同的命运"只能通过共同的权责承担来主动掌握和塑造；因为，"在这个迅速全球化的世界中，我们都是相互依赖的，因而没有人能够独自掌握自己的命运。存在着每个个体都要面对但又不能独自对付和解决的任务。……如果说在这个个体的世界中存在着共同体的话，那它只可能是（而且必须是）一个用相互的、共同的关心编织起来的共同体；只可能是一个由做人的平等权利，和对根据这一权利行动的平等能力的关注与责任编织起来的共同体。"[3]

思考题：

试分析现代性工程与"风险社会"的关系。

面向不平等与面向不确定的社会政策有什么不同？

全球化对社会政策提出了怎样的挑战？如何应对？

1　布道：《构建世界共同体：全球化与共同善》，万俊人译，南京：江苏教育出版社，2006，第111页。
2　阿尔布劳：《全球时代》，高祥泽等译，北京：商务印书馆，2001，第280页。
3　鲍曼：《共同体》，欧阳景根译，南京：江苏人民出版社，2003，第185-186页。